货币的界碑

数字货币的经济逻辑

徐远 /著

图书在版编目（CIP）数据

货币的界碑：数字货币的经济逻辑 / 徐远著 . --北京：中信出版社，2023.3
ISBN 978-7-5217-5203-8

Ⅰ.①货… Ⅱ.①徐… Ⅲ.①数字货币—研究 Ⅳ.① F713.361.3

中国国家版本馆 CIP 数据核字（2023）第 023094 号

货币的界碑——数字货币的经济逻辑
著者： 徐远
出版发行：中信出版集团股份有限公司
（北京市朝阳区东三环北路 27 号嘉铭中心 邮编 100020）
承印者： 北京通州皇家印刷厂

开本：880mm×1230mm 1/32　　印张：9.5　　字数：221 千字
版次：2023 年 3 月第 1 版　　印次：2023 年 3 月第 1 次印刷
书号：ISBN 978-7-5217-5203-8
定价：79.00 元

版权所有·侵权必究
如有印刷、装订问题，本公司负责调换。
服务热线：400-600-8099
投稿邮箱：author@citicpub.com

目 录

自 序 货币的界碑 _III

第一部分
比特币革命

第一章 绪论：比特币革命 _003
第二章 祛魅：从不名一文到烟花绚烂 _012
第三章 归真：比特币是货币吗？ _062

第二部分
加密货币江湖

第四章 全景：加密江湖全景图 _079
第五章 分叉：比特币不同参数的尝试 _091
第六章 通道：稳定币连接新旧世界 _104
第七章 边缘：初始代币的边缘革命 _121
第八章 进阶：以太坊的野心 _132

第三部分
无尽的梦想

第九章 悲情：天秤币胎死腹中 _149

第十章　狂想：EOS 乌托邦　_170

第十一章　未来：所有过往，皆为序章　_188

附录 1　比特币前传　_195

附录 2　加密货币大事记　_216

附录 3　比特币分叉背后的江湖纠葛　_240

附录 4　区块链原理：技术表述　_248

附录 5　区块链原理：功能表述　_269

致　谢　_291

自 序

货币的界碑

看见风暴

开始关注比特币，是很早的事情。早先市场不成熟，有很多免费的利润，导师国青先生看得清楚，谈笑间轻松捡钱。我则始终没有看穿，只是默默关注，有一眼没一眼地看着。不过，身为老派的经济学学生，对货币问题一直着迷，看到这个新生事物，自然会琢磨其货币含义，一直放在脑子里，不曾放下。

2019 年 6 月 18 日，脸书公司①牵头成立了天秤币协会，并发布天秤币（Libra）白皮书。那一天，有一道闪电，撕破了货币的黑暗。一闪即逝间，让人似乎看到了货币的未来，至今依然清晰记得，当时有头皮发麻、夜不能寐的感觉。为了窥视那重归的黑暗，我开始研究加密货币。

当时，比特币价格已经很高，单价曾接近 2 万美元，回调后在

---

① 2021 年 10 月 28 日更名为元宇宙（Meta），下文继续使用脸书的名称。

1万美元左右波动，总市值相当于一家大型上市公司。由于比特币并没有所谓"内在价值"，价格又这么高，很多人认为比特币就是投机，早晚会灰飞烟灭。

因为研究金融多年，我对"投机论"是有免疫力的。投机是金融市场的天然组成部分，不可或缺。对于稍有规模的市场而言，有投机并不奇怪，没有投机才奇怪。把问题归因于投机，其实是掩盖问题，而不是分析问题。投机背后的原因，才是有意义的切入点。至于投机本身，连切入点都不算。

技术信用

物理意义上，比特币是一串加密字符，本身毫无价值，更没有所谓"内在价值"。正因为如此，比特币的天价，引人深思。

破解比特币谜题的切入点，是和主权货币比较，比如和美元比较。比特币没有内在价值，美元就有吗？美元也没有的，还算精致的印刷品而已。美元的价值，来自美国政府的信用背书，借助美国政府的强大信用，在美国和全球其他地方流通。其实，各国的货币都没有内在价值，都依赖本国政府的信用而流通。

和纸币一样，比特币也没有内在价值，借助一种新的信用，叫作"技术信用"在网络上流通。

所谓技术信用，是比特币借用一套叫作"区块链"的技术体系，塑造了全公开、分布式、防篡改、可追溯的数据库，这个数据库任何人都可以查看，公开透明，极难篡改，实际上是一种脱离任何人控制的存在，因此获得很多人的信任。

对于任何资产而言，安全且不被人为操控，是非常有吸引力的。既然政府信用可以支撑价值几百万亿美元的主权货币，技术信用支撑价值区区几千亿美元的比特币，就毫不奇怪了。这世界上的财富数以万亿、兆亿美元计，分散一点点到比特币上，就是几千亿美元了。何况，政府信用虽然强大，却是可以被人为操控的。技术信用公开透明、不受人为操控的特点，比政府信用更让人信服。

任何资产价值的背后，终究都是信用。在这个意义上，比特币和主权货币并无区别。最后要比较的，是信用的强度、稳健度。一种货币或资产，如果能获得更多、更强的信用支撑，其价值会更大。

主权货币之殇

现代社会，法币由政府发行，强势政府的法币地位很高。美元的信用，就体现了这种强势政府的信用。不过，这种信用远非没有诟病。2008年金融危机之后，以及2020年新冠肺炎疫情暴发后，美、欧、日的三大央行竞相印钞，使得人们对于货币超发的担心越来越大，对于替代货币和资产的需求越来越大。

货币超发的危害很多，这里提两点。其一是通货膨胀，也就是货币贬值。居民辛辛苦苦挣来的收入和财富，被货币稀释。因此，人们对于货币超发，是很警惕和厌恶的。

其二是"劫贫济富"。超发的货币，并不是在人群中均匀分布的，总是有人先拿到，有人后拿到。先拿到的，往往是主流的金融机构和大型商业机构，成本很低。后拿到的人，则不得不用自己的劳动和资产去交换，成本很高。而且，后拿到货币的，往往是中小微企业、普通居民这些相对弱势的群体。因此，货币超发其实是"劫贫济富"的，会导致更大的不平等。主权货币由政府主导发行，但是对于财富的分配远远不是中性的。距离发行中心近的人，会分享这个"铸币税"。

2008年金融危机以来，美欧日的印钞比赛，愈发激烈。比特币的诞生，正是在这样的背景之下。设计之初，比特币的总量就被固定，杜绝了货币超发的可能性，让人隐隐看到"数字黄金"的影子。巧合的是，比特币的诞生，在雷曼兄弟公司倒闭一个半月之后，第一枚比特币还加上了"英国财政处于实施第二轮银行紧急援助的边缘"的额外标注。因此，比特币的诞生，带着反抗传统金融机构的色彩。

天秤币白皮书的发布，在比特币诞生10年后，更加清楚地体现了技术主体对传统金融的反抗。天秤币的愿景，是建立"全球货币""服务亿万人的金融基础设施"。依托脸书公司的巨大网络社区，天秤币给人无限遐想。不过，正因为想象空间太大，对主流货币的潜在冲击太大，天秤币受到主权货币的抵制，几经周折也未能推出，最后胎死腹中。

未来的货币

比特币和天秤币先后向主权货币发起冲击，值得深思。2019年以后，主流中央银行都加速了央行数字货币的研发，算是对这一冲击的回应。那么，比特币是货币吗？能取代主权货币的地位吗？

在可预见的未来，加密货币并不能取代主权货币。比特币等加密货币，无法完成货币的职能，更多是一种数字资产，充当人们的投资工具。而且，脱离主权背书的加密货币，不可能得到政府的支持，无法广泛流通。这一点，从天秤币的胎死腹中就可以看出来。

一个无法忽视的可能性，是主权货币会吸收加密货币的优点，变得更加强大。换句话说，主权货币如果能获得主权信用和技术信用的双重加持，会变得更加强大。问题是，什么样的主权货币，能够获得双重信用的加持。

思考这个问题，在当今尤其重要。二战以后，美元成为国际货币体系的支柱，成为事实上的世界货币，至今已经70多年。美元对于战后的经济繁荣，当然有很大贡献，可是那句"我们的美元，你们的问题"的傲慢表述，也让人清晰看到了"嚣张的特权"。一定程度上，美元从全世界收取"铸币税"，支撑了美国的繁荣。各国不得不依赖美元，也不得不缴纳这个"铸币税"。

未来的货币体系是什么样的？美元的世界货币地位，还能保持多久？加密货币技术的兴起与成熟，对货币体系有何影响？发展中国家，能利用数字技术，增强本国货币的信用吗？

举个例子。人民币国际化的问题，已经提了很久，可是进展并不快，在国际储备、计价、清算中的比例还很低。人民币能借助数字技术，加速国际化的进程吗？中国是仅次于美国的第二大经济体，按道理人民币应该在未来国际货币体系中扮演重要角色，那么问题来了：数字技术的出现，是帮助还是阻碍人民币国际化？既往经验看，最强者往往会利用新技术，增强自己的地位。从这个角度看，数字技术是有利于美元的，会帮助美元巩固自己的国际地位。数字技术出现后，人民币要挑战美元的地位，有可能会更难。

重构的信仰

未来的货币体系,依然很不确定。唯一确定的,是这个体系在快速演化中。为了理解未来的演化,我们必须对货币的本质有更深的理解。我们所知道的一切,包括一些坚信的信条,可能都是教条,都在被打破的过程中。

还记得 20 世纪 90 年代,当时我还在念大学,日本因为实行宽松的货币政策,被美国的主流经济学家普遍批评。可是,2008 年的金融危机中,美国政府的宽松力度,比日本有过之而无不及,还发明了各种理论来证明。到了 2020 年,美国、欧洲、日本的三大央行开动印钞机,已经不需要任何解释了,而是一场争先恐后的比赛。21 世纪以来欧美央行的实践表明,20 世纪 90 年代对日本的批评,并不成立。如果当初日本没有宽松货币,后果可能不堪设想。这两年我国央行货币偏紧,可能是吸收了错误的教训。

2022 年以来,日本央行的行为特别有意思。在全球通胀的大背景下,日本依然坚持宽松的货币政策,理由是扣除能源和食品的核心通胀依然偏低。实际上,日本的通胀在 4 月以后已经较高,并且连续攀升。只不过,和欧美相比,日本的通胀还是低很多。到了 2023 年,日本央行换行长,黑田东彦卸任,植田和男接任,新行长依然表态坚持货币宽松。在持续的货币宽松下,日本经济的表现也相当不错。

站在 30 年前,今天的货币政策可谓魔幻。在主要大国中,中国是唯一坚持货币纪律的国家,显得如此另类。清晰的信号是,信仰已经改变,历史已经转折,人类货币体系的未来充满变数。

这世界并没有真相，只有认知。人类对于货币的认知，在快速地变化。这种变化，和全球局势的变化结合在一起，使得局势更加错综复杂。2018年以来，中美摩擦、新冠肺炎疫情、俄乌冲突，接连冲击全球格局，使得未来的治理格局扑朔迷离。在全球竞争中，货币竞争是重要的一环。货币竞争的结果，很可能决定未来的经济格局。

比特币不是货币，比特币的未来也并不清楚，但是比特币的出现，加速了货币的演化，揭开了未来货币可能的样子。几乎可以断言，未来的货币一定包含比特币的某些要素。因此，尽管比特币不是货币，但具有变革性的意义，是货币的界碑。

本书中，我们梳理加密货币的演化进程，提炼背后的经济逻辑，分析对未来货币的影响。

第一部分
比特币革命

比特币的横空出世，掀起了一场货币革命。

这场革命，在边缘地带——极客圈发生，慢慢渗透到世俗世界，并借助市场的力量野蛮生长，截至2021年，已经为主流金融机构接受，并被大多数国家的监管层包容。比特币的底层技术——区块链，也因此为人们熟知。从技术改变人类的角度看，比特币的革命已经完成。

回顾和解剖这个过程，我们从中看到了市场的伟大力量，也看到了一场划时代的货币革命。

第一章

绪论：比特币革命

01 比特币诞生

2008年10月31日，一个叫中本聪的人发布了比特币白皮书。第二天（2008年11月1日），比特币正式上线。

比特币上线，一开始是在小范围的网络社区运行，并未引起大范围的关注。直到2011年，美国《时代》《福布斯》《连线》等杂志刊登多篇文章，向公众介绍比特币，并提到了其价格的快速上涨，比特币才开始走入公众视线。

比特币从上线到今日，已经十余年。比特币的价格也从几乎为零，冲破60 000美元的高点。作为比较，超级明星股特斯拉的股价从2010年6月上市到2021年底，从3.8美元最高涨到了1243美元，涨了300多倍，但完全不能和比特币相比，二者差了很多个数量级。

截至2021年12月31日，比特币的总市值达到0.9万亿美元，加密货币的总市值达到2.25万亿美元。作为对比，同一时期黄金的总市值为11.38万亿美元。考虑到黄金经历了3000多年的发展，而比特币的发展只有十几年，其市值的增长可谓是火箭速度。

从诞生之初的默默无闻到后来的价格离奇上涨，比特币是2008年金融危机以来全球最重要的现象之一。

时至今日，权威观点对于比特币的看法依然分歧很大。老派的专家，比如投资大亨沃伦·巴菲特、微软创始人比尔·盖茨等，以及很多著名经济学家，都觉得比特币其实没有任何价值，结局会很惨。而币圈新贵们，则对比特币极为推崇，认为其代表了未来，比如特斯拉总裁埃隆·马斯克就是著名的比特币拥趸。

如何看待比特币，是当今争议最大，也是最重要的问题之一。

02　从雷曼倒闭说起

理解比特币，要从理解货币开始。看清比特币的未来，有助于看清人类货币的未来。

让我们从一个细节开始。比特币白皮书的发布日期是2008年10月31日，此时离雷曼兄弟公司（简称"雷曼"）倒闭（2008年9月15日）刚好一个半月。白皮书发布的第二天，比特币就上线了。更有趣的是，白皮书的第一段话是以对传统金融的怀疑开始的。

白皮书的开头第一段是这样的：

> 互联网商业现在完全依赖于第三方金融机构来进行电子化支付。尽管这个系统大多数时候运行良好，但是有一个致命的隐患：你必须信任这些第三方机构。

这句话点出了比特币诞生的根源：信任。更准确地说，是对第三方的信任，或者不信任。比特币的设计方案，本质上是要解决一个信任问题。其给出的解决方案，是一个基于密码学的、不需要第三方的、点对点的支付方案。

这里的要点是绕开"第三方"——包括所有的第三方。狭义上说,第三方只包括所有的金融机构;广义上说,第三方也包括中央银行,甚至包括"政府"。在西方社会,无政府主义的思潮从来没有消失过,甚至在极客圈一直很流行。

比特币的出现,恰好是在金融危机爆发之时。当时,人们对于金融机构有着深深的不满和怀疑。2011年爆发的"占领华尔街"运动,是这种情绪的集中爆发。一系列的问题,萦绕在人们心中:雷曼是百年老店,是华尔街的传奇,刚刚不也倒闭了?连雷曼都能够倒闭,我们如何相信其他金融巨头不会倒闭?电子商务的未来、人类社会的未来,能寄托在这些贪婪的金融吸血鬼身上吗?金融危机,不就是这些华尔街金融机构胡作非为的结果吗?可是美国政府还在救助这些吸血鬼,这不是很荒谬吗?

03 印钞溢价与金融革命

金融危机之后,美联储开始大肆印钞,利率降到0之后,又开启了量化宽松政策。这里令人难以接受的是,印钞恰恰是为了拯救这些贪婪的"第三方",而他们恰恰是应该受到惩罚的。在这个庞大的金融系统中,奖惩是反过来的,让人们难以理解,也意难平。

印钞的一个后果是财富的巨大转移,进一步惩罚诚实、奖励贪婪。先拿到这些钞票的主要是传统金融机构和利益相关人,可以获得巨大的"印钞溢价"。而后拿到这些钞票的人,不得不用自己的劳动和资产去交换。这时候,一个巨大的不公平就摆在纸面上。这个不公平产生的后果是，大家都尽可能去接近传统金融机构，尽量早地拿到钞票，分享"印钞溢价"。

所以，比特币的精神内核是对美国主导的货币体系的不信任。美国开动印钞机当然有各种各样的理由，经济学家们也编织了各种解释。外行看到这些解释往往不明觉厉、满脸狐疑：明明是少数人获益了，多数人受损了，怎么还这么多理由，还振振有词？即便是"内行"，也众说纷纭，很难评判这些解释的合理性。无论如何，问题始终存在，美国主导的货币体系已经慢慢失去了公众的信任。

无可辩驳的是，货币增发是一次巨大的财富再分配，靠近印钞机的人获益、分享铸币税，远离印钞机的人受损、缴纳铸币税。近40年来美国财富差距的拉大、社会矛盾的累积到了很难调和的程度，与持续印钞不无关系。美国2020年爆发的"黑命贵"（Black Lives Matter）运动，是美国社会矛盾的一次集中反映。

比特币，是对传统金融体系的一次彻底反思。一整套被统称为"区块链"的新技术，创造了一种全新的"货币"用来进行网络支付。这一全新货币并不由中央银行发行，而是由一个网络社区发行。这个货币体系的运作也和中央银行无关，而是由一个分散的网络社区维护。因此，比特币的最大革新在于打破了传统金融机构（包括央行）对于货币的垄断。

所以，你现在看清了：比特币发动了一次货币革命。

怎么发动的？依赖于一种被称为"区块链"的新技术。区块链其实是一种"集成创新"，在已经发展的哈希函数、数字签名技术的基础上，引入一种新的共识机制，使分布式记账成为可能。分布式的含义是去中心化，这样金融服务就有可能摆脱传统的中心化机构的控制。

04 传统金融的应对：消化与融合

那么，传统金融机构会坐以待毙吗？显然不会。如何反击呢？会激烈阻击吗？截至 2021 年底，比特币已经存在 13 年零 2 个月，价格最高曾涨到 60 000 多美元，看起来传统金融机构的反击很温和，并没有实质性动作。

实际上，很多大型商业机构都已经接受比特币作为支付或投资工具，很多机构在资产组合中都已经开始持有比特币，还出现了比特币的期货、ETF（交易型开放式指数基金）等衍生品，美国甚至出现了"比特执照"这种监管工具。纳入监管的意思，其实是合规即可存在，一定意义上是一种保护。所以，美国及一些国家是监管当局认可比特币了吗？

可以说是，也可以说不是。监管者对比特币的反击停留在口头上，是因为比特币并没有对现有金融体系形成实质性威胁。对于传统金融机构而言，比特币的力量太弱小了，不值得一棒子打死；相反，比特币有很大的利用价值。比特币包含的技术因素对传统金融机构有很大的借鉴作用。通过借鉴、融合、发展这些技术，传统金融机构会更强大。

简言之，比特币非但打不死传统金融，还会让传统金融更强大。

传统金融机构与比特币的关系是消化、融合、吸收，传统金融机构并没有一棒子打死比特币，而是慢慢吸收、为我所用。比特币的弱小或者说"无害性"，为其争取了生存的空间。

这一点，很多人可能不以为然。毕竟，比特币经历十几年的发展，已经成为万亿美元级别的庞然大物，已经显示了强大的生命力。可是，比特币虽然看起来强大，但其实很弱小，甚至不值得一击。

不妨随便列举两个理由。其一，1万亿美元的市值看起来很大，但其实也不算什么，当今世界上市值超过1万亿美元的公司多达6家（截至2021年底）。为了一家巨型公司的资产规模，监管系统是不会专门大动干戈的。更何况，这家"公司"有巨大的利用价值。

表1-1　全球市值排名前20的公司（2021年底）

	证券代码	证券简称	总市值（亿美元）	上市地点	行业
1	AAPL.O	苹果	29 016	纳斯达克	科技硬件
2	MSFT.O	微软	25 224	纳斯达克	软件服务
3	GOOGL.O	谷歌	19 230	纳斯达克	软件服务
4	2222.TD	沙特阿美	19 066	沙特	石油
5	AMZN.O	亚马逊	16 910	纳斯达克	零售电商
6	TSLA.O	特斯拉	10 613	纳斯达克	新能源汽车
7	FB.O	脸书（Meta）	9356	纳斯达克	软件服务
8	NVDA.O	英伟达	7353	纳斯达克	半导体生产
9	TSM.N	台积电	6239	纽约	半导体生产
10	UNH.N	联合健康	4729	纽约	医疗保健服务
11	JPM.N	摩根大通	4680	纽约	银行
12	JNJ.N	强生公司	4504	纽约	医疗保健用品
13	NESN.SIX	雀巢	4413	瑞士	食品饮料
14	HD.N	家得宝	4334	纽约	家庭装潢

（续表）

	证券代码	证券简称	总市值（亿美元）	上市地点	行业
15	MC.PA	路易·威登	4155	巴黎	奢侈品
16	V.N	维萨	4152	纽约	信用卡服务
17	600519.SH	贵州茅台	4039	上海	白酒
18	WMT.N	沃尔玛	4014	纽约	商超
19	005930.KS	三星电子	3946	韩国	科技硬件
20	PG.N	宝洁	3921	纽约	日用化学品

数据来源：Wind。

其二，2019年的时候，脸书联合其他27家公司，成立了"天秤币协会"（Libra Association），发布了天秤币白皮书，要发行"天秤币"。此举一出，立即招来主要国家政要的反对，包括美国、德国、法国等。快要3年过去了，天秤币协会发布了第二版白皮书，还改了名字，努力迎合各国监管的要求，可是依然没有面市。2022年，脸书出售了天秤币相关资产，天秤币计划正式宣告失败。

为什么会这样？因为天秤币的影响太大了。脸书坐拥全球29亿活跃用户（来自其2021年3季报数据），如果发行天秤币，可能会形成一个巨大的超主权网络货币，总市值可以轻松达到几十万亿美元，并且可能在这个网络上衍生出巨大的商业系统，这对现有的主权货币是一个巨大的威胁。

作为比较，比特币经过十几年的发展，市值不过1万亿美元，只相当于一个超大规模公司的总市值而已。对于投资人而言，比特币的市值已经很大，足够撑起很多人的喜怒哀乐、悲欢离合。但是，对主流货币，比如美元、欧元、日元，这些动辄几十万亿美元市值的主流资产而言，比特币则依然是沧海一粟，完全不构成伤害。而且，比特币是资产，不是货币，和这些主权货币不在一个层面上竞争。

所以，比特币获得监管政策的包容，恰恰是因为其对于传统金融机构没有很大杀伤力。套用一句当下流行的话，比特币对传统金融体系的效果是"伤害性不大，侮辱性很强"。

老谋深算的金融体系是纯粹的利益计算器，侮辱性是不在其计算当中的。何况吸收融合之后，所谓的"侮辱性"就会变成包容性。

更重要的是，传统金融机构，包括中央银行、财政部门，以及大型商业金融机构，都可以借鉴比特币的技术，借鉴比特币的发展经验壮大自己。全球绝大部分国家的中央银行都在研究央行数字货币，就是受到了比特币、天秤币的启发。虽然比特币的未来依然充满不确定性、生死未知，但是它已经改变了未来却是确定的。

现状是，部分传统金融已经吸收、接纳了比特币的技术，甚至思想，并利用比特币技术增强自己的竞争力。如果把比特币比作屠龙少年，那么这个少年并没有杀死龙。相反，这个少年的屠刀，已经掌握在龙的手里，甚至屠龙少年自己也纵身投入了龙的怀抱，并没有一丝半推半就。

05 顺手"改变"人类的未来

所以，不夸张地说，比特币发动了一场货币革命。它"改变"

了货币的形态。

货币是人类进步的终极武器。和货币的爆炸当量相比，原子弹不算什么，简直就是野蛮时代的冷兵器。要了解人类的未来，我们就不能不了解比特币。

本书梳理数字货币的发展，思考背后的经济逻辑，提炼问题和要点，也分享一些不太成熟的想法，与你一起走进未来。

第二章

祛魅：从不名一文到烟花绚烂
——比特币上涨的经济逻辑（2008—2021年）

> 如果你不相信我或者不明白，抱歉，我没有时间说服你。①
>
> ——中本聪

01 数字怪物

对于不熟悉它的人，比特币就是一个数字怪物：几行简单的代码，生成一串加密字符串，就可以值6万多美元？② 这个字符串的价格就像蹦极一样，上蹿下跳。

比特币的天价，是电脑极客们设置的骗局吗？

还真不是。极客们设计了比特币，但是被冷落了很久，直到被世俗世界发现。炒家们入局，则是进一步促进了价格上涨。

在这一章，我们梳理一下比特币从不名一文到烟花绚烂的历

---

① 原文是："If you don't believe me or don't get it, I don't have time to try to convince you, sorry." 这是中本聪2010年在比特币官方论坛中对有关交易速度质疑的回应。——编者注

② 2021年11月10日，比特币价格曾高达68 519美元，是迄今为止的最高价。作为对比，黄金是几千年来人类的货币本位，但每盎司黄金最高价也只达到过2089美元（2020年8月7日）。

史。黑格尔说：存在即合理。存在了很多年、引起了广泛关注、承载着很多人悲欢离合的现象，背后很可能存在合理的解释。梳理之后，在看似杂乱甚至疯狂的价格上涨中，你可能会看到一条合理的轨迹。

经过这样的梳理，我们发现，经过近 15 年的发展，比特币已经趋于成熟，具体表现在 6 个方面。

第一，比特币自身的安全性，经受住了时间的考验。

第二，社会公众，包括商家和投资者，已经逐步熟悉并接受比特币。

第三，部分国家比特币的基础设施已经趋于完备，包括交易所、ATM（自动提款机）等设施已经发展良好。

第四，部分国家的金融机构已经大量提供比特币有关服务。

第五，比特币已经成为很多投资人（包括机构投资者）的资产组合的重要组成部分。

第六，比特币已经被很多国家纳入监管，这有利于比特币的规范、长期发展。

展望未来，比特币的风险依然存在，主要表现在两个方面：一是比特币自身存在不稳定性，随着时间推移，这种不稳定性可能会表现出来；二是尽管监管者已经开始接受比特币，但是监管可能会加强，这也可能诱发比特币的不稳定性。

02 诞生于极客圈：寂寞烟花冷（2008—2009 年）

比特币的诞生，是在世界的一个偏僻角落。在一开始的很长时间里，它不但不引人注目，甚至还孤单寂寞。

2008年10月31日，一个名叫中本聪的人，在一个隐秘的密码学讨论组（http://metzdowd.com）发布了比特币白皮书。次日，比特币正式上线。约两个月后（2009年1月3日），第一批比特币诞生，共50枚。

你一定想知道：这时候的比特币值多少钱？

答案是：几乎为零。

此时的比特币，价值几乎为零。"几乎为零"的意思是，小数点后面有好几个0，然后才有不是0的数字。

列举两个证据。

第一个证据发生在2009年10月5日，此时距离比特币上线约一年，比特币还没有任何交易记录。此时，一个叫"新自由标准"（New Liberty Standard）的用户，在一个比特币早期论坛上提出了比特币价格的计算方法。

怎么计算呢？简单说就是用计算机获取比特币（俗称"挖矿"）的耗电成本，用挖到每个比特币的平均耗电成本来给其定价。具体而言，当时一台计算机运行一年的平均耗电量是1331.5千瓦时，所需电费为151.26美元，折合一个月12.6美元。用这12.6美元除以过去30天里生产的比特币数量，就得到挖一个比特币的耗电成本。当时的计算结果约为0.000 763 924 4美元，也就是0.076美分。

注意，这是用建议的方法"计算"出来的价格，不是实际交易产生的价格，是虚拟价格。或者说，尽管这么低，也只是假想的价格，并没有人为此买单。

实际上，这个建议并不成立。现实世界的商品并不是按照成本来定价的，而是按照需求定价的。否则，我们无法理解很多商品的价格，也完全无法理解后来比特币的天价。在严格的经济推理中，成本定价从来都不成立。有需求的时候，成本很低的东西可以很贵，比如沙漠里的水。没需求的时候，成本很高的东西可以很便宜，比如饥荒时期的黄金甚至换不来等重的馒头。

这个叫"新自由标准"的用户还提了一个建议：建立一个可以用法定货币（比如美元）交易比特币的网站。这是关于建立比特币网站的最早建议，得到论坛创始人的支持。2009 年 10 月 12 日，论坛负责人给了他 5050 个比特币，他也向版主在线支付了 5.02 美元，一个比特币折合 0.001 美元。

"新自由标准"的第二个建议很少被提到，其实比第一个建议重要很多，原因有两个。第一，这是最早有记录的交易价格，发生在版主和论坛成员之间，有历史坐标的意义。第二，成立交易所是比特币价格发现的重要方式，交易所是比特币从极客圈走向世俗世界的关键桥梁。下文将讲道，交易所成立不久，比特币价格就开始起飞了。

比特币一开始价值几乎为零的第二个证据，发生在半年后的 2010 年 5 月 22 日。美国佛罗里达州一个名叫拉斯洛·韩崖子（Laszlo Hanyecz）的程序员，在论坛中用 1 万枚比特币换了两个比萨，从此比特币从代码世界进入了现实世界。按照当时的价格，一个比特币相当于 0.25 美分。如果按照比特币现在 48 000 美元（2021 年 12 月 31 日）的价格计算，这两个比萨的价格高达 4.8 亿美元，堪称史上最贵的比萨。如果留着那 1 万枚比特币，韩崖子早就成了大富翁。

据说，后来拉斯洛·韩崖子曾表示："我倒没感到特别沮丧，比萨真的很好吃。"面对已经摔碎的杯子，不管杯子有多好看，这份洒脱还是要有的。

因为这个故事，5月22日被定为"比特币比萨日"。这个故事告诉我们，当时比特币的价格真的很低。而此时，距离比特币上线已经一年半。

简言之，比特币诞生已经一年半，还是极客圈的极小众的事物，公众还不知道，更不了解。此时的比特币，甚至还谈不上有价格。

是的，今天的人们看到的是比特币的烟花绚烂，却不一定知道它过去长时间的默默无闻，寂寞烟花冷。极客们创造了比特币，比特币价格的上涨却要等到市场的建立和公众的参与。人们迷恋财富与浮华，对背后的逻辑却兴趣索然。

03 市场发现价格：交易所的意义（2010年）

比特币的价格上涨，发生在交易所成立之后。

根据现有可查记录，世界上最早的比特币交易所早在2009年10月就已成立，名字就叫作"新自由标准"（New Liberty Standard）。你可能还记得，此人曾建议成立比特币交易所。他言行合一，自己建了一个。在此之后，陆续有几家交易所成立。截至2010年底，共有11家比特币交易所成立，遍布美国、日本、德国、法国、俄罗斯、巴西这几个国家。这11家最早的比特币交易所，有7家已经倒闭，只有4家还在运营（见表2-1）。

表2-1　2009—2010年成立的比特币交易所

	交易所名称	国家/地区	成立时间	当前状态
1	新自由标准（New Liberty Standard）	（未知）	2009年10月	倒闭
2	BTC 2 PSC	德国	2009年12月	倒闭
3	Bitcoin Exchange	日本	2009年12月	倒闭
4	BitcoinFX	美国	2010年1月	倒闭
5	Bitcoin Market	（未知）	2010年3月	倒闭
6	Paymium	法国	2010年5月	运营
7	Bitcoin2Cash	美国	2010年7月	倒闭
8	"门头沟"（Mt.Gox）	日本	2010年7月	倒闭
9	Bitcoin To You	巴西	2010年7月	运营
10	BTCex	俄罗斯	2010年9月	运营
11	Bitcoin Central	法国	2010年12月	运营

数据来源：作者根据网络信息收集整理。

可以想象，刚开始的时候，交易并不活跃。[①] 这其实不奇怪，早期的交易所可能只是建了个网站，创立者可能就是觉得好玩，并没有特别当真。即便当真，也不一定有资源推广，最后不了了之是常有的事情。

在整个2010年，交易量比较大的有Bitcoin Market和Mt.Gox，其中Mt.Gox的交易量更大。2010年8—12月，每月日均交易量分别为7153枚、7227枚、35 675枚、27 542枚、8505枚。后来，最

---

① 实际上，在这些交易所中，Paymium从2011年1月才开始有交易量，Bitcoin2Cash从2011年4月才开始有交易量，Bitcoin Central从2012年10月才开始有交易量，Bitcoin To You更是从2013年10月才开始有交易量。

高的时候，比特币一天的交易量超过 18 万枚（2010 年 10 月 9 日）。和现在的交易量相比，这些连零头都算不上，价值更是少得可怜。万事开头难，但毕竟已经开始了。

Mt.Gox 成立于 2010 年 7 月 18 日，在中文中常常被叫作"门头沟"。中文名叫"门头沟"，纯属翻译上的巧合，和北京门头沟地区没有任何关系，这是一家位于日本的交易所。"门头沟"创始人名叫杰得·麦克莱博（Jed McCaleb），曾经创立 P2P（点对点）传输网络"电驴"[①]。"电驴"是 P2P 传输网络，比特币是基于 P2P 网络的电子现金系统，由电驴创始人创立比特币交易所顺理成章，毫无违和感。

交易所上线后不久，比特币就开始了价格发现、价格上涨的旅途。

笔者能够查到的最早的有记录的比特币交易价格是从 2010 年 8 月 16 日开始，大概是"门头沟"成立一个月以后。现在全世界有很多比特币交易所，但是当时很少，"门头沟"一度承担了全球超过 70% 的比特币交易。

图 2–1 显示了比特币的早期价格，时间从 2010 年 8 月 16 日开始，直到 2010 年 12 月 31 日。

2010 年 10 月以前，比特币价格很低，只有几美分，然后开始上涨。2010 年，比特币价格达到高点——11 月 6 日的 0.39 美元。与今天几万美元的价格相比，这个价格连个零头都算不上。可是，这是几乎从 0 涨上来的，上涨幅度几乎是无穷大。此时敢于入手的人，需要极大的勇气和判断力。或者，就是玩一玩。

---

① 电驴（eDonkey Network），也称为 eDonkey2000 network 或 eD2k，是一个分散的、主要基于服务器的对等文件共享网络，由美国开发人员杰得·麦克莱博和山姆·雅根于 2000 年创建。

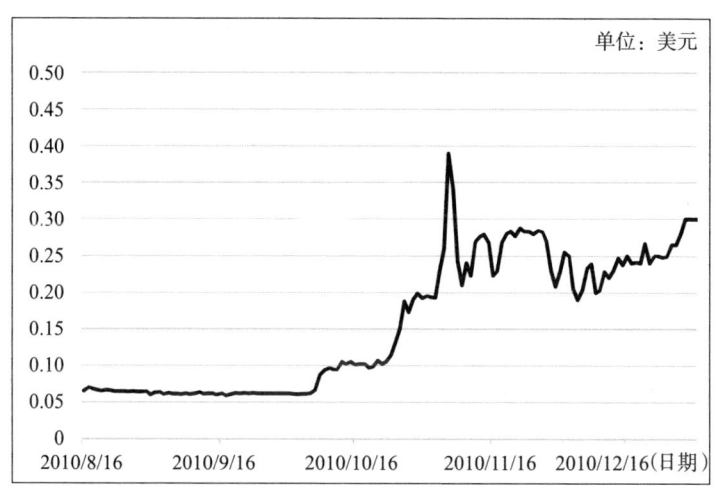

图 2-1　泛起的地平线：比特币早期价格（2010 年）

数据来源：https://www.qkl123.com。

看有记录的数据，从 2010 年 10 月 5 日的 6 美分到 11 月 6 日的 0.39 美元，1 个月零几天就上涨了 6 倍多。这个涨速和后来的飞速上涨相比，也毫不逊色。只不过此时基数还小，总市值还很低，还不能说明比特币的生命力。

这里的重要观察结果是：市场一旦建立，价格就开始上涨。

这背后的启示虽然简单，但值得再次强调：市场是发现价格、汇聚资源、创造奇迹的地方。发现价格，就会汇聚资源；汇聚资源，就能创造奇迹。如果有生命力，这个奇迹就可能持续。市场这个开放的体系，是人类很多奇迹的根源，离开这个开放的体系，人类无法成长。一切封闭的体系，尽管设计精良，终究都没有生命力。

这个道理如此简单，简单到不可能错，已经被人类历史无数次证明。

但这个道理又如此复杂,以至于常常被忘记,有意或者无意。

04 走进世俗世界:第一次疯狂(2011年)

比特币价格的第一次疯狂上涨,发生在 2011 年。年初的时候,价格不到 0.3 美元。到了 6 月 8 日,价格就冲到了 29.6 美元的高位,然后开始回落。不到半年时间,上涨了大约 100 倍(见图 2-2)。而且,此时的比特币总市值已经达到了 1.9 亿美元,尽管不大,但已经不是可以忽略的数字了。考虑到这是无中生有,就更加难能可贵。

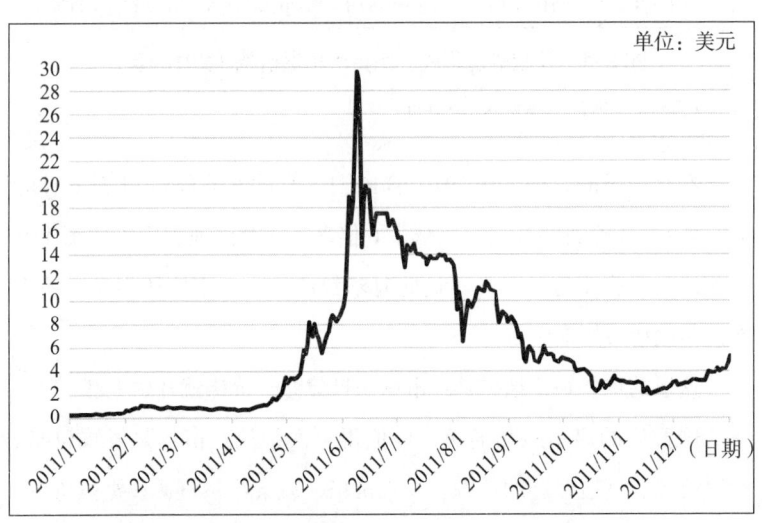

图 2-2　第一次疯狂:比特币 2011 年价格

数据来源:https://www.qkl123.com。

发生了什么?两件事。

第一件事是交易所成立以后,比特币价格开始上涨,引起了媒体的关注，媒体曝光之后，引发了更多的上涨，然后引起了更多的媒体关注，形成了一个正反馈循环。

在2011年之前，比特币基本还是密码学圈子内的事物，公众基本还不知道这个新生事物，更谈不上理解。这一年2月9日，也就是"门头沟"交易所成立半年多，比特币的价格第一次突破1美元。第二天，一个叫Slashdot的论坛发起了一个讨论，引起很多关注。

当然，这还是线上论坛，是个小圈子，还不是面向大众的主流媒体。

到了4月16日，著名的《时代周刊》发表了一篇文章，标题是《线上现金比特币可以挑战政府和银行》，一下子引爆了媒体。短短4天后，《福布斯》杂志发表文章《加密货币》。

两大主流媒体的密集曝光，而且用了非常显眼的标题，使比特币一下子进入了大众的视线。比特币的价格也从1美元左右开始上涨，2011年4月底、5月底其价格分别上涨到3.5美元、8.7美元。

此后，更多媒体关注到比特币这一新生事物，也有很多名人开始关注比特币。比如诺贝尔经济学奖得主，同时也是《纽约时报》专栏作家克鲁格曼于2011年9月7日写了一篇比特币的专栏文章。这一年的11月23日，在IT（信息技术）圈影响很大的《连线》杂志发表了一篇文章《比特币的起落》（The Rise and Fall of Bitcoin）。所谓"起"，是上半年比特币价格的一路上升；所谓"落"，是下半年价格的回落。

从这篇文章的标题看，早在2011年，对比特币的怀疑就已经很深。毕竟，这凭空而来的异类，很难让人看到其"内在的价值"，怀疑在所难免。不过，后来的证据表明这一次回落不过是为了更大的上涨。就好像是一次深蹲，不过是为了更有力地起跳。

表 2-2　媒体开始关注比特币

发表日期	文章	作者	作者身份	媒体
2011年2月10日	Online-Only Currency Bitcoin Reaches Dollar Parity（论坛）	timothy		Slashdot
2011年4月16日	《线上现金比特币可以挑战政府和银行》（Online Cash Bitcoin Could Challenge Governments, Banks）	杰里·布里托（Jerry Brito）	乔治梅森大学Mercatus中心高级研究员、技术政策项目主任、GMU兼职法学教授	《时代周刊》
2011年4月20日	《加密货币》（Crypto Currency）	安迪·格林伯格	信息安全领域记者、《机器消灭秘密》作者	《福布斯》
2011年5月21日	Make.Money.Slow: The Bitcoin Experiment	乔恩·埃文斯（Jon Evans）	HappyFunCorp首席技术官，作家，记者，GitHub Archive项目负责人	Techcrunch
2011年5月25日	What Bitcoin Is, and Why It Matters	汤姆·希莫尼特（Tom Simonite）	麻省理工《技术评论》（Technology Review）旧金山分社社长	《技术评论》
2011年5月29日	Why I'm Putting All My Savings Into Bitcoin	Headlines Swarm Economy	瑞典海盗党创办人兼第一任党主席，科技企业家	Falkvinge
2011年6月1日	The Underground Website Where You Can Buy Any Drug Imaginable	阿德里安·陈（Adrian Chen）	美国博主，《纽约时报》《纽约》《连线》等撰稿人	高客传媒
2011年6月3日	Bad Guys, Bitcoins, and the Black Market	托米塞·奥拉伊卡（Tunmise Olayinka）		斯坦福

（续表）

发表日期	文章	作者	作者身份	媒体
2011年6月3日	Bitcoins and the Potential to Uplift Millions	托米塞·奥拉伊卡		斯坦福
2011年6月13日	Bits and Bob	J.P. & G.T.		《经济学人》
2011年8月23日	Cryptocurrency	詹姆斯·索罗维基	《群体的智慧》作者	《技术评论》
2011年8月30日	Bitcoin: a Pirate's Booty or the New Global Currency?	戴维·格兰斯（David Glance）	西澳大利亚大学软件实践中心主任	The Conversation
2011年9月7日	Golden Cyberfetters	保罗·克鲁格曼	美国经济学家，1991年获克拉克经济学奖，2008年获诺贝尔经济学奖	
2011年10月3日	The Crypto-Currency	乔舒亚·戴维斯（Joshua Davis）	《纽约客》特约编辑，Epic杂志联合创始人，The Underdog作者	《纽约客》
2011年10月21日	The Bursting of the Bitcoin Bubble	C.F.		《经济学人》
2011年11月23日	《比特币的起落》（The Rise and Fall of Bitcoin）	本杰明·华莱士（Benjamin Wallace）	VANITY FAIR作家，《纽约》杂志编辑，律师	《连线》

媒体的声音肯定是多元的，早期比特币遭到的质疑也很多，甚

至多于支持，比如克鲁格曼的文章对比特币就持质疑的态度。不仅如此，还有不少文章把比特币和灰色交易、毒品交易等非法行为关联起来。比如2011年6月1日，聚焦社会名流的媒体高客传媒发表了一篇文章，将比特币与某个暗网关联起来，暗示比特币可以用于灰色交易。该暗网是著名的线上灰色交易市场，经常有色情、毒品、枪支等交易。

令人没想到的是，这篇暗示灰色交易的文章反而彻底引爆了比特币。从2011年6月1日到6月9日，短短9天时间，比特币价格从9美元冲到29.6美元，上涨3倍多。

这里的要点不是比特币是否和灰色经济有关联。有没有关联、关联有多深，是可以研究的。这里的要点是媒体的"曝光"让人们知道了比特币，并且知道了比特币的潜在用途。

特别是有闲、有钱的名流知道了比特币，加速了比特币的传播。名流往往愿意尝试新鲜事物，而且有影响力，会促进比特币的传播。从此，比特币正式进入了大众的视线，并逐渐被更多人熟知。

诱发2011年比特币价格上涨的第二件事，是一些实体机构开始接受比特币。这意味着比特币不再仅停留在极客圈，也不再仅停留在交易所，更不再是货币之间的游戏，而是开始和实体机构发生关联。

比如2011年1月，非营利组织"电子前线基金会"（Electronic Frontier Foundation）开始接受比特币捐赠。同年6月，非营利组织维基解密开始接受比特币捐赠。维基解密的巨大影响力，及其创始人阿桑奇的巨大个人魅力和关注度都进一步增加了公众对于比特币的关注和熟悉程度。

如果接受比特币捐赠还不够，那么实体支付的尝试也已经开始。2011年5月，比特币支付服务商比特支付（BitPay）成立。比特支付有点像比特币世界的贝宝（PayPal），为收取比特币的商户提供服务，商户收到消费者的比特币，可以通过比特支付转换成自己使用的货币，向比特支付支付0.99%的手续费。这样，任何商户都可以通过比特支付来收取比特币，一下子扩大了比特币的潜在接受面。

可以想象，一开始收取比特币的商户应该很少。不过，这不是要点，要点是比特币走向实体商户的大门已经打开，想象力的空间已经打开。后来这家公司持续发展，交易量不断扩大。

根据比特支付官网的数据，到了2013年，比特支付交易总价值超过1亿美元，这已经是可观的数字，到2019年交易总价值已达到10亿美元。这家公司至今（2023年2月）依然在运营中。在走马灯一样的加密货币世界，这个公司已经存在了12年，生命力可谓很顽强。

简单小结一下：2011年，比特币价格迎来第一次疯狂上涨，一度达到29.6美元的高位，原因有3个：（1）交易所的成立为比特币价格的发现和上涨提供了前提，创造了条件；（2）媒体的宣传使比特币突破极客圈，进入了社会公众的视线；（3）实体机构逐步开始接受比特币，使比特币迈出了交易所。

05 比特币初长成：价格连续突破（2013年）

经历过2011年的"第一次疯狂"，比特币价格很快从29.6美元的高位回调，但是最低也维持在 2 美元，此后再没有跌破 2 美元。

2012 年比特币价格呈现震荡格局，下半年开始上升，但全年的最低价也没有跌破 4 美元。4 美元在今天看是很低的价格，还买不了一个汉堡套餐，但是和之前几美分、零点几美分的价格比，已经是较高的支撑价格了。

更精彩的上涨发生在 2013 年。这一年，比特币价格连续突破 100 美元和 1000 美元两大数量级关口，而且势如破竹。

2012 年下半年，比特币的价格已经开始反弹，从 5 美元左右上涨到年底 13 美元左右。进入 2013 年，比特币价格加速上涨，从 13 美元左右开始，一路突破 100 美元、200 美元、500 美元、1000 美元。在快速上涨的过程中，所有的关口都不堪一击。到了年底，其价格停留在 750 美元左右，总市值在 91 亿美元，已经是一个中等偏大上市公司的总市值规模了（见图 2-3）。这时候的比特币，已经是一种重要的资产了。

问题是：发生了什么？

此时，比特币诞生已经 3 年多，虽然还不是家喻户晓，但也已经为很多人熟知。仔细翻阅比特币发展史，这一年价格连续突破的原因可以用"多方发展，水到渠成"来概括。比特币的技术逐步成熟，接受度也变广，交易所越来越多，这些都促使了比特币价格向上突破。

概括一下，这一年比特币的持续突破，有如下 4 方面的原因。

第一，比特币更加普及。

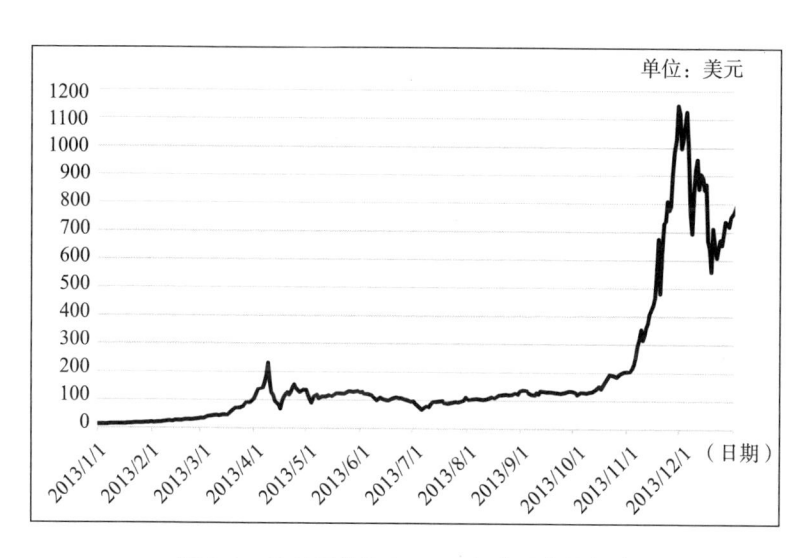

图 2-3　比特币价格在 2013 年实现连续突破

数据来源：https://www.qkl123.com。

经过 3 年的发展，比特币更加普及，在更大范围内被公众熟悉和接受。实际上，这一轮上涨在 2012 年下半年就开始了，其间发生了一些标志性的事件。比如 2012 年 9 月，比特币基金会成立。这是一个自发组织，旨在向公众和监管机构推广比特币，并支付比特币开发者的工资，帮助系统持续运行。基金会的成立，说明当时比特币社区已经有了一定规模。另一方面，基金会的成立也会进一步促进社区的扩大。

再比如，到了 2012 年 10 月，比特币支付服务商比特支付报告拥有 1100 家活跃商家。根据比特支付官网数据，2013 年比特币交易总价值超过 1 亿美元，订单量超过 20 万笔。尽管这些数据来自自家的官网，没有外部审计，准确性可能存疑，商家的交易活跃程度、交易金额的大小可能存在问题,但是至少说明比特币的普及程度比之前已经好了很多,不再是极客圈的极小众事物。换句话说,比特币作为新生事物,正在逐步走向大众。对于价格上涨而言,这一点足够重要了。

表2-3列举了早期一些开始接受比特币的商业机构,其中不乏一些知名的企业,比如维基百科、赛百味、特斯拉、丰裕物品(Overstock)等。

表2-3 早期接受比特币的商业机构(2010—2013年)

	机构名称	国家	时间	行业	机构简介
1	维基百科	美国	2011年6月	互联网	由维基媒体基金会运营的网络百科全书
2	莱希(LaCie)	法国	2012年6月	信息科技	欧洲存储设备领先制造商
3	Wordpress	美国	2012年11月	互联网	以PHP和MySQL为平台的自由开源的博客软件和内容管理系统
4	Mega.co.nz	新西兰	2012年12月	互联网	Mega Limited的云存储服务商
5	Lumfile	美国	2012年12月	互联网	免费的云存储服务商
6	4Chan.org	美国	2012年12月	互联网	日本漫画贴图讨论版网站
7	INGUARD	美国	2013年	金融	保险管理公司
8	Zynga	美国	2013年1月	互联网	社交游戏服务提供商
9	丰裕物品	美国	2013年1月	互联网	在线零售商

（续表）

	机构名称	国家	时间	行业	机构简介
10	Reddit	美国	2013年2月	互联网	娱乐、社交及新闻网站
11	PizzaForCoins.com	美国	2013年2月	互联网	尝试用比特币订购比萨，并送货上门
12	Namecheap	美国	2013年3月	互联网	域名注册和网络托管服务商
13	The Pirate Bay	瑞典	2013年4月	互联网	存储、分类及搜索Bittorrent种子文件及磁力链接网站
14	OkCupid	美国	2013年4月	互联网	在线约会、交友平台
15	Foodler	美国	2013年4月	互联网	在线食品订购商
16	EZTV	美国	2013年4月	互联网	线上观看影视与收听电台网站
17	来福车	美国	2013年5月	互联网	移动礼品卡管理平台
18	Seoclerks.com	美国	2013年7月	互联网	全球最大SEO（搜索引擎优化）平台
19	Crowdtilt.com	美国	2013年8月	互联网	众筹网站
20	Virgin Galactic	美国	2013年11月	制造业	太空旅游业务公司
21	赛百味	美国	2013年11月	餐饮业	快餐连锁店
22	CheapAir.com	美国	2013年11月	旅游	在线旅行平台，提供航班、酒店汽车预订
23	特斯拉	美国	2013年12月	汽车/能源	美国最大的电动汽车及太阳能板公司

第二，比特币供给侧的商业化。

除了前文所讲的比特币需求侧发生变化，比特币的供给侧，也发生了重大变化。

比特币的生产，要经过一个叫作"挖矿"的过程。这个挖矿过程很神秘，其实是一种简单野蛮的计算。从专业数学和计算机的角度看，可以说技术含量很低，就是简单粗暴地反复计算。因此，你完全不用害怕这个陌生事物。

简单地说，"挖矿"就是通过暴力计算排查，寻找一个满足条件的随机数，这个寻找的过程毫无技巧和捷径，只能是粗野的算力比拼，比拼的是计算机的速度有多快。所谓"矿"，你可以形象理解为那个随机数，挖矿就是寻找那个随机数，先到先得（更准确地说是"先到者全得，后到者没有"）。

为了鼓励更多人挖矿，需要一个激励机制，先挖到矿的人可以得到新增比特币作为奖励，以及交易的手续费，没挖到矿的人就什么也得不到。所以对这里的"矿"，你可以有两种理解：一种是那个满足条件的随机数，另一种是找到随机数对应的奖励和手续费。这个奖励和手续费有直接的财务价值，在形象上更像"矿"。

一开始的时候，"矿工"们用简单的个人电脑挖，不久以后，随着算力竞争的加剧，个人用电脑挖矿就毫无机会了，于是升级到用显卡（GPU）挖矿，显卡挖矿比个人电脑快很多。这里还是个人电脑的比拼，挖矿还没有商业化。

挖矿的商业化有两个标志性的事件：一个是矿池的出现，另一个是矿机的出现。

所谓矿池，是大家抱团合作挖矿，把算力合作一起，并分享挖矿的收益。这样做的好处是大家可以抱团取暖,降低很久都挖不到矿的风险。最早的矿池,在 2010 年就已经出现。然后,矿池就如雨后春笋般出现了(见表 2-4)。

表 2-4 早期的矿池

矿池名	国家/地区	成立日期
Butterfly Labs	美国	2010 年
Slush's pool(mining.bitcoin.cz)	法国	2010 年 11 月 27 日
Hut 8 Mining	加拿大	2011 年
BitFury	荷兰	2011 年
DeepBit	德国	2011 年 2 月 26 日
BitcoinPool.com	美国	2011 年 3 月 8 日
BTCMine	美国	2011 年 3 月 11 日
Eligius	美国	2011 年 4 月 27 日
BTC Guild	美国	2011 年 5 月 9 日
BitClockers	美国	2011 年 5 月 27 日
OzCoin	澳大利亚	2011 年 6 月 7 日
Polmine	波兰	2011 年 6 月 13 日
Eclipse Mining Consortium	美国/澳大利亚	2011 年 6 月 14 日
BitMinter	美国	2011 年 6 月 26 日
btcmp.com	德国	2011 年 6 月 28 日
TripleMining	欧洲	2011 年 6 月 28 日
Coinotron	波兰	2011 年 7 月 6 日
P2Pool	全球(P2P)	2011 年 7 月 17 日
BTCWarp	美国	2011 年 7 月 29 日
NMCbit	荷兰	2011 年 8 月 1 日
pool.itzod.ru	俄罗斯	2011 年 8 月 1 日

（续表）

矿池名	国家/地区	成立日期
ABCPool.co	美国	2011年8月2日
BTC Oxygen	欧洲	2011年11月1日
50BTC	德国/美国/俄罗斯	2011年11月11日
Bitparking	新西兰	2012年1月8日
Merge Mining Pool	美国	2012年1月8日
MaxBTC	美国	2012年3月15日
Multipool	美国	2012年3月15日
alvarez.sfek.kz	哈萨克斯坦	2012年4月19日
CoinLab Protected Pool	美国	2012年8月9日
Horrible Horrendous TT		2012年8月29日
Bitmain	中国	2013年
CEX.io	英国	2013年
MegaBigPower	波兰	2013年
cloudHashing	英国	2013年3月
BTCPoolman	英国	2013年3月1日
CoinTerra	美国	2013年4月
Discus Fish	中国	2013年5月5日
F2Pool	美国	2013年5月5日
BTCmow	欧洲	2013年5月31日
KnCMiner	瑞典	2013年6月
GHash.IO	荷兰	2013年7月1日
BTCDig	美国	2013年7月4日
PolishPool	波兰	2013年7月7日
Give Me COINS	美国	2013年8月12日
BitcoinMining.Co	美国	2013年8月13日
AntPool	中国	2014年

（续表）

矿池名	国家/地区	成立日期
BW Mining	中国	2014 年
DwarfPool	马来西亚	2014 年
mineXMR	美国	2014 年
CoinFirma	美国	2014 年 1 月 16 日
Blisterpool	美国	2014 年 2 月 1 日
MuPool	美国	2014 年 2 月 23 日
Coin Miners	美国	2014 年 2 月 27 日
MinerGate	美国	2014 年 3 月 24 日
Bitalo	美国	2014 年 4 月 8 日
BitcoinAffiliateNetwork	美国	2014 年 7 月 15 日
KanoPool	美国	2014 年 9 月 20 日
BTCC Pool	中国	2014 年 10 月 21 日

矿池的大发展还有一层更深的含义，就是商业组织已经渗透到比特币的生产当中。比特币本来是个人行为，可是随着发展，现代商业组织开始渗入并主导生产，比特币的生产开始商业化。

比特币商业化的另一个重要标志，是矿机的出现。所谓"矿机"，就是专门用来挖矿的计算机，计算速度很快，但是没有其他用途。

矿机的出现，大概经历了一年半的时间。

早在 2012 年 6 月，美国蝴蝶实验室宣布研发 ASIC 矿机，并宣布把新产品上市时间定在 2012 年 9 月。一个月后（2012 年 7 月），烤猫（Friedcat）宣称自己能造出 ASIC 矿机。实际上，ASIC 矿机到了 2013 年初才研发出来，研发者是张楠赓，直到 2013 年 9 月才发货，前三批次共 1500 台。

ASIC 不是唯一的矿机。2013 年 6 月，烤猫矿机 USB 面世，并保持了对全网 20% 算力的控制。2013 年底，蚂蚁 S1 矿机问世。至此，矿机的时代全面来临。

矿池和矿机的出现标志着挖矿的全面商业化，而挖矿的商业化则意味着比特币的商业利益已经很大。这里的含义是，在商业利益的驱动下，比特币会更加广泛地传播，形成更大的商业利益。这样会形成一个正向的循环，滋养其生命力。

挖矿的商业化还有更深一层的含义，值得仔细玩味。比特币在诞生之初，有一层去中心化的光环，是带着对中心化金融机构的不信任诞生的。可是，一旦形成规模，商业机制就开始入侵。从历史的角度看，商业机制的本质是聚集的，不是分散的，大型商业机构有天然的效率优势和抗风险优势。未来的比特币是聚集的还是分散的，是一个很大的疑问。这一点，我们在讨论比特币和区块链的去中心化特征的时候，还会仔细讨论。

第三，交易所的繁荣。

到了 2013 年，比特币交易所已经很多，帮助促进了比特币的交易。

表 2-5 列举了一些早期成立的交易所，截至 2013 年底共 80 多家，遍布我们熟知的大部分国家和地区，包括美国、日本、德国、英国、法国、加拿大、巴西、俄罗斯等。这些交易所信息是笔者从网上搜集的，不一定很完备。尽管如此，还是有 80 多家交易所。这些早期的交易所不一定很大，也不一定很成功，其实它们很多都不成功。这张表的意义在于说明早期交易所已经很多，这对于早期比特币价格的上涨有很大意义。

表 2-5　早期成立的比特币交易所

	交易所名称	国家/地区	成立时间
1	New Liberty Standard（新自由标准）	（未知）	2009年10月
2	BTC 2 PSC	德国*	2009年12月
3	Bitcoin Exchange	日本	2009年12月
4	BitcoinFX	美国*	2010年1月
5	Bitcoin Market	（未知）	2010年3月
6	Paymium	法国	2010年5月
7	Bitcoin2Cash	美国	2010年7月
8	Mt.Gox	日本	2010年7月
9	Bitcoin To You	巴西	2010年7月
10	BTCex	俄罗斯	2010年9月
11	Bitcoin Central	法国	2010年12月
12	Vircurex	中国内地	2011年1月
13	bitomat.pl	波兰	2011年4月
14	VirWox	奥地利	2011年4月
15	BitMarket.eu	波兰	2011年4月
16	Kapiton	瑞典	2011年5月
17	BTC China（比特币中国）	中国香港	2011年6月
18	Bitcoin7	波兰	2011年6月
19	BTCexchange	德国	2011年6月
20	Canadian Virtual Exchange	加拿大	2011年6月
21	ExchangeBitcoins.com	美国	2011年6月
22	The Rock Trading	意大利	2011年6月
23	TradeHill	美国	2011年6月
24	BitStamp	英国	2011年7月
25	Kraken	美国	2011年7月
26	Bitchange.pl	波兰	2011年7月

（续表）

	交易所名称	国家/地区	成立时间
27	Bitcash.cz	捷克	2011年7月
28	bitfloor	美国	2011年7月
29	btc-e	俄罗斯	2011年7月
30	Camp BX	美国	2011年7月
31	Intersango	英国	2011年7月
32	RUXUM	爱尔兰	2011年7月
33	bitcoin.de	德国	2011年8月
34	bitme	美国	2011年8月
35	Brasil Bitcoin Market	巴西	2011年8月
36	FreshBTC	波兰	2011年8月
37	aqoin	西班牙	2011年9月
38	bitNZ	新西兰	2011年9月
39	IMCEX.COM	俄罗斯	2011年9月
40	Crypto X Change	澳大利亚	2011年11月
41	Bitfinex（大B网）	中国香港	2012年1月
42	Bitcoin-24.com	德国	2012年5月
43	BtcTree.com	中国内地	2012年5月
44	Coinbase	美国	2012年6月
45	LocalBitcoins	芬兰	2012年6月
46	WeExchange	澳大利亚	2012年6月
47	Bitcurex	波兰	2012年7月
48	Coincheck	日本	2012年8月
49	Gate.io（芝麻开门）	开曼群岛	2013年1月
50	itBit	美国	2013年1月
51	LakeBTC	中国内地	2013年1月
52	FYB-SG	新加坡	2013年1月

（续表）

	交易所名称	国家/地区	成立时间
53	ANX	中国香港	2013年2月
54	CoinJar	澳大利亚	2013年2月
55	Bit2C	以色列	2013年2月
56	LibertyBit	美国	2013年2月
57	Luno（原BitX）	美国	2013年3月
58	BtcTrade（比特币交易网）	中国内地	2013年4月
59	Okexkr（欧易韩国）	韩国	2013年4月
60	Global Bond Limited (GBL)	中国香港	2013年5月
61	Justcoin	挪威	2013年5月
62	Bitalo	澳大利亚	2013年5月
63	OKCoin（OKCoin币行）	中国内地	2013年6月
64	CEX.IO	英国	2013年6月
65	ZN.COM	萨摩亚	2013年6月
66	FBTC Exchange	荷兰	2013年6月
67	Mercado Bitcoin	美国	2013年6月
68	ZB.com（中币）	中国内地	2013年6月
69	bitKonan	克罗地亚	2013年7月
70	CoinTrader	加拿大	2013年7月
71	Korbit	韩国	2013年7月
72	Bitcoin Suisse	瑞士	2013年8月
73	btcmarkets	澳大利亚	2013年8月
74	Huobi（火币网）	塞舌尔	2013年9月
75	Coinut	新加坡	2013年11月
76	bit121	英国	2013年11月
77	RMBTB	中国内地	2013年11月
78	FXBTC	中国内地	2013年11月

（续表）

	交易所名称	国家/地区	成立时间
79	LiteBit	荷兰	2013年12月
80	Coinmate	斯洛伐克	2013年12月
81	HitBTC	英国	2013年12月

数据来源：作者根据网络信息收集整理。

注：*表示创始人所在地。

搜索整理表 2–5 的过程中，我们发现华人对于比特币的参与从一开始就很深。80 多家交易所中，至少有 13 家是华人开设的，注册地有中国内地、中国香港，也有塞舌尔。① 这些交易所中，比较大的有 4 家，分别是比特币中国、Bitfinex、OKCoin 和火币网。中国人口和经济总量大，投资理财需求大，急需更多理财工具，对比特币需求大完全可以理解。

表 2–6 进一步整理了早期交易所的交易量，从中可以发现两个特点。其一，亚洲参与的比特币交易占有很大的比重，交易额前三名都是位于亚洲的交易所，它们分别位于韩国、中国、日本。第 4~10 名中，还有 4 家是中国的交易所。排名前 10 的交易所中，中国交易所数量占了一半。由此可见，华人对于比特币的热情真的很高。

交易所之外，还出现了比特币 ATM。2013 年 10 月，Robocoin 和 Bitcoiniacs 在加拿大温哥华推出了世界上第一台比特币 ATM，客户可以在 ATM 上交易比特币，这使得交易更加方便。从买卖比特币

---

① 说明两点：（1）还存在的一种可能性是，还有其他交易所具有华人背景，或者被华人控制，但是没有被披露，这类情况我们无法证实；（2）2013 年底，中国人民银行等五部委发文，加强对比特币的监管。到了 2017 年，随着监管的进一步加强，火币网、币安网、OKCoin 等交易所逐步向境外转移。

的角度来看,比特币 ATM 就是一个小型的、实体的、位置固定的交易所。作为对比,网络交易所规模可以更大,没有固定位置,处于网络虚拟空间。

表 2-6 成交额最大的 10 家交易所(截至 2013 年)

	交易所	国家/地区	交易总额(亿美元)	份额
1	Korbit	韩国	181 981.19	39.11%
2	BTC China(比特币中国)	中国香港	123 607.36	26.56%
3	Mt.Gox(门头沟)	日本	105 611.50	22.70%
4	BtcTrade(比特币交易网)	中国内地	23 330.33	5.01%
5	btc-e	俄罗斯	9558.87	2.05%
6	BitStamp	英国	9232.33	1.98%
7	Bitfinex(大 B 网)	中国香港	4777.54	1.03%
8	RMBTB	中国内地	1729.87	0.37%
9	Bitcurex	波兰	1083.84	0.23%
10	ANX	中国香港	1006.14	0.22%
	其他		3411.06	0.73%

数据说明:交易总额为交易所创始至 2013 年底总计,交易额单位为亿美元,汇率选取各年度国际货币基金组织年平均汇率。

数据来源:Bitcoincharts,IMF。

第四,监管的包容。

促进比特币价格连续突破的,还有监管层的包容态度。

比特币作为新生事物,监管层可以将其一棍子打死,也可以观望其发展。很多时候,监管层不愿意明确表态,因为表态常常意味着相应的措施。2013 年的时候,我们看到中美两国高层都表了态,而且是包容性的表态。

2013年3月，美国财政部下属监管机构金融犯罪执法网络（Financial Crimes Enforcement Network，FinCEN）为比特币等"去中心化虚拟货币"制定了监管指南，将挖矿机构归类为"货币服务企业"，将受到注册和其他法律的制约。

这里加一个注解。一个新生事物被纳入法律监管，如果监管不是特别严厉，在一定意义上可以看作变相的承认，甚至是支持。纳入监管之前，没有界限，任何行为都可能受到约束，风险很大。纳入监管之后，就有了界限，可以逐步形成稳定预期，企业的发展其实是更便利了。

2013年11月18日，美国参议院就比特币举行听证会。时任美联储主席伯南克表示，美联储无权直接监管虚拟货币，并且认为比特币及其他虚拟货币"可能拥有长远的未来"。伯南克不仅是官员，而且是顶尖学者，是货币专家。他的表态不仅有官方含义，还代表了一种学术判断。

无独有偶，短短两天后（2013年11月20日），时任中国人民银行副行长易纲表示，中国人民银行近期不可能承认比特币的合法性，但是"比特币交易作为一种互联网上的买卖行为，普通民众拥有参与的自由"。[①] 和伯南克一样，易纲也不仅是中央银行副行长，还是学者出身、货币专家。

短短三天之内，美、中两国央行的高官都发表了对于比特币的包容性态度。这样的表态，显然刺激了市场的做多热情。

事后看，2013年11月是比特币价格上涨最快的一个月。其价格

---

① 参见中国新闻网：https://www.chinanews.com/fortune/2013/11-24/5539368.shtml。
——编者注

从 10 月 31 日的 201 美元上涨到 11 月 17 日的 469 美元，半个月翻了一番多；在两位央行官员发布意见之后，又进一步上涨到 11 月 30 日的 1149 美元，再翻一番多，一个月累计涨到了 5 倍多。1149 美元也是比特币价格的一个局部高点。从 12 月开始，比特币价格回调。比特币价格再创新高，要等到 3 年以后的 2017 年 2 月。

后来，比特币价格的回调从反面进一步说明了监管的影响。

2013 年 12 月 5 日，也就是比特币价格创新高 5 天后，中国人民银行、工业和信息化部、银监会、保监会、证监会五部委联合发布《关于防范比特币风险的通知》，宣布比特币非货币，不能且不应作为货币流通，并禁止所有金融机构参与比特币业务。这样一来，就有了收紧的意思。通知发布以后，比特币价格应声下跌。12 月 5 日，比特币价格在 1127 美元的高位，第二天就跌到了 1003 美元，第三天、第四天继续下挫到 765 美元、694 美元。短短 3 天，价格下跌将近一半。

其实，五部委的这次通知，并不算特别严厉，还是留了口子的。后来，中国监管机构又出过更加严厉的文件，到最后几乎完全禁止。比如这份通知指出，比特币交易作为一种互联网上的商品买卖行为，普通民众在自担风险的前提下拥有参与的自由。只不过，金融机构不得参与比特币业务，这样一来，民众参与就需要一些渠道，不是特别方便。两周后的 12 月 18 日，位于中国的两大比特币交易平台比特币中国和 OKCoin 发布公告，宣布暂停人民币充值服务。

回过头看，2013 年的比特币价格上涨，是上述 4 个因素共同作用的结果。经过这一年，比特币的价格已经很高，总值已经较大，参与者也已经很多。这些为比特币后来的大发展奠定了基础。

经过 2013 年的连续突破，比特币的价格和总市值已经很可观，已经逐步进入普通大众的视线。

2013年是比特币发展中很关键的一年，多方面的基础条件已经具备，土壤已经基本成熟。春芽萌发，静待盛夏。

06 投机不是主因：大涨的基础（2017年）

经过2013年的快速上涨，2014—2016年比特币价格进入盘整期。从数据来看，这三年比特币价格经历了U形的反转，先跌后涨，底部在2015年夏天。整个走势基本是一个对称的U形，低位在200美元左右，只有极短的时间在200美元以下。最大的回调幅度约在80%。到了2016年底，比特币价格回升到900多美元的水平，和2014年初差不多（见图2-4）。

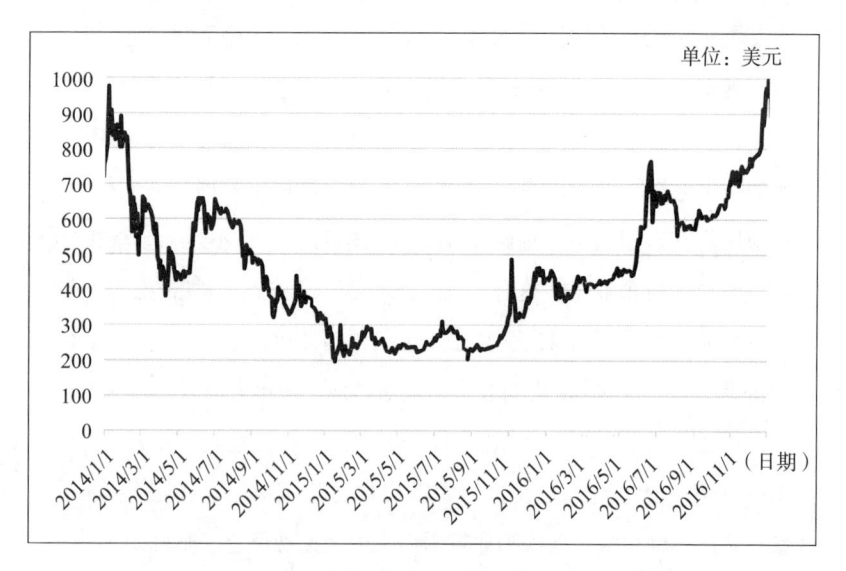

图2-4　比特币价格走势U形反转（2014—2016年）

数据来源：https://www.qkl123.com。

2017年，比特币价格迎来新一轮上涨，主要的涨幅发生在下半年。上半年的波动中枢在1000美元左右，这次波动持续到4月，从5月开始上涨，7月的时候在2000多美元上下波动，然后开始加速上涨，10月突破5000美元，11月突破10 000美元，在12月17日达到了19 536美元的短期高点（见图2-5）。这时候的比特币总市值达到3272亿美元，已经是一家超大型上市公司的规模了。

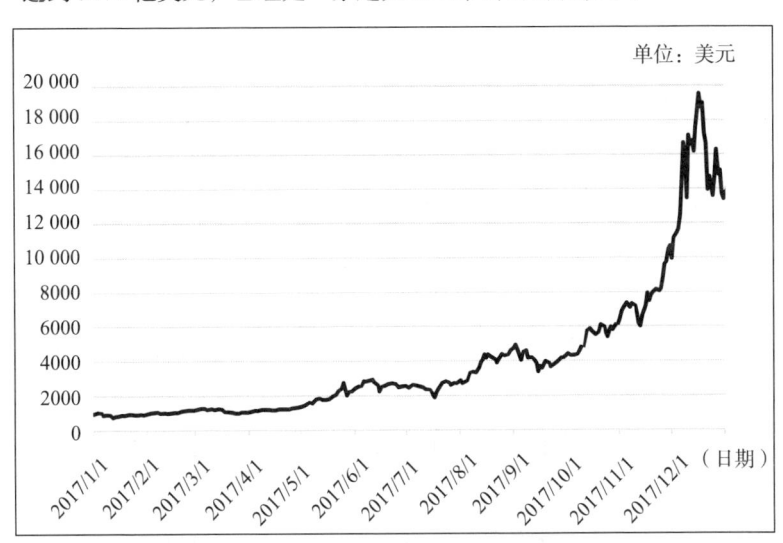

图2-5 2017年比特币价格大涨

数据来源：https://www.qkl123.com。

关于这一次上涨，市场认为投机的因素很多，常常被提到的因素是稳定币的发展使得资金更容易流入比特币市场。

这里的"稳定币"，是价值锚定法定货币的加密货币，可以帮助克服比特币价格波动太大的问题。最早的稳定币是泰达币（USDT），诞生在2014年，和美元保持1∶1的稳定币值。

泰达币的交易机制是这样的：用户将美元存入泰达（Tether）公司账户，泰达公司为用户创建账户，放入等额的泰达币，用户可以用这些泰达币进行交易，比如购买比特币。如果用户想兑换美元，就需要先把其他加密货币换成泰达币，将泰达币交换给泰达公司，赎回美元，然后泰达公司销毁泰达币。

看了这样的解释，你可能注意到了，泰达币其实是提供了一个购买比特币的通道，而且是匿名的。如果资金想匿名进入比特币市场，泰达币提供了一个很好的通道。可以想象，市面上有这样需求的资金会很多。

有研究发现，2017年的这次比特币价格上涨，与泰达币的发行有关。[①] 具体而言，在这一年比特币价格上涨过程当中，上涨通常发生在发行新的泰达币后，而且是少量以泰达币计价的大笔购买推动的。该研究的结论是，这种做法至少占2017年3月以来比特币价格上涨的一半。

泰达币推动比特币价格上涨的证据，不限于2017年。后来的2021年10月6日，一笔交易用泰达币购买了16亿美元的比特币，导致比特币价格上涨了5000美元。当时比特币价格在5万美元左右，所以这一笔大单，直接让比特币价格上涨10%左右。

基于这些证据，一眼看去，确实是泰达币推高了比特币价格。研究还发现，当比特币价格回调之后，泰达币的发行往往加速，导致更多资金流入加密货币市场，然后推高比特币价格。看起来，有人通过泰达币操纵比特币价格。

---

① John Griffin, Amin Shams, 2020, Is Bitcoin really untethered? *Journal of Finance*, vol 75, pp. 1913–1964.

可是，同样的证据可以有完全不同的解读。假设我本来就看好比特币，发现价格回调了，通过购买泰达币入场，不也是完全理性的吗？至于泰达币，不过是个工具，降低了我的交易成本而已。

这里，我们进行两层更深入的讨论。

第一层，我们要区分短期波动和长期趋势两个概念。短期的波动有很多因素，不排除短期炒作，甚至投机操纵的因素。实际上，很多人参与购买比特币确实是炒作，看的是短期收益，不是长期价值。不过，这完全不妨碍比特币可以具有长期价值，要把短期的波动，以及短期波动中的各种因素，包括投机因素，与长期趋势分开看。

第二层，我们来进一步做一个灵魂的拷问：一个炒作严重的产品，就一定没有长期价值吗？比特币的炒作至今已经十几年了，从一开始的不名一文，到后来价格为零点几美分、几美分，涨到最高达6万多美元，目前还在3万多美元的高位上，完全是炒作的原因？

很多参与者不看长期价值与这个产品没有长期价值，是两回事。我们不能要求每个参与者都是长期价值投资者，就像我们不能要求每个参与者都是短期投机者一样。炒作，是金融市场的内在伴生现象，不可避免。

以前我参与房地产的讨论，很多人也总是说房价是炒起来的，我喜欢开玩笑地问：为什么人们喜欢炒房子，不喜欢炒大白菜？答案是，大白菜容易腐烂，没有炒作价值，要炒只能在锅里炒。房子是很好的投资品，可以长期存续，而且价格趋势是上涨的，有炒作价值。所以，归根结底还是房子有价值，不然我们很难解释为什么房子被炒作了20年。如果没有很高的内在价值，人们是不会去炒房子的。退一步说，房子总价这么高，占用资金这么大，交易过程中摩擦成本也很高，总的炒作成本是很高的。人们克服这么多的摩擦成本去炒房子，更加说明了房子的内在价值。

这里的要点是，炒作有的时候恰恰说明某个事物有内在价值，而不是没有内在价值。因为有内在价值，才会有很多人去炒作。

回到比特币。比特币价格波动，肯定有人利用这个波动赢利，也肯定有人因为这个波动受损。我们看到比特币的价格上涨往往是脉冲式的，几个月就可以涨很多倍。下跌的时候，速度也很快，网上有很多爆仓的新闻。

可是，波动大和没有价值是两回事，炒作严重和没有价值也是两回事。对现有数据更加合理的解释是：比特币有长期价值，也充满了炒作。

换句话说，比特币有长期投资价值，也有短期炒作价值，二者并行不悖，甚至相互加强。长期价值提供了炒作的土壤，短期炒作帮助发现长期价值，代价是增加波动。

举个例子，特斯拉是个非常优秀的企业，其股票价格这几年涨了很多，是当之无愧的明星股票。可是，特斯拉的股价波动也很大，我们不能因为这个波动就说特斯拉没有长期投资价值。对于特斯拉股票的一个更加合理的判断是：有长期投资价值，短期波动中也充满了炒作。[1]

---

[1] 笔者曾经分析特斯拉的股价，认为其中存在泡沫，并且预判特斯拉股价 3 年内腰斩，判断的时间是 2020 年 12 月 13 日星期天，当时的收盘价是 609.99 美元，预判的截止日是 2023 年 12 月 13 日。这是对股价的分析，更准确地说是对股价波动的分析，完全不意味着笔者认为特斯拉不是个好企业。特斯拉的基本面决定其长期价值。特斯拉股价中的炒作导致价格波动很大，短期估值过高，有很大回调压力。

当然，这是对过去数据的解读，不是对未来趋势的判断。

回头看 2017 年这一轮上涨，其实有很多基本面的利多因素。经过 2014—2016 年的发展，比特币被更多机构所接受，为更多公众所熟知，政策层面也延续了包容的特性。表 2-7 搜集了一些主要信息，帮助梳理比特币这几年的发展。

表 2-7　比特币的进一步发展（2014—2017 年）

日期	事件
2014 年 7 月	戴尔接受比特币支付
2014 年 9 月	贝宝子公司 Braintree 接受比特币
2014 年 12 月	微软接受美国客户的比特币，可用于 Windows 和 Xbox 在线商店提供的"应用程序、游戏和其他数字内容"的支付
2015 年 1 月	Coinbase 推出美国许可的比特币交易所
2015 年 6 月	纽约州发布比特执照（BitLicense），旨在规范为纽约州客户提供服务的比特币和数字货币业务
2015 年 9 月	比特币被美国商品期货交易委员会（CFTC）宣布为商品
2015 年 10 月	美国 Gemini 比特币交易所上线
2015 年 10 月	欧盟宣布对比特币交易不征收增值税
2015 年 10 月	《经济学人》头版精选有关比特币的内容
2015 年 11 月	比特币符号被接受为统一码（Unicode）
2016 年 4 月	第一个去中心化市场软件 OpenBazaar 推出，该项目促进点对点贸易，允许用户创建虚拟商店，可以使用比特币
2016 年 4 月	游戏平台 Steam 开始接受比特币
2016 年 11 月	特朗普当选美国总统，全球股市下跌，投资者涌向黄金等避险资产，比特币价格上涨
2017 年 1 月	日本广播协会（NHK）报告，日本约 4200 家店铺可以使用比特币支付，比一年前的调查高出 4.6 倍，涉及餐饮、美容院、美甲店、装修公司等各个行业
2017 年 2 月	BitPay 首席执行官史蒂芬·派尔（Stephen Pair）宣布公司的交易量从 2016 年 1 月到 2017 年 2 月增长了 3 倍，比特币在 B2B（商对商）供应链支付中的使用正在增长

（续表）

日期	事件
2017年3月	过去6个月，墨西哥交易所 Bitso 的交易量增长了1500%
2017年3月	日本通过法律，接受比特币作为一种合法的支付方式
2017年4月	俄罗斯正在研究监管比特币的方法，当局希望在2018年承认比特币等加密货币为合法金融工具
2017年5月	当年1—5月，比特币交易所 Poloniex 在线活跃交易者增加了600%以上，并且定期处理的交易增加了640%
2017年9月	韩国第三大比特币交易所 Coinone 成立一家实体加密货币交易所，配有比特币 ATM、行情显示屏和咨询服务台
2017年12月	芝加哥期权交易所和芝加哥商品交易所推出比特币期货合约
2017年	专门投资虚拟货币的对冲基金从30家增长到130家。全球 ICO（初始代币）融资约128亿美元，许多 ICO 认购需要使用比特币，增加了对比特币的需求

可以看到，很多很大的公司，比如戴尔、贝宝、微软，在2014年已经开始接受比特币。日本的情况特别值得注意，到2017年1月约有4200家店铺可以使用比特币支付，涉及餐饮、美容院、美甲店、装修公司等各个行业。由此可见，比特币确实已经很普及。

而且，部分国家监管层也继续了之前的包容态度。不然，我们无法理解比特币交易所的活跃和比特币期货的推出。2015年6月，美国纽约州推出"比特执照"（BitLisense），旨在规范为纽约州客户提供服务的比特币和数字货币业务。3个月后，美国商品期货交易委员会宣布比特币为商品，纳入监管。日本甚至通过法律，接受比特币作为一种合法的支付方式。俄罗斯也研究监管比特币的方法，希望承认比特币等加密货币为合法金融工具。

这里需要指出的是，比特币是网络货币，很多国家对其都很包容。这样一来，少数国家的强监管很难阻挡比特币的发展。除非全球绝大多数国家联合行动，取缔比特币，否则比特币很难从监管意义上被根本性限制。

简单小结：2017年比特币价格的快速上涨有投机炒作的因素，也有基本面因素的支撑，二者并行不悖。实际上，比特币的价格上涨中确实伴随着投机炒作，但是不能据此说没有投资价值。总体上，比特币的发展比较顺利，接受度更广，政策面也比较包容，这些为比特币具有长期价值提供了基础。

07　机构监管接受：步入成熟期（2020—2021年）

比特币价格在2017年向上突破之后，2018年开始高位回落。每次比特币价格快速上涨之后，都会经历很大的回落。到了2018年底、2019年初，价格回调到4000美元的低位，回调幅度约为80%。很巧合的是，2013年后的回调幅度也在80%左右。

从2019年2季度开始，比特币价格震荡回升，并且在10 000美元的位置波动，一直到2020年夏天。

比特币价格的再一次向上突破，要等到2020年10月。而且，从2020年12月到2021年11月，在大约1年的时间里，其价格不仅突破了前期的高点，还连续突破了20 000美元、30 000美元、40 000美元、50 000美元、60 000美元几个整数关口（见图2-6）。2021年11月10日，比特币价格达到68 519美元的高位，这是迄今为止的最高价格（截至2022年6月）。

这次连续突破，除了之前的原因，还有一个新的因素，就是传统金融机构开始接受比特币。

金融机构对于比特币的接受，是一个渐进的过程。早在2018年1月，风险投资家彼得·赛尔（Peter Thiel）就购买了2000万美元的比特币。彼得·赛尔是支付巨头贝宝的创始人、传奇的风险投资家，也是脸书的早期投资人，还曾经投资优兔、领英、Palantir Technologies、Yelp、SpaceX、特斯拉等著名公司。他在投资界有很大的关注度，他的投资行为可能会有很大的示范效应。

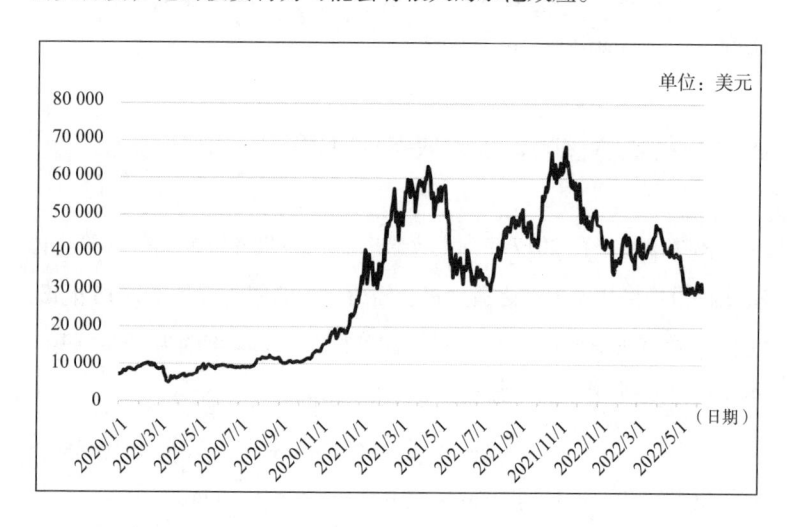

图 2-6　比特币价格再次突破（2020—2022年）

数据来源：https://www.qkl123.com。

4个月后（2018年5月），高盛公司宣布开设比特币业务交易。高盛是华尔街巨头，有举足轻重的影响力。高盛涉足比特币业务，对华尔街有很大的示范作用。

再过1个月（2018年6月），社交媒体巨头脸书解除了加密货币广告的禁令。脸书作为新媒体的龙头，也有巨大的风向标作用。

有了上述几家企业带头，金融类企业对比特币的参与就一发不可收。表 2-8 搜集整理了 2018 年以来比特币的一些重要事件，其中很多是金融机构参与的。到现在，大多数大型金融机构都已经涉足比特币业务。

表 2-8 2018 年以来比特币的发展

时间	事件
2018 年 1 月	彼得·赛尔购买了 2000 万美元的比特币
2018 年 5 月	高盛宣布开设比特币交易业务
2018 年 6 月	脸书正在解除对加密货币广告的禁令
2018 年 7 月	资管巨头贝莱德成立工作组研究加密货币和区块链
2018 年 8 月	纽交所母公司与星巴克、微软、BCG 等公司宣布，正在推出一家新公司 Bakkt，让消费者能在星巴克使用比特币等加密货币，并利用微软云创建一个开放且受监管的比特币市场
2018 年 10 月	富达投资正在推出一家为机构投资者服务的加密货币平台
2018 年 12 月	机构加密货币交易所 Bakkt 筹集了 1.82 亿美元的资金
2019 年 1 月	加密货币公司 Bitwise 向美国证监会提交了新的比特币 ETF 文件
2019 年 1 月	比特币 ATM 公司 Coinstar Machines 开始在美国各地的售货亭销售比特币
2019 年 3 月	有报道称，脸书正在开发自己的加密货币
2019 年 3 月	Bitwise 的一项研究显示，95% 的现货比特币交易量是由不受监管的交易所伪造的
2019 年 6 月	脸书宣布开发天秤币，提高了公众对加密货币的兴趣和认知程度
2019 年 6 月	加密货币从业者孙宇晨在慈善拍卖中中标 457 万美元与巴菲特共进午餐
2019 年 6 月	加密货币平台 Bakkt 指定比特币期货测试的启动日期
2019 年 9 月	VanEck 证券和 SolidX 管理公司将向对冲基金、银行等机构提供比特币 ETF 类产品

（续表）

时间	事件
2019年9月	Bakkt推出比特币期货，这是第一个在联邦监管的交易所交易的以实物交割的加密货币期货合约
2019年10月	联合国儿童基金会接受加密货币捐赠
2019年10月	比特币的最小单位Satoshi被添加到牛津英语词典中
2019年10月	中共中央政治局就区块链技术发展现状和趋势进行集体学习
2019年10月	全球第二大比特币矿机制造商中国嘉楠公司申请在美国上市
2019年11月	纽约监管机构授权富达投资子公司Fidelity进行比特币交易和托管
2020年1月	芝加哥商品交易所推出比特币期权
2020年1月	瑞士采尔马特市正式接受用比特币纳税
2020年2月	推特添加比特币表情符号
2020年2月	比特币支付服务商闪电实验室已筹集1000万美元的A轮融资
2020年3月	印度最高法院解除对比特币交易的禁令
2020年3月	美联储将利率降至0并重启量化宽松政策
2020年4月	最大加密货币交易所币安网以4亿美元收购了流行数据网站CoinMarketCap
2020年4月	多伦多证券交易所上市公共比特币基金
2020年5月	亿万富翁保罗·都铎·琼斯购买比特币作为通胀对冲
2020年7月	美国联邦特许银行和储蓄机构可以为客户提供加密货币托管服务
2020年7月	印度公司69 Shares开始在德意志交易所的Xetra交易系统上报价一组比特币交易所交易产品（ETP）
2020年8月	商业软件公司MicroStrategy以2.5亿美元的总价购买了21 000个比特币
2020年9月	MicroStrategy以1.75亿美元的总价购买了16 796个比特币

（续表）

时间	事件
2020 年 9 月	维也纳证券交易所列出了 21 个接受比特币计价的产品，包括实时报价和证券结算服务
2020 年 9 月	法兰克福证券交易所承认了第一张比特币交易所交易票据（ETN）的报价，通过 Eurex Clearing 进行集中清算
2020 年 10 月	贝宝宣布允许用户在其平台上买卖比特币
2020 年 10 月	在线支付服务商 Square 以 5000 万美元的总价购买了 4709 个比特币
2020 年 12 月	MicroStrategy 以 6.5 亿美元的总价购买了 29 646 个比特币
2020 年 12 月	马萨诸塞州共同人寿保险公司 MassMutual 向比特币投资 1 亿美元
2021 年 1 月	加密货币托管商 Anchorage 获批成为美国第一家联邦特许"数字资产银行"
2021 年 1 月	埃隆·马斯克在他的推特简历中添加标签 #bitcoin
2021 年 2 月	Square 再次以 1.7 亿美元的总价购买了 3318 个比特币
2021 年 2 月	MicroStrategy 以 10.26 亿美元的总价购买了约 19 452 个比特币
2021 年 2 月	特斯拉购买了价值 15 亿美元的比特币，开始接受比特币作为其产品的支付方式
2021 年 2 月	加拿大批准推出世界上第一个比特币交易所交易基金
2021 年 4 月	美国加密货币交易所 Coinbase 在纳斯达克上市
2021 年 7 月	马斯克在加密货币会议 B Word 上发言，除了特斯拉和 SpaceX 拥有比特币，他个人也拥有比特币、以太币和狗狗币，并表示特斯拉很可能会重新开始接受比特币支付
2021 年 7 月	亚马逊发步招聘信息，寻找"数字货币和区块链产品负责人"
2021 年 8 月	沃尔玛发布一份工作，其职责包括"制定数字货币战略和产品路线图"以及确定"与加密相关的投资和合作伙伴关系"
2021 年 7—9 月	MicroStrategy 以近 4.2 亿美元的价格购买了近 9000 个比特币

（续表）

时间	事件
2021年9月	推特开启询问比特币小费的功能
2021年9月	比特币在中美洲北部小国萨尔瓦多成为法定货币
2021年10—11月	MicroStrategy以4.144亿美元的总价又购买7002个比特币
2021年10月	美国首个比特币ETF期货开始交易

金融机构的介入意味着比特币正式成为一种投资资产，受到众多投资人包括机构投资人的青睐，比特币成为很多人投资组合的一部分。这也意味着，实际上比特币已经被许多国家接受了。

除了金融公司，非金融公司也开始大量持有比特币。在购买比特币的公司中，有一家公司特别值得一提，这是一家为企业提供商业情报的公司，该公司不仅最早开始买比特币，还多次购买，目前是持有比特币最多的上市公司。

这家公司的名字也很好玩，叫"微观战略"（MicroStrategy），这个名字特别值得玩味。

一般而言，当我们说战略的时候，说的是宏观战略，而这家公司叫微观战略，看起来别有深意。所谓战略，虽然是宏观的，但是也要基于微观的单元。对于微观单元而言，宏观层面的形势是环境，而微观层面的战略则是生存技术。看起来，这家"微观战略"公司从"微观战略"层面看到了比特币的价值。

持有比特币第二多的上市公司就是著名的特斯拉。特斯拉的总裁马斯克是比特币最著名的拥趸。早在2013年，特斯拉就宣布接受比特币支付。

在这几年的众多事件中，脸书发布天秤币白皮书特别值得一提。

2019年6月18日,社交媒体巨头脸书联合27家企业成立"天秤币协会",总部设在瑞士日内瓦,并同时发布"天秤币白皮书"。白皮书中描述的天秤币的使命是建立一个"全球货币和金融基础设施,为亿万人赋能"。①

后来,天秤币受到多国政府的抵制,脸书不得不修改白皮书,甚至将天秤币更名为Diem。但是至今,天秤币也没能够推出。到了2022年初,天秤币的相关资产已经出售。从目前情况看,天秤币可能已经胎死腹中。但是尽管如此,天秤币还是有很深刻的含义。

天秤币的技术是基于区块链的,而区块链正是比特币的一大发明,并且依赖比特币而传播开来。到了2018年,区块链技术已经受到普遍认可,很多政府和企业都开始关注并投入资源发展区块链。

在这一背景下,脸书作为全球最大的社交媒体巨头,拥有全球数量最大的网络活跃账户,想推出基于区块链的全球超主权货币是可以理解的。尽管天秤币发展波折,但是依然说明比特币和区块链已经得到了普遍的接受。关于天秤币的启示和含义,我们后文再专门阐述。

随着金融机构的接受,比特币的价格波动发生了一个重要的变化。在2020年之前,比特币的回报率和美股股指的回报率相关性很小,接近于0,在0.01~0.03的数量级。从2020年开始,比特币的回报率和美股股指的回报率的相关性大幅上升到0.37左右,相当于一只正常大股票和股指的相关性。同时,波动率的相关性也大幅上升了。看起来,2020年以后,比特币已经很像一个主流的大股票了。

---

① 英文原文是:Libra's mission is to enable a simple global currency and financial in frastructure that empowers billions of people.

表 2-9 展示了比特币和主要股指的相关性。

表 2-9　比特币和主要股指的相关性

	回报率		波动率	
	2017年1月—2019年12月	2020年1月—2022年2月	2017年1月—2019年12月	2020年1月—2022年2月
标普 500 指数	0.015 4	0.368 8	0.058 0	0.586 7
纳斯达克 100 指数	0.021 9	0.390 8	0.034 5	0.557 2
罗素 2000 指数	0.030 5	0.370 9	0.031 8	0.599 0
MSCI 新兴市场指数	0.023 4	0.341 2	0.055 5	0.665 5

注：（1）回报率的相关性是日度回报率的相关性；（2）波动率的相关性是先计算 20 天回报率的标准差（滚动），再计算标准差的相关性。

2018 年以来，还发生了一件事情，就是多国央行开始研发央行数字货币。根据国际清算银行（BIS）2021 年的调查研究，全球 86% 的央行都在研发数字货币。[1] 根据 BIS 的另一份研究，全球央行对于央行数字货币的表态，在 2020 年之前是偏负面的，但是到了 2020 年就转向偏正面了。[2]

2020 年 10 月 20 日，巴哈马发布了世界上第一个央行数字货币：沙币（Sand dollar）。恰巧也是这个月，中国人民银行在深圳进行了大规模的央行数字货币试点，拉开了大规模试点的序幕。许多年后

---

[1] Codruta Boar and Andreas Wehrli, 2021, Ready, steady, go? – Results of the third BIS survey on central bank digital currency, *BIS Papers* No.114.

[2] Raphael Auer, Giulio Cornelli and Jon Frost, 2020, Rise of the central bank digital currencies: drivers, approaches and technologies, *BIS Working Papers* No.880.

回头看，这两件事或许标志着人类已经进入央行数字货币时代。

央行数字货币的技术路线很多，其中吸收了很多比特币的技术元素。因此，可以毫不夸张地说，比特币所使用的技术一定程度上促进了央行货币形态的转变。

08　小结：比特币已经改变世界

站在2022年，回首比特币13年多的发展，我们发现比特币走过了一条从无到有、从默默无闻到家喻户晓、从充满怀疑到逐步认可的崎岖发展道路。比特币价格的波动上涨，就是这个道路的具象化。到现在，比特币已经被更多的人和机构接受和认可，其包含的技术和理念也已经被更广泛地接受和认可。在这个意义上，比特币改变了我们生存的世界，并对未来世界产生影响。从这个角度理解，比特币的价格就一点不高了。

而且，仔细梳理比特币的发展历程我们会发现，剥开高技术的外衣，比特币的发展是符合一般的经济规律、一般的市场规律的。因此，我们没有必要完全把比特币当作怪物来看。在很多国家，比特币已经进入商业生活和金融组合中。关于比特币的未来，我们也完全无须神话，可以用基本经济规律来分析。

作为一个全新的物种，比特币受到怀疑是正常的，而现实当中比特币被接受的速度是很快的。这里面有技术进步的因素，也有利益博弈的因素。

比特币被快速接受的大背景，是21世纪以来的"印钞比赛"，让我们以美国为例说明。在主流的财经讨论中，美联储的大放水是从 2008 年金融危机开始的。其实，这是新世纪以来美联储的第二次大放水。2000 年，纳斯达克泡沫破灭以后，特别是 9·11 恐怖袭击事件以后，美联储将利率从 6.5% 紧急降到 1.0% 的水平，大幅降低并将低利率保持到 2004 年，在通胀已经很明显之后才开始加息。

事后看，美国 2000 年这一轮衰退很温和，不至于引来如此大幅度的降息，更不至于长时间保持低息。正是这次长时间的低息，刺激了美国的房地产市场泡沫，酝酿了 2007 年次贷危机，引发了 2008—2009 年的金融危机。然后，美联储开启了量化宽松，资产负债表开始快速膨胀。有了 2001 年和 2008 年的铺垫，到了 2020 年美国暴发新冠肺炎疫情的时候，美联储的印钞就更加坚决、规模更大。

印钞不是美联储一家央行的行为。主要央行中，日本央行是最早进行量化宽松的，在 2001 年就已经开始。金融危机以后，欧洲央行也大幅进行了宽松，甚至实行了负利率政策。所以，全球主要三大央行——美联储、欧洲央行、日本央行，其实在进行一场印钞比赛。相对而言，中国人民银行的宽松力度是很克制的。

比特币的发展，就是在这个背景下发生的。印钞必然带来财富的再分配，远离印钞机的普通人将不得不缴纳"铸币税"。2000 年以来印了天量的钞票，财富再分配的规模巨大。而比特币背后的技术，则为保卫财富提供了一种工具和一种思路。这种工具并不完善，正在经受时间的考验。在比特币的启发之下，更多的加密工具陆续诞生，金融市场的格局正在改变。

比特币至少有 3 个方面的贡献。

第一，比特币促进了区块链技术的发展和成熟。尽管区块链技术的普及还需要时间，但是其技术原理已经为市场理解和熟知，区块链的潜在重要性有待市场慢慢发掘。

第二，比特币促进了金融市场的发展。比特币之后，出现了很多其他加密货币，各有特点，比如以太币、稳定币。截至2021年底，加密货币市场已经很大，总规模达到2.33万亿美元，峰值的时候达到3.07万亿美元（2021年11月9日）。加密货币的价值不在于这区区几万亿美元，而在于这些无中生有、野蛮生长出来的几万亿美元促进了新技术的发展，会引发更多的连锁反应。

第三，比特币促进了央行数字货币的发展。现代社会是以主权国家为核心进行组织的，现代社会的主流货币是央行发行的主权货币。面对虚拟货币的挑战，全球央行正在研发央行数字货币，人类主流货币的形态或将改变。

站在2022年，比特币的未来依然充满不确定性。对比特币的

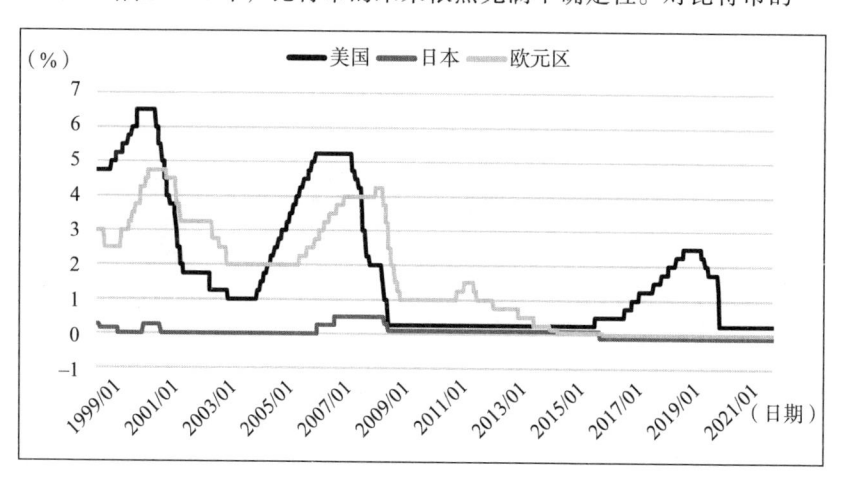

图 2-7　美联储、欧洲央行和日本央行的政策利率（1999—2021年）

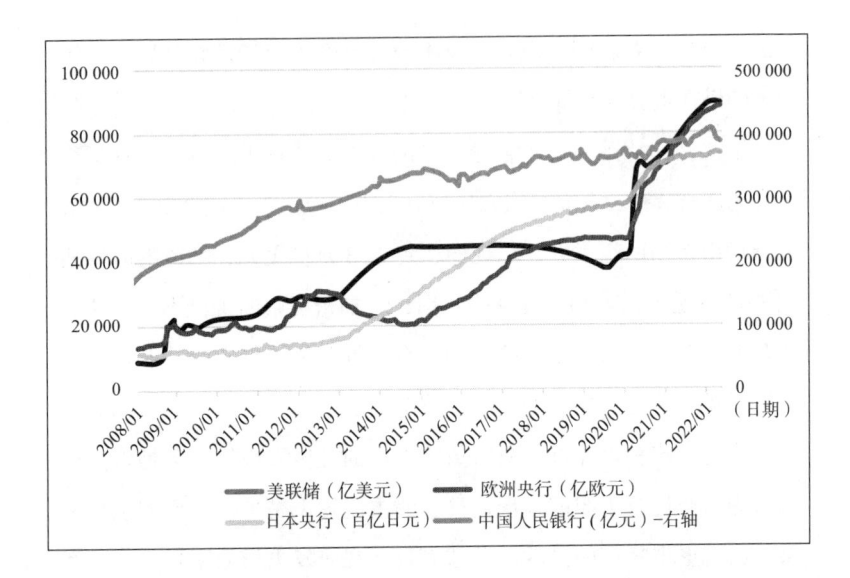

图 2-8　主要央行总资产的快速膨胀（2008 年 1 月—2022 年 5 月）

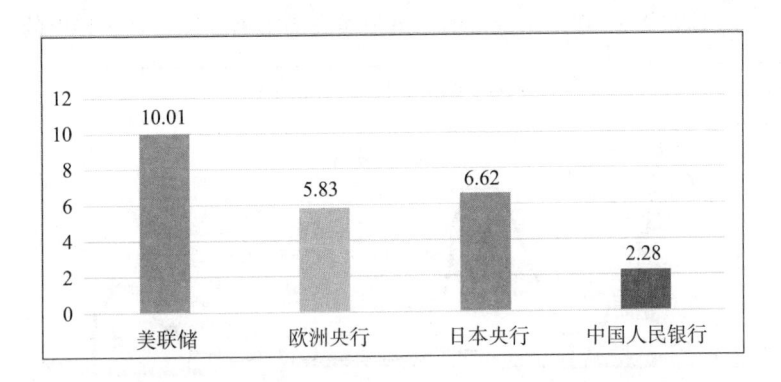

图 2-9　主要央行总资产的膨胀倍数（2008 年 1 月—2022 年 5 月）

监管是否会加强？货币政策即将收紧，比特币价格会不会下跌，还能不能反弹？比特币已经挖出了90%，未来的挖矿者面临激励不足的问题，后续的共识机制如何维持？如果激励失败，比特币信仰会不会轰然崩塌？这是一个不确定性的时代，我们必须与不确定性同眠。

但可以确定的，是比特币已经改变我们的时代。

第三章
归真：比特币是货币吗？

比特币十几年的发展历程，是有理性基础的，也是符合市场发展规律的。因此，比特币不是一个奇怪的、没逻辑的东西，而是看似荒诞、实则理性的新物种。既然如此，我们对这个新物种就比较有信心，它不是昙花一现、虚无缥缈的东西，而是有道理可讲的东西，可以理性分析、客观讨论。

比特币作为一个新生事物，经受了十几年的时间考验。不要小看这十几年，新技术产品的生命周期很短，很多新产品都活不过两三年。

苹果手机2007年诞生，比特币2008年诞生，两者相差一年。到现在，二者都对世界产生了重要影响。不同的是，苹果手机的改变更加快速、显性，意见分歧也不大。毕竟，苹果手机开创了智能移动互联网的时代。而比特币的改变则更加悠长、隐性，至今并没有真正落地，有关它的不同意见也比较多。如果最终比特币的底层思想能落地，那么它对人类的改变，或许会比苹果手机大很多。

在本章，我们来回答一个关注度很高的问题：比特币是不是货币？

这个问题的重要性，在于给比特币一个定位：比特币是货币还是一种资产？这个定位能帮助我们理解它的本质，理解它未来的发展路径和潜力。因为很核心、很关键，关于这个问题的争议也很大。

先预告我的观点：比特币是重要的资产，但不是货币。在本章中，我们会进行很多分析，包括货币原理的分析、货币职能的分析，以此来判断比特币能不能充当货币，最后得到的答案是不能。

尽管比特币不是货币，但是它可能会引发人类货币体系的巨大变迁。比特币包含的技术要素、引起的加密货币浪潮，都会引起主流货币体系的演变，甚至商业组织方式、社会组织方式的转变。已经发行的稳定币、已经大规模研发的央行数字货币，说明这一演变已经在发生。

总结起来就是一句话：比特币不是货币，但它是货币的界碑，具有变革性的意义。本章的层层分析，都围绕这句话进行。

01　货币是什么？

"比特币是不是货币"是个很大的问题，我们把这个问题分解成几个小一点的问题，逐步回答：（1）什么是货币？（2）成为货币要满足哪些基本要求？（3）比特币满足货币的基本要求吗？

第一个问题：什么是货币？这个问题也可以反过来问：货币是什么？我们在说货币的时候，指的是什么？

通常来说，我们说的是"钱"，包括手里的现金、银行里的存款。现金好理解，存款的种类比较多，有一点点复杂，我们用中国的货币统计口径来说明。

中国的货币统计有3个口径，M0、M1和M2，M0最窄，M2最宽。M0是流通中的现金，是最直接的"钱"。M1等于M0加上企业活期存款，企业活期存款是企业的经营性资金，周转很快，随时会兑换成现金，因此是最接近"钱"的存款。M2 等于 M1 加上企业定期存款、居民储蓄存款以及其他存款。这些存款经常就是存着，周转速度不快，但需要的时候可以很快换成现金，可能会有一点成本，比如损失利息等。

按照这个统计口径，截至 2022 年 6 月底，我国的 M0 是 9.6 万亿元，M1 是 67.4 万亿元，M2（大家通常说的广义货币）是 258.2 万亿元（见表 3-1）。或者说，货币总量中，大约 4% 是现金，其余的 96% 是银行活期和定期存款。

表 3-1　中国货币统计（2022 年 6 月）

统计口径	货币总量（万亿元）
M0	9.6
M1	67.4
M2	258.2

注：M0=流通中现金；M1=M0+企业活期存款；M2=M1+企业定期存款+居民储蓄存款+其他存款。

数据来源：中国人民银行网站。

按照中国这个货币统计口径，我们很容易得出"货币＝现金＋存款"的结论。这个结论，对于我们理解什么是货币帮助并不大。我们甚至可以说，比特币不是现金，也不是存款，因此比特币不是货币。显然，这样的分析没有抓住货币的本质，对回答问题没有帮助。

需要追问的问题是：现金和存款为什么是货币？背后的支撑是什么？

02 货币背后是信用

货币是大家都接受的交易媒介。现金和存款之所以是货币，是因为你可以用它来购买需要的东西，卖东西的人会接受。他为什么会接受？因为别人也会接受，大家都会接受现金和存款作为货币，这就是货币的"流动性"，可以在不同的人手中流来流去。在古代，大家接受金属作为货币。在现代，大家接受纸币和存款作为货币。金属被接受是因为代表了价值，为什么现金和存款也会被接受呢？是因为背后的中央银行和商业银行的信用。

现代社会的货币是央行代表政府发行的，背后的支撑是政府的信用。商业银行受到政府的监管，还有存款保险制度保障存款的安全。因为受到严密监管，商业银行的信用也是比较高的。此外，为了自身的利益，商业银行一般也会稳健经营，我们通常不担心商业银行赖账、破产，即使破产也有存款保险的保障。因此，商业银行的信用有两个来源，一个是自身的稳健经营，另一个是政府信用的延伸。

因此，现金和存款之所以被视为货币，是因为背后有政府信用和银行信用的支撑。现代社会生活是围绕政府组织的，因此政府有强大的信用，支撑了货币的发行和流通。

说到这里，我们还要追问：不是现金和存款，就不是货币了吗？比如，中国的国债也是政府信用支撑的，为什么不是货币？国债也可以随时变现，流动性非常好，非常接近银行存款。那么，为什么银行存款是货币，而国债不是呢？

一个解释是中国的国债大部分是商业银行持有的，居民和企业的持有比例不高。商业银行持有的国债是用资金买来的，国债和存款竞争商业银行的资金总量。可是这个解释并不令人满意。一是银行持有的债券不算货币，这也是需要一个理由的。债券能发出来，就是有信用支撑的，为什么不算货币呢？二是商业银行持有的国债，可以在银行间市场换成存款和现金，成本很低，流动性很好。庞大的银行间市场，使各种金融资产的转换成本很低。三是居民和非银行企业、非银行金融机构还持有很多国债，这些国债可以迅速换成存款和现金。即便商业银行持有的这部分不算，非商业银行持有的这部分还是要算的。

换个角度，我们可以更好地理解这个问题。在中国，我们不仅有货币供应量统计，还有社会融资总量的统计。货币供应量统计是从货币供给的角度看金融系统给实体经济提供了多少资金。社会融资总量是从货币需求的角度看实体经济从金融系统获得了多少资金，包括各种贷款、票据融资、债券融资、股票融资。

也就是说，在社会融资总量中，债券是包含在内的，包括国债、企业债。但是对于货币供应的统计，债券是不在其中的。供给侧和需求侧的不匹配令人疑惑，需要一个解释。

03　主要国家的货币统计

现金和存款是货币，但是流动性、安全性同样好的国债不是货币，是很让人费解的。为了进一步挖掘这个问题，我们看看其他国家的货币统计。

当今世界收入比较高、体量比较大的经济体汇集在20国集团（G20）中，因此我们来看 20 国集团成员的货币统计口径。截至 2021 年，20 国集团的 GDP 总量为 82 万亿美元，占世界 GDP 总量的 85%（世界 GDP 总量为 96 万亿美元）。20 国集团包括主要的经济体，欧盟作为国际组织也是 G20 的成员。表 3-2 整理了这些经济体的货币统计口径，包括最狭义的 M0，以及 M1 到 M4 几个口径。

表 3-2　G20 成员的货币统计口径

	M0	M1	M2	M3	M4
中国	流通现金	M0+ 活期存款	M1+ 定期存款 + 其他存款 + 证券公司客户保证金 + 住房公积金中心存款 + 非存款类金融机构在存款类金融机构的存款		
美国	流通现金	M0+ 活期存款 + 支票存款	M1+ 储蓄存款 + 小额定期存款（低于 10 万美元）+ 居民持有的货币基金	M2+ 大额定期存款 + 机构持有的货币基金 + 回购协议	
英国	流通现金	M0+ 活期存款	M1+ 零售存款	M2+ 金融机构对居民的所有货币负债	M3+ 商业票据 + 债券 + 五年内金融工具 + 银行票据 + 金融机构资产负债差值的 35%
日本	流通现金	M0+ 活期存款	M1+ 银行定期存款 + 银行存托凭证等	M2+ 所有金融机构定期存款、存托凭证等	M3+ 信托投资 + 银行债券 + 商业票据 + 政府债券 + 外国债券

（续表）

	M0	M1	M2	M3	M4
法国	流通现金	M0+ 隔夜存款	M1+ 两年及以下定期存款 + 可提前3个月通知赎回的定期存款	M2+ 回购协议 + 货币基金 + 两年期以下债券	
德国	流通现金	M0+ 隔夜存款	M1+ 两年及以下定期存款 + 可提前3个月通知赎回的定期存款	M2+ 回购协议 + 货币基金 + 两年期以下债券	
加拿大	流通现金	M0+ 活期存款	M1+ 个人定期存款	M2+ 非个人定期存款 + 外币存款	
意大利	流通现金	M0+ 隔夜存款	M1+ 两年及以下定期存款 + 可提前3个月通知赎回的定期存款	M2+ 回购协议 + 货币基金 + 两年期以下债券	
欧盟	流通现金	M0+ 隔夜存款	M1+ 两年及以下定期存款 + 可提前3个月通知赎回的定期存款	M2+ 回购协议 + 货币基金 + 两年期以下债券	
俄罗斯	流通现金	M0+ 活期存款	M1+ 定期存款 + 其他存款		
澳大利亚	流通现金	M0+ 活期存款		M1+ 定期存款 + 存托凭证	M3+ 金融机构向私营部门的其他借款
巴西	流通现金	M0+ 活期存款	M1+ 储蓄存款 + 定期存款 + 金融债券 + 外汇票据等		
阿根廷	流通现金	M0+ 信贷机构在央行的存款	M1+ 储蓄存款	M2+ 定期存款 + 其他存款	

（续表）

	M0	M1	M2	M3	M4
墨西哥	流通现金	M0+活期存款+支票存款	M1+居民持有的境内金融资产	M2+非居民持有的境内金融资产	M3+境内银行在国外的分行和代理机构的存款
印度尼西亚	流通现金	M0+活期存款	M1+定期存款+储蓄存款+外币存款		
印度	流通现金+信贷机构在央行的存款	M0+活期存款+储蓄存款	M1+一年内居民定期存款+银行存单	M2+一年以上的定期存款+非存款机构的定期借款	
沙特阿拉伯	流通现金	M0+活期存款	M1+定期存款+储蓄存款	M2+外币存款+信用存款+未付汇款+银行与私营部门的回购交易	
南非	流通现金	M0+活期存款+支票	M1+6个月内的定期存款、储蓄存款、存款凭证	M2+超过6个月的长期存款、存款凭证	
土耳其	流通现金	M0+活期存款	M1+定期存款	M2+回购交易资金+货币基金+已发行债券	
韩国	流通现金	M0+活期存款+可转让储蓄存款	M1+两年内的定期或储蓄存款+受益凭证+市场金融工具+两年内金融债券+两年内货币信托+外币存款等		

数据来源：各成员央行。美国本来有M3统计，2006年3月停止发布。

主要经济体中，M0 的口径差异不大，基本上都是流通中的现金，少数几个国家加上了信贷机构在央行的存款，也就是存款准备金。存款准备金和现金一样属于高能货币，进入 M0 是有道理的。存款准备金不进入 M0 也有理由，就是这些钱在银行体系里，没流出银行体系。这种做法是人为加了个约束。

这里的启发是，货币统计不管怎么样，终究是个统计指标，是个人为选择、主观界定的问题，不一定完全符合货币的信用本质。既然是统计，就有个口径问题，在细节上是有抉择的。因此，我们只能通过口径去理解货币的本质，而不是把口径当作本质。

M0 的差异很小，M1 的差异也不大。各国的 M1 口径虽有所差异，但基本上是在 M0 的基础上加上活期存款，有的国家还包含支票存款、储蓄存款、隔夜存款，总之是流动性很高的存款。

作为对比，M2 的差异大很多，除了加上流动性差一些的定期存款、储蓄存款，有的国家还加上了货币基金、金融债券、外汇票据。

这里面最夸张的是墨西哥，它的 M2 的计算口径是"M2=M1+居民持有的境内金融资产"。也就是说，居民持有的所有境内金融资产都属于 M2 的范畴。

墨西哥对 M2 的定义有点奇怪，看起来也不太严谨。不过仔细体会一下，这个定义反而有助于我们理解货币的本质：所谓货币，不过就是金融机构对居民的负债。之所以这样说，是因为这些负债不仅代表了金融机构的商业信用，背后也都有直接和间接的政府信用的支撑。

举个例子，在墨西哥境内的外国金融机构，居民的部分金融资产是这些机构的负债。可是，这些金融机构也受到墨西哥政府的监管,要符合墨西哥的金融监管要求。因此,这些金融机构也得到墨西哥政府的认可,可以看作墨西哥政府信用的一种延伸。实际上,外国金融机构在一国开展业务,往往要设立分公司,分公司独立核算,接受当地金融法规的监管。在监管意义上,这是当地金融机构,只不过用了外国公司的品牌和管理,并且外国母公司可能有密切的业务关系。因此,墨西哥的 M2 这一看起来不严谨的定义,反而体现了货币的背后是信用这个基本道理。

巴西的统计口径也很有意思,金融债券是算在 M2 里头的。金融债券就是银行机构发的债,也是银行等金融机构的重要资金来源。这里面要追问的是,储户把钱存在银行,形成的存款计入货币,那为什么银行向储户发债并吸收的资金就不算货币呢?一个是存款,一个是债,发债与存款一样,都是银行对普通大众的负债,监管的细节可能有不同,但底层的东西本质其实是一样的。所以,金融债券不算货币其实是很不可理解的事情。

比如说,我们国家的政策性金融债是不计入货币的,这个是很奇怪的事情。计入的话,可能有重复计算的问题,但是完全不计入,道理上是说不过去的。

除了墨西哥和巴西,英国的货币口径也很有意思。英国这个老牌发达国家,金融业很发达,伦敦是重要的国际金融中心。因此,英国的货币统计口径很有说服力。英国的广义货币包含了商业票据、债券、五年内金融工具、银行票据,甚至包含了金融机构资产负债差值的 35%。根据这个口径,广义货币其实就是金融机构的负债。这些负债体现了政府和金融机构的信用。

最后总结一下,表 3-2 中有这几个信息值得注意。

第一，货币统计口径有很多，除了 M0、M1、M2，还有 M3、M4，有的国家还有 M5、M6，不同的货币口径差异很大。这个观察的含义是，货币口径就是个口径，是个统计技术问题，并不代表货币的本质。

这里的推论是，单个货币口径并不能说明任何问题。比如说，讨论中有人拿着 M2 的口径说中国货币超发，其实是很有问题的，M2 只是一个货币口径，既不全面也不准确，唯一的优点是常用、数据容易查。对于这个基本问题的误解导致了很多含混不清的讨论，甚至误解误判。

比如说，很多人觉得中国货币超发，理由是 M2 偏多。其实，我从不觉得中国有货币超发，直接的证据是中国的长期平均通胀并不高，在发展中国家处于很低的水平。2021 年以来的这一轮全球通胀中，中国的通胀水平是很低的，在主要大经济体中是最低的。而且进入 2022 年下半年，去除食品价格之后，中国甚至有通缩的迹象，佐证了中国不但没有货币超发，而且货币供应很紧。"中国没有货币超发"这个事情，我说了很多年，之所以坚持这么说，是因为货币发行是市场经济的基本问题，基本问题要弄清。

第二，货币统计中并非只有存款，还有很多其他金融资产，比如国债、金融债、货币基金、银行票据等。而且，各国的统计口径差异很大，不好直接简单比较。

基于复杂的统计口径，我们可以把货币分为不同的层级，包括狭义货币、拓展货币以及广义货币。

首先是狭义货币。什么是狭义货币呢？狭义货币本质上就是央行和商业银行对于公众的负债，比如说我们的现金、存款。现金是央行发的,是央行对普通老百姓的负债,我们拿的现金其实是央行的负债,是我们的资产。我们的存款是我们跟商业银行的一种关系,是商业银行的负债,是我们的资产。所以狭义的货币就是现金和存款两种,是央行和商业银行对于公众的负债,对于普通老百姓的负债。

其次是拓展货币,就是把狭义货币稍微拓展一下,超出现金和存款范围的货币。拓展货币加上了银行票据、存托凭证、回购协议、货币基金、金融债券等,这些也都是银行的负债,因此也都是商业银行的信用,也是货币。这些负债有的是银行间的,有的是银行对非银行金融机构的,有的是银行直接对公众的,具体的算法和各国金融市场的情况有关。

再拓展一层,就是广义货币了。狭义货币和拓展货币都还是央行和商业银行的负债,依赖的是央行和商业银行的信用。如果再拓展,政府债券依赖的是政府信用,应该也是货币。其实央行信用是政府信用的一部分,如果央行信用可以创造货币,那就很难解释为何政府信用不能创造货币。因此,政府债券作为广义货币应该没有争议。

另外就是商业票据。商业票据代表了商业机构的信用,而且一般是有银行背书的,因此是借助了商业银行的信用,也算是广义货币。还有境内的金融资产,和前文所述是一个道理,如果你持有境内金融资产,不管以什么形式都是对这个国家政府信用、央行信用和商业银行信用的一种信任。

前文的讨论,我们的落脚点是信用。基于这个讨论,我们可以追问货币的本质。货币之所以是货币,是因为大家普遍接受。所谓普遍接受是因为期望别人接受，所以自己也接受。这个"流动性"的来源是政府信用。现代社会，政府的力量强大，因此这个信用是被普遍信任和接受的。

退一步而言，如果有另外一种信用，不来自政府，但也被普遍接受，那是不是货币呢？想来想去，应该也算，即便不是政府信用支撑的。比如古代的金币、银币、铜钱，其信用来源不是政府，而是大家对于贵金属的普遍认可，因此也是货币。实际上，古代的金属货币，也得到政府的认可，甚至背书，因此也包含了政府信用。

04　货币的本质

前文的讨论说明，货币的本质是可流通的信用。不管是政府信用还是商品信用，只要可以顺畅地流通，就可以看作货币。

这里的一个关键是"可流通"，不可流通的信用是不能作为货币的。比如说，张三是个诚实的人，借钱一定会还的，但是他的这个信用不可流通，因为除了少数朋友，别人不会接受这个信用。如果没有普遍流通性，即便是信任张三的朋友，也很难接受他的信用作为支付手段。所以，"可流通"的性质是很重要的。凯恩斯强调货币的"流动性"，原因也在这里。

什么样的信用具有"可流通"的性质呢？回答这个问题，可以从货币的基本职能（计价单位、交易媒介、储值手段）说起。

计价单位要求这个信用的价值是稳定的，比如美元的价值虽然有波动，但波动不是很大。物价的一般波动，用通胀和通缩来表示，只要幅度不大、预期稳定，就可以作为计价单位。这些年美元的通胀总体稳定（截至 2021 年），因此作为计价单位是没问题的。美元不仅是美国的计价货币，还是全球贸易的计价货币。作为对比，近年来黄金的价格波动太大，就不适合作为计价单位。

交易媒介就是作为支付的手段，这一职能要求支付的时候比较便利。比如现金对于小额支付是很便利的，大额的时候就要转账。近年来，支付宝、微信支付等第三方支付平台被开发出来，增加了支付的便利程度。作为对比，古代的黄金用来支付是不太方便的，要测量纯度、重量，因此才发展出铸币、商票等支付方式，中国古代的交子就是这么演化出来的。

储值手段是什么意思？比如说我有一些储蓄，以货币的方式存放，这个货币就是储值手段，是我的储蓄的载体。作为对比，我们的储蓄不能放在大白菜上，因为容易腐烂。过去，农民在缺乏储值手段的时候会存粮食，这时候粮食也是一种储值手段。储值手段的职能要求能够基本保值，且存储的成本不太高。对于货币而言，要求通货膨胀的速度不要太快。

如果一种东西满足这三大基本职能，那么就可能被普遍接受，"流动性"会比较好。如果还有稳定的信用支撑，那么就可以成为"可流通的信用"。

05 比特币是货币吗？

现在我们来对比一下，比特币满足这 3 个条件吗？其实是不满足的。

第一个职能是计价单位，比特币就不满足。比特币的价格波动很大，无法作为稳定的计价单位。再比如交易媒介，比特币也不满足。理论上，比特币每秒可完成7笔交易，实际上，完成一笔交易要好几分钟。这种速度不仅高并发交易无法完成，普通交易也很难完成。

至于储值手段，比特币看起来是可以完成的，很多人投资比特币就是证据。比特币的储值功能，来自大众对于其底层技术的信任。目前看，比特币的底层技术区块链是安全的，具有匿名、防伪、防篡改等特征，这种安全性使得比特币作为资产也是安全的。公众对于区块链技术的这种信任，我们称之为"技术信用"，与之前货币体系的"商品信用""国家信用"并列。

总结一下，比特币虽然有技术信用的支撑，但依然不是货币。信用是基础，功能是保障，比特币不能实现货币的功能，因此依然不是货币，只是资产。

尽管如此，比特币的影响依然很大，这种影响建立在区块链技术的基础上。多年以后回头看，比特币的贡献不是建立了一种货币，而是普及了一种技术，这种技术可能会改变未来的社会形态，包括货币形态。

回顾比特币的一些基本特征我们可以发现，比特币的创始人中本聪在创立比特币时，就没有将其设计成货币，而是设计成资产。比特币的技术参数设定中，安全是第一位的，为了安全不管交易速度，而且总量是有上限的，因此比特币是总量固定的安全资产，很像黄金。黄金在1971年以后就不再是货币，而比特币在一开始设计的时候就不是货币。

第二部分
加密货币江湖

这世界上的事情，往往不是孤立的，而是一连串的事件。

比特币的诞生和发展引发了一系列连锁反应，衍生出了一系列加密货币。分叉币、稳定币、初始代币纷纷登场，群雄逐鹿，构成了精彩的加密货币江湖。号称"区块链2.0"的以太坊，则长时间占据加密货币江湖二把手的位置。

这些尝试都在一定程度上获得了市场的认可。它们虽然不能说已经成功，但是已经启发人们从不同角度看待金融市场，为未来篇章写下了序言。

第四章
全景：加密江湖全景图

经过十几年的发展，加密货币江湖呈现群雄逐鹿的局面。

分叉币、稳定币、初始代币等，都在一定程度上获得了市场的认可。号称区块链2.0的以太坊，则长时间占据加密货币江湖二把手的位置。还有更多的创新，比如DeFi（去中心化金融）、NFT（非同质化通证）、元宇宙，正在争取认可的路上。

大浪淘沙之后，哪些会被淘汰？哪些会发展壮大？基于加密货币过去十几年的发展，我们已经有一些经验观察，从中也可以理出一些逻辑，可以初步尝试回答这些问题。

在这一章，我们将鸟瞰加密江湖的全景。在后面几章，我们会深入各个门派内部，审视加密江湖的细节。

01 加密货币分类

为了尽可能展示加密货币的全貌，我们将其分为五类，其中四类分别为：(1) 分叉币；(2) 初始代币；(3) 稳定币；(4) 以太币。第四类以太币，因为其重要性而单独分一类。还有重要的一类DeFi，因为主要在以太坊平台上进行，所以我们放在以太币中简要介绍。

这里做两点说明。第一，这不是严格的分类，更像是"聚类"分析，把相似性较大、传承关系较密切的产品聚成一类，介绍其基本特征和逻辑。第二，这些分类也不是基于技术路线，绝大部分数字货币都以哈希函数、数字签名、共识机制这三大技术为基础，只是在具体实现上有差异。

- 分叉币 -

比特币的载体是一个软件程序，代码是开源的，修改比特币程序的一些参数就产生了分叉币。分叉币是最早的比特币衍生品，数量众多。不过，其中只有少数有交易量和价值，大多数并没有交易量，这些没有交易量的有时被称为"死币"。目前，在总市值排名前 30 的加密货币中，除了比特币自身，只有比特现金（Bitcoin Cash）是分叉币。《比特币杂志》曾清晰地绘制出比特币分叉地图，原图见图 4-1。

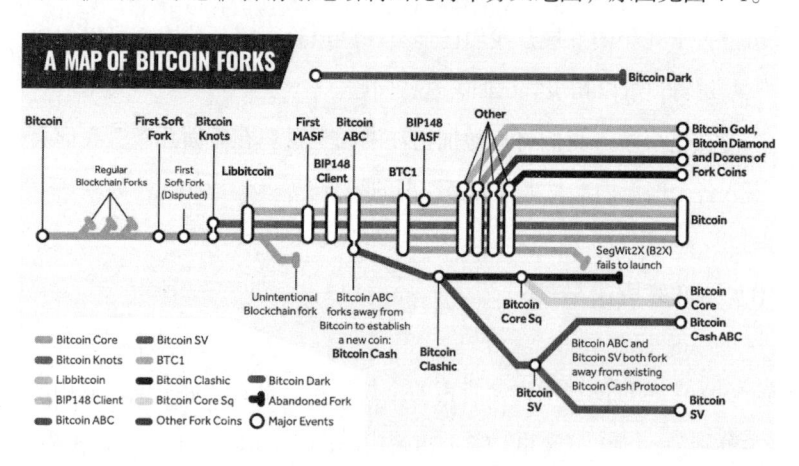

图 4-1　比特币分叉币概览

图片来源：bitcoinmagazine（https://bitcoinmagazine.com/technical/infographic-map-bitcoin-forks#1554736128）。

- 初始代币 -

初始代币是利用加密货币技术在网络上发行代币，进行融资。投资者得到代币，依赖代币的升值获益，但是一般没有投票权，不能干涉项目的运行。代币的实质是利用新技术，绕开美国证券交易委员会（SEC）的监管进行融资。

初始代币现象既有合理成分，也有很多乱象，纳入监管之后，逐步开始正常发展。目前，各国的监管总体上比较严，但也不太一样，主要是容忍度不同，有的严格禁止，比如中国和韩国，有的则纳入监管。目前初始代币在加密货币市场中占有重要位置，排名靠前的加密货币很多是初始代币。初始代币的未来发展值得进一步观察。

- 稳定币 -

稳定币是价值钉住某种锚定物的加密货币，目的是克服比特币和其他加密货币价格波动太大的风险。稳定币钉住的常常是法定货币（下文简称"法币"），比如美元，也有钉住加密货币、商品的，还有的甚至不钉住任何稳定物，依赖算法实现价格的稳定交易。

通过买入稳定币，投资者可以把资金换成比特币等其他加密货币。因此，稳定币提供了一种资金进入加密货币市场的通道。进入加密货币市场后，投资者可以继续持有稳定币，然后等待购买的时机，从而规避加密货币价格的波动风险。因此，稳定币也提供了加密货币市场的一种支付工具、避险工具，有点像"加密货币的货币"。

目前市值最大的稳定币是泰达币，它也是第三大加密数字货币，仅次于比特币和以太币。泰达币之外，还有很多稳定币的市值也比较大。另外,还有一些设计有缺陷的稳定币,其中有的出现了问题。总体上,稳定币体现出了较强的生命力,值得持续关注。

- 以太币 -

比特币之后最重要的加密货币,是以太坊上的以太币。以太坊的野心很大,不仅做加密货币,还想做网络世界的基础设施和操作系统,也有人说它是遍布全球的分布式计算机系统。既然是分布式计算机系统,就可以依赖网络的力量自动运行,很难审查、屏蔽。因此,以太坊提供了很大的想象空间。

目前以太币的规模已经很大,是仅次于比特币的第二大加密货币。毫不奇怪的是,以太坊发展壮大以后,很多其他网站也想做网络世界的操作系统,去中心化金融的诞生就是基于这些操作系统。

除了以上这四类,央行数字货币也开始迅速发展。在比特币等加密货币的诱发下,很多国家的央行都开始研发央行数字货币。根据国际清算银行的统计,全球主要央行都已经开始央行数字货币的研发,我国更是走在央行数字货币研发的前列。总的局面是,央行数字货币已经有了很大发展。

02 加密货币的概念

一个准确的概念可以帮助我们理解事物的本质,即便不是很准确,认真推敲概念,对于我们理解现象也有很大帮助。

加密货币是新生事物,还在快速演化中,因此还没有一个普遍认可的明确概念。不过,《韦氏词典》已经给加密货币(cryptocurrency)

下了一个定义。鉴于《韦氏词典》的权威性，我们来看一下这个概念：

> 加密货币是任何仅以数字形式存在的货币，通常没有中心化的发行或监管机构，而是使用去中心化系统来记录交易和管理发行，并依靠密码学来防止发行和交易造假。[1]

仔细推敲《韦氏词典》的这个定义可以发现，它主要是把加密货币和传统主权货币进行区分。（1）强调"仅以数字形式存在"，这就排除了传统主权货币——传统主权货币以纸币和银行存款的形式存在，虽然银行存款也是数字形式的，但纸币不是。（2）"通常没有中心化的发行或监管机构，而是使用去中心化系统"，这一点也是和主权货币进行区分，主权货币是由央行发行和监管的，央行是中心化的系统。从广义上说，主权货币由央行和商业银行的双层系统发行和运营，但是这个双层系统也是中心化的，而不是去中心化的。（3）"依靠密码学来防止发行和交易造假"这一点也是和传统主权货币区分之处。主权货币目前使用的是纸币防伪技术和计算机安全技术。不过，未来央行发行央行数字货币也会使用密码学的方法，这一点会比较模糊。

另外，区别加密货币和数字货币也有必要。严格意义上讲，所

---

[1] 英文原文：Any form of currency that only exists digitally, that usually has no central issuing or regulating authority but instead uses a decentralized system to record transactions and manage the issuance of new units, and that relies on cryptography to prevent counterfeiting and fraudulent transactions.

有的加密货币都是数字货币，但反过来不一定对，一些以数字形式存在的货币不是加密货币。比如，我们的银行存款是以数字形式存在的，是银行数据库里的一行记录，而且这些数据也是加密的。但是一般而言，我们说加密货币的时候并不把银行存款包含在内，而是专指自比特币诞生以来，采用区块链技术的加密货币。除非专门说明，数字货币一般指加密数字货币，不包括数字形式存在的银行存款，但是包括未来发行的央行数字货币。央行数字货币还没有铺开，形式也很多，变数还很大，要紧密关注。

表4–1从多个维度对加密货币、商品货币（例如贵金属）和法币进行对比，方便读者更全面地了解加密货币和法币、贵金属的区别。

表4–1 加密货币、商品货币与法币的对比

	法币	贵金属	加密货币
示例	美元、欧元、人民币	黄金	比特币
呈现方式	现金、存款	金币、金元宝、银币	加密字符串、电子钱包、私钥
发行方法	发行债券、印钞铸币、银行存贷款	开采、提炼	算法、工作量证明（或其他共识机制）
存放方式	自己持有、金融机构存款	存放于金库、自己持有	电子文件（区块链）
机构存放成本	存贷款利差	每年约其价值的0.15%~1%	用户的存储设备
交易成本	较低，幅度变化视国家而定	较高昂	视区块链拥挤状况而定
防伪方法	防伪设计、法律规范	物理上难以复制或人工合成	密码学及区块链技术
实体运送	比贵金属方便，但仍有安全问题	昂贵且有安全问题	无须运送，有网络及私钥即可使用

（续表）

	法币	贵金属	加密货币
信用支持	国家或联盟主权、黄金储备量	自然稀缺性与实用性、历史文化因素	共识算法机制
记录保存	需另行处理	需另行处理	区块链自动记入
支付结算	中心化	分布式与中心化	分布式
稀有性来源	央行控制	物理与技术限制	通常设有最高发行量
鉴定	信赖来源、各种验钞方式	物理、化学化验	区块链
冻结	实体扣押或银行冻结	实体扣押	需控制钱包私钥
隐私	依存放机构而定	依存放机构而定	原则上匿名且公开，但部分币种交易保密
价值变化幅度	视国家状况而定	±10%	相当大，依过去记录每年上下变化幅度不少于1000%

资料来源：Wikipedia，本书作者整理。

03　加密货币现状

本章最后，我们来鸟瞰一下加密货币市场的全景。

据不完全统计，截至2022年1月31日，全球共有9929种加密货币，总市值约为1.72万亿美元。不过，这里有两点需要注意。

第一，加密货币的价格波动很大，其市值只有数量级的意义，人们无须太在意具体的数字。比如，在2021年11月10日的高点，加密货币的总市值曾经达到3万亿美元（见图4–2），当时比特币的价格达到68 519美元，以太币的价格达到4852美元。不过，随着价格的下跌，加密货币总市值跌去一半还要多。

第二，加密货币的数量虽然很多，但是绝大多数加密货币几乎没有价值，也没有什么交易量，仅有极少数的加密货币交易活跃，并且价值不菲。

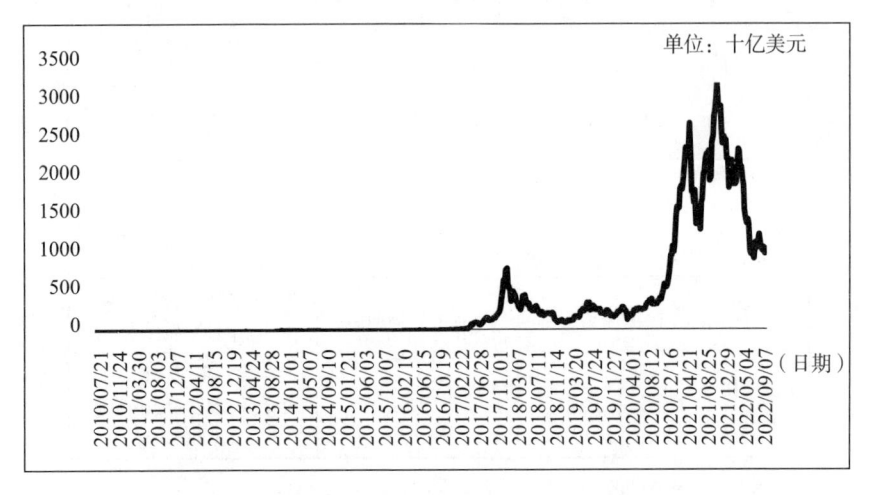

图 4-2　加密货币总市值（截至 2022 年 9 月 28 日）

数据来源：Statista（https://www.statista.com/）。

加密货币价值的这种头部效应，其实不难理解。任何稍微懂得编程的人通过修改比特币代码，都可以很容易发行加密货币。在技术上，做到这一点并不困难。现在有很多平台提供这样的服务，上传代码即可发行加密货币，这使得发行加密货币更加容易。

困难的不是技术，而是让别人认可你创造的货币，并且愿意花钱来买。认可的人多了，你发行的货币才有价值。回想一下，比特币刚刚诞生的时候，很长时间都无人问津，很久之后才得到关注。

表 4-2 统计了目前市值排名前 30 的加密货币，市值最大的是比特币，其次是以太币，最小的是流动币。这 30 种加密货币总市值约

为9000亿美元。仔细观察表4-2，可以得出几个有意思的结论。

第一，加密货币江湖隐隐存在一个"双超多强"的局面。比特币和以太币双雄争霸，居前两位，而其他货币则离"双超"的距离有点儿远。

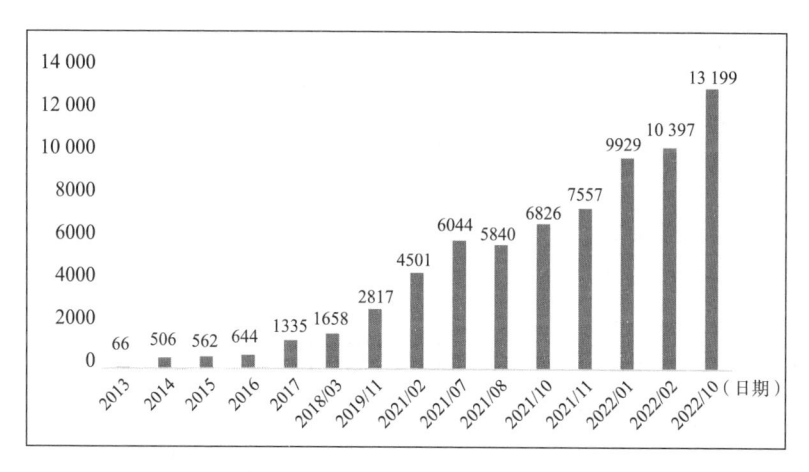

图4-3 加密货币数量

数据来源：Statista（https://www.statista.com/），2022年10月数据来自coingecko（https://www.coingecko.com/）。

第二，"双超多强"格局中，头部是"双超"，后面的多强主要集中在稳定币和初始代币。因此，可以细分为"'双超'＋稳定币＋初始代币"的三分天下的格局。在后面的细分介绍中，除了比特币和以太币，我们会重点介绍稳定币和初始代币。

第三，市值的集中度非常高。其中市值排名前三的比特币、以太币、泰达币，占比分别为39.6%、18.7%、6.9%。仔细看表4-2，会发现加密货币的集中度很高，排名前三的总市值占比就达到65.2%，前10种则达到82.4%，前20种达到88.5%，前30种更是达到 91.5%。从一定的意义上来说，了解这 30 种加密货币也就了解了加密货币的全景。

表 4-2　总市值排名前 30 的加密货币（截至 2022 年 8 月 26 日）

序号	英文名称	中文名	英文简称	分类	总市值（亿美元）	市值占比
1	Bitcoin	比特币	BTC		3853	39.6%
2	Ethereum	以太币	ETH		1818	18.7%
3	Tether	泰达币	USDT	稳定币	676	6.9%
4	USD Coin	美元币	USDC	稳定币	522	5.4%
5	BNB	币安币	BNB	初始代币	451	4.6%
6	Binance USD	币安刀	BUSD	稳定币	193	2.0%
7	XRP	瑞波币	XRP		165	1.7%
8	Cardano	卡达诺	ADA	初始代币	147	1.5%
9	Solana	索拉纳	SOL	初始代币	110	1.1%
10	Dogecoin	狗狗币	DOGE	分叉币	84	0.9%
11	Polkadot	波卡币	DOT	初始代币	77	0.8%
12	Dai	贷币	DAI	稳定币	69	0.7%
13	Shiba Inu	柴犬币	SHIB	初始代币	68	0.7%
14	Polygon	多边形	MATIC	初始代币	65	0.7%
15	Avalanche	雪崩币	AVAX	初始代币	58	0.6%
16	TRON	波场币	TRX	初始代币	57	0.6%
17	Wrapped Bitcoin	包装币	WBTC	稳定币	50	0.5%
18	UNUS SED LEO	狮子座	LEO	稳定币	50	0.5%
19	Ethereum Classic	以太币经典	ETC	分叉币	46	0.5%
20	Uniswap	交换币	UNI	初始代币	45	0.5%
21	Litecoin	莱特币	LTC	分叉币	37	0.4%

（续表）

序号	英文名称	中文名	英文简称	分类	总市值（亿美元）	市值占比
22	FTX Token	期货币	FTT	DeFi	35	0.4%
23	Chainlink	千联币	LINK	初始代币	32	0.3%
24	Cosmos	宇宙币	ATOM	初始代币	31	0.3%
25	Cronos	克洛诺斯	CRO	初始代币	30	0.3%
26	NEAR Protocol	近邻币	NEAR	初始代币	30	0.3%
27	Stellar	恒星币	XLM	初始代币	26	0.3%
28	Monero	门罗币	XMR		26	0.3%
29	Bitcoin Cash	比特币现金	BCH	分叉币	22	0.2%
30	Flow	流动币	FLOW		19	0.2%
合计					8892	91.5%

数据来源：CoinMarketCap（https://interest.coinmarketcap.com）。

第四，在群雄逐鹿的加密江湖，比特币依然牢牢占据着龙头老大的位置。表4-2中，比特币总市值为3853亿美元，约占加密货币总市值的40%。作为对比，号称是区块链2.0，也就是比特币升级版的以太币，总市值不到比特币的一半。实际上，以太币第二把交椅的位子并不稳固，2017年曾经一度被瑞波币超越。作为对比，比特币头把交椅的位子则一直很稳固。

第五，分叉币的存在感很低，在前30种货币中，只有4种是分叉币。这里面的启示是，虽然分叉币的初衷是改进比特币，但是似乎并没有被市场广泛接受。这不由得让人想起中本聪曾经说过的话："如果你不相信我或者不明白，抱歉，我没有时间说服你。"中本聪没时间说服，市场已经用价格表了态。

第六，排名靠前的加密货币中，很多是稳定币和初始代币。看起来，这两类加密货币的生命力很强。考虑到初始代币曾经引起很大的混乱，一度风评很差，其繁荣尤其有意思。目前，很多国家都已经接受稳定币和初始代币，并将其纳入监管。

表4-2给出了加密江湖的总体图景。仔细注视这张表，注视足够长的时间，你会有这样一种感觉：这个江湖依然凶险，我们很难判断其前景如何。但是无论如何，我们已经无法忽视这个江湖。

暗流涌动，风云依然在聚集。

风云再起时，世界或为之改变。

第五章

分叉：比特币不同参数的尝试

在本章和后面几章，我们分不同的专题，进一步了解不同种类的加密货币，它们分别是：（1）分叉币；（2）稳定币；（3）初始代币。此外，鉴于以太坊和DeFi的重要性，我们也专门用一章来介绍一下。

比特币出现后不久，就出现了分叉币。目前，分叉币在加密江湖中所占的份额不大，价值和交易量较高的分叉币有莱特币、狗狗币、比特币现金。其他数千种分叉币都已经慢慢找不到存在的价值，逐渐式微。

分叉币从比特币修改而来，可以认为是对比特币不同参数的尝试。分叉币的式微反证了比特币初始参数的生命力。本章的最后，我们回头看看这些参数选择背后的深意。

01 分叉币的概念与分类

分叉（fork）这个概念来自软件科学，是一个很常见的概念。在软件开发的过程中，复制代码并对其进行修改，称为分叉。"分叉"这个词的意思是改出来的代码，被视为源代码的一个分支。

在软件世界，分叉是非常普遍的现象。特别是在开源社区，代码都是公开的，任何人都可以拷贝一份回来自己改，改出一个不同的分支版本。把分支版本上传后，其他人还可以在此基础上继续分叉。本质上，软件分叉就是软件迭代过程，非常普遍，软件不停升级，其实就是分叉过程。

在加密货币世界里，因为加密货币的载体是一个软件程序，随着程序分叉，也就出现了分叉币。比特币是最早的加密货币，比特币的程序分叉形成的各种加密货币就是分叉币。①

根据分叉在比特币区块链上的位置，分叉币可分为两类：0区块分叉（Block 0 fork）和高区块分叉（Block x fork）。

0区块分叉是复制比特币的代码，修改后进行分叉，但从0区块重新开始挖矿，所有的币都是新挖出来的，"新币"和比特币没有交集，早期的莱特币、狗狗币、域名币、点点币都属于这一类。

比如说莱特币是改了比特币的参数，使交易更快、更便捷。再比如狗狗币也是修改了比特币的参数，增加交易的便捷性。在推广的过程中，狗狗币又加上了小费文化、慈善元素，使得狗狗币很快流行起来。

高区块分叉也是复制比特币的代码并修改，但同时也复制比特币的区块数据，在某个区块高度继续开挖新币，"新币"在Block x之前的币属于旧币的持有者，而新币由矿工新挖。比特币现金（Bitcoin Cash）、比特币糖果（Bitcoin Candy）、比特币比萨（Bitcoin Pizza）、比特币上帝（Bitcoin God）、比特币信仰（Bitcoin Faith）、比特币钻石（Bitcoin Diamond）、比特币黄金（Bitcoin Gold）、比特币

---

① 分叉币是相对于稳定币、初始代币、央行数字货币等有特定含义的加密货币而言的，指的是不属于这些类别的独立加密货币，比如莱特币、狗狗币。一般而言，分叉币基于独立的区块链，不钉住主流货币，不试图保持价值稳定，不由央行发行，也不像初始代币一样为特定的项目融资。

原子（Bitcoin Atom），都属于这一类。这些分叉币的市值都不算很大，市值较大的比特币现金的市值为55亿多美元，在加密货币总市值中排名第28位（截至2021年1月31日数据）。

02 0区块分叉

比特币在2008年产生，在2011—2013年期间就已经有了数千种分叉币。这些币大部分只是复制比特币的代码，做了小部分的修改，甚至只是改一个名字，就发布出来了。所以这些币都可以视为比特币的0区块分叉币。这类分叉币主要是复制比特币的代码，修订算法，修改参数，都没有复制比特币的区块数据，而是重新从0区块开始挖矿，因此各自的主链都是独立的，可以看作技术相似的、"竞争性"的加密货币。

零分叉的好处是对于修改几乎没有约束，可以按照想法、意愿随意修改。这样一来，许多想法都可以在0区块分叉币中得到测试，有的成功，有的失败，客观上推进了加密货币系统的发展。这些竞争性系统可以从头开始建立，可以尝试的可能性很多。

这一时期创造的0区块分叉币，在市值前100名的，只有莱特币、狗狗币等寥寥数个品种，其他大部分因为找不到存在的意义，已经走向消亡或式微。

- 莱特币 -

莱特币（Litecoin，简称为LTC）是受比特币的启发而推出的改进版数字货币，于2011年11月9日发布运行，是较早出现且规模较大的分叉币。

莱特币与比特币在技术原理上是很相似的。莱特币出现的原因是改进比特币表现出来的一些缺点，如交易确认太慢、总量上限偏少、工作量证明机制导致大矿池的出现等等。

具体而言，莱特币与比特币相比有3个显著差异。

第一，莱特币网络每2.5分钟（而不是比特币的10分钟）就可以处理一个区块，因此可以提供更快的交易确认。

第二，莱特币网络预期产出8400万个币，是比特币总发行量的4倍。

第三，莱特币在其工作量证明算法中使用了Scrypt加密算法，相比于比特币，在普通计算机上进行莱特币挖掘更为容易，算力分布更分散。

Scrypt算法也是一种哈希算法，其最大特点是在运算中不能单靠CPU算力，还需要大量的内存支持，而内存的硬件成本较高，使矿厂矿池无法低成本大量挖矿。这种设定使运算能力难以集中，难以形成像比特币那样的大型矿池。因此，莱特币挖矿的矿工比比特币更分散，这也就更有利于防止51%攻击[1]。不过，这种设置也是一把双刃剑，在避免资本密集、算力集中的同时，也导致总算力偏低。而且，因为总算力偏低，短期内集中优势算力变容易，使得莱特币反而更容易遭受51%攻击。

和比特币一样，每一个莱特币也可以分成1亿个更小的单位，

---

[1] 51%攻击，币圈常用语，大致意思为：只要算力超过51%，就能对某个系统发出攻击，这个系统就存在中心化或者被攻破的可能性。——编者注

通过 8 位小数来界定。截至 2022 年 1 月 31 日，莱特币总市值为 75.65 亿美元，在加密数字货币总排名中排第 22 位。

- 狗狗币 -

狗狗币诞生于 2013 年 12 月 8 日，也是较早诞生、较为流行的分叉币。与莱特币一样，狗狗币也是基于 Scrypt 算法，交易过程比比特币便捷。狗狗币确认一个区块只要 1 分钟，而比特币要 10 分钟，莱特币要 2.5 分钟。

狗狗币第一年挖出 1000 亿枚，以后每年挖 50 亿枚，不像比特币一样有固定的上限。也就是一年以后，狗狗币的总量每年增加不超过 5%，并一直递减，20 年以后，每年总量增加不超过 2.5%。换句话说，狗狗币的总量没有上限，但是增速有上限，而且增速越来越低。

第一，狗狗币的数量更多、价格低廉、转账迅速，适合网络打赏等特点，更符合大众的小额支付需求，有利于其向大众化发展。除此之外，狗狗币风靡全球还有一些人文文化、网络文化的原因。

狗狗币很好地融合了小费文化。狗狗币作为电子货币，特点是面值较小、交易速度快，适合用来支付小费。其上线仅一周的时间，便成为第二大小费货币，成为一种表达分享和感恩的符号。这种符号价值促进了狗狗币的传播。

第二，狗狗币很好地融合了慈善文化。狗狗币在慈善方面的发力很多，比如帮助"牙买加雪橇队"和三名印度运动员踏上了索契冬奥会征程。再比如，参与"Doge4Kids"主题慈善募捐活动，筹得的所有善款都捐献给 4 Paws For Ability 慈善机构。另外，狗狗币基金还曾经赞助 3 万美元解决肯尼亚水资源危机。这些活动虽然金额不大,但是喜感十足,而且钱都用在了该用的地方,为狗狗币赢得了很好的慈善声誉。

第三,狗狗币的网络人气指数很高。在关注度方面,Reddit狗狗币社区很高,超过莱特币和其他非主流分叉币。在应用支持方面,大量国外网站在接受比特币支付的同时,也支持狗狗币支付。此外,狗狗币的成交量也很高。成交量大、流通性好,是虚拟货币存在的一个重要价值体现。

截至2022年1月31日,狗狗币总市值为185.04亿美元,在加密货币总排名中排第10位。

表5-1 比特币、莱特币、狗狗币比较

	比特币	莱特币	狗狗币
性质	去中心化货币	去中心化货币	去中心化货币
发行量	2100万枚	8400万枚	无上限
区块速度	每10分钟	每2.5分钟	每1分钟
交易速度	7笔/秒	56笔/秒	33笔/秒
算法	SHA-256	Scrypt	Scrypt
单价(美元)	37 894.4	108.6	0.14
总市值(亿美元)	7183	76	185.04

注:单价和总市值为2022年1月31日数据。狗狗币第一年挖出1000亿枚,以后每年挖50亿枚,上不封顶。

资料来源:作者根据网络资料整理。

03 高区块分叉

高区块分叉是修改原来的比特币协议,同时拷贝之前的区块数据,并在旧数据的基础上挖矿,生成新的加密货币。这类分叉因为将高区块之前的"币"空投给了比特币持有者,获得了一些比特币用户的支持。分叉之后的新币则归新挖出来的矿工所有。

分析之前,做两点说明。第一,高区块分叉虽然次数很多,但是绝大多数分叉都没有生命力,只有少数分叉规模较大,交易量也较大。2017年,以大矿工为主导的比特币现金(Bitcoin Cash,简称为BCH)分叉,是高区块分叉币的第一个品种,也是目前价值最大的高区块分叉币,在加密货币中排第29位。在其后一年内,这一类分叉币冒出来很多个品种,但是大部分找不到存在的意义,已经走向消亡或式微。

第二,分叉币的技术性稍微强一点,本节余下部分对此只做简要的介绍,稍微复杂的部分我们放在附录中。之所以这么安排,是考虑到分叉币在加密货币江湖中的分量并不大,这样不影响其他部分的阅读。

我们通过回答4个问题,来理解这些高区块分叉币。

第一,为什么要修改协议?

第二,如何修改协议?

第三,协议修改主要分哪几种?

第四,分叉币发展现状如何?

- 为什么要修改协议? -

比特币实质上是一套协议,实现载体是一个电脑程序。既然是协议,就有很多限制,有些是故意为之,有些是对一些特征的偏好,还有些是因为新生事物一开始考虑不周到。比如说,一些限制可以增加摩擦，提高比特币的安全性，但同时损失了一些效率。这样的限制，有的人喜欢，有的人不喜欢。不管是什么原因，只要有足够多的人不喜欢，就会想改变这些限制，就会产生分叉。

以之前提到过的莱特币为例。[①] 莱特币主要修改的是比特币的交易能力。出于安全性考虑，比特币对交易的限制很多。目前每个区块大小限定在 1MB，每个交易大约是 250 字节，所以每个区块最多容纳 4000 个交易，大约每 10 分钟产生一个区块，这意味着每分钟只能处理 400 个交易，每秒钟约处理 7 个交易，这就限制了比特币的交易处理能力！毫无疑问，这样的速度太慢了，无法满足正常的支付需求。而且，这只是理论上的最快速度，现实中会更慢。于是，莱特币修改了参数，使得交易更快。

这是分叉的直接原因。在直接原因背后，往往还有理念的不同、利益的纠葛。在比特币发展过程中，会形成不同的群体，他们的利益诉求是不同的，对比特币发展的愿景也不同。不同的愿景对应不同的规则，要求选择不同的技术路线。而不同的技术路线会导致不同的利益格局。在规则、技术路线、利益格局的交织之下，问题会变得非常复杂。

特别是比特币价格在 2013 年突破 1000 美元，在 2017 年又突破 10 000 美元，在价格上涨到如此之高后，里面的利益纠葛会更大。争执的各方谁获得主导权，谁就能更多分享比特币分叉背后的利益。

在附录当中，我们会回顾比特币几次重要的分叉，梳理其中的理念、利益上的纠葛。你会发现，看起来客观、纯粹、中性的技术，

[①] 莱特币是 0 区块分叉，不是高区块分叉，这里仅用来举例说明修改的原因。

其实并不是中性的。《史记》写道:"天下熙熙,皆为利来;天下攘攘,皆为利往。"在这一点上,看似高冷的加密江湖,其实一点也不能免俗。

- 如何修改协议? -

如何修订比特币协议,引入新特性呢?理论上可以很简单,只要发布一个新版本并更新所有的节点即可。在软件技术高度发达的今天,这种程序上的修改技术非常简单。复杂的部分在于网络社区的协调成本,因为更新协议的过程可能非常复杂。现实中,我们无法假定所有节点都会更新版本,网络中的某些节点也许无法获取新版本,或者无法及时获取新版本。而且,另外有些节点可能根本不愿意更新版本。

你可能觉得奇怪,为什么很多节点会不更新?我们平常用的 App(应用程序),如果发布更新,大部分人都会更新的,不然不好用。这和比特币网络的"去中心化"特性有关。比特币网络是完全分散的,并没有"主节点",更没有中心节点,没有一个行使"管理权限"的中心,更新与否完全是单个节点根据自己的意愿进行的自主选择。

作为对比,我们平常的软件都是一个中心机构发布的,让更新的时候我们就要更新,不然不好用。我们如果不更新,就是放弃使用这个软件了。在去中心化社区,不更新也是放弃。不同的是,中心化社区有一个中心节点来协调和决策,协调成本小很多。

- 修改协议的种类:软分叉和硬分叉 -

根据协议更新的内容,分叉可分为两种:软分叉和硬分叉。这两种分叉对协议修改的实质不同,产生的后果也不同。软分叉只是加入规则，在协议中加入新特性，是规则加强。硬分叉对规则的改变更大，后果也更严重。

1. 软分叉

软分叉的实质是在协议中加入新特性，让现有的核验规则更加严格。因为规则更严，新区块的产生更难，因此老节点接受起来没有难度，会接受所有新区块。

这一点可以这样理解，如果老节点不愿意接受新规则产生的区块，可以回去接受老规则产生的老区块，可是新规则更严格，新规则下产生的区块是老规则的子集（一个部分）。因此，既然老节点能接受老区块，就完全能接受新区块。作为对比，新节点因为更严格，会拒绝一些老节点生产的区块。

在这种情况下，老节点可能会挖到一些不被新节点承认的区块，然后就会知道这些区块不被接受，就会有动力更新版本。这样就不存在硬分叉了，只是会有许多临时的小型分叉。因此，这样的改变叫作"软分叉"，不会产生永久性的分叉。

2. 硬分叉

和软分叉不同，硬分叉不是规则加强，而是规则改变，会发布新的共识规则和软件版本，和老的规则、版本是不兼容的。在新规则发布后，没有升级的节点（老节点）无法验证已经升级的节点（新节点）生产的区块，这样硬分叉就会发生。

硬分叉的结果是造成区块链永久性分歧，原本的一条链永久性地分成了两条链。一条链由新节点更新，另一条链由老节点更新，两条链各自发展、分道扬镳。

历史上，最早发生的两次比特币硬分叉都是由意外造成的，都发生在 2010 年。发明人中本聪很快发布了修正，也没有造成明显的损失，紧接着分叉币都被消灭[①]。

硬分叉的坏处是造成区块链的分裂，而好处是可以较大幅度修改规则。现实中，一些重要的修订是要修改规则的，因此导致硬分叉。

3. 硬分叉和软分叉的优缺点比较

软分叉的优点是允许不想升级的人不升级，这种不想升级的需求在现实生活中其实是很常见的。不升级的人依然可以保留以前的加密货币，但是失去了继续参与挖矿的机会。

软分叉的缺点是规则只能加强，不能做其他改变，升级空间有限。比特币交易和区块的数据结构，所有字段都已经有明确的定义，要想保证向前兼容，就不能增加新的字段，否则旧节点就会拒绝你，这是个很大的限制。

作为对比，硬分叉的优点则是升级空间要大很多。硬分叉只要考虑能够接受以前旧节点生产的交易和区块就可以了，不需要考虑

[①] 第一次硬分叉发生在 2010 年 7 月。在比特币的程序语言中，有一个 OP_RETURN 功能，当时的意思是可以跳过所有检查令交易立即有效。因此，任何人都可以用 OP_RETURN 跳过所有检查，随意花费所有人的比特币。中本聪立即修正，把带有 OP_RETURN 的交易都变为无效，成为今天大家见到的样子。同一次事件中也发现有一些程序功能如 OP_LSHIFT 会令部分节点崩溃，因此中本聪以同样方法把这些功能变为无效。以上的攻击只在测试网上出现过，因此没有造成任何真正损失。第二次硬分叉发生在 2010 年 8 月。比特币交易有一项规则，规定输出的总金额不能多于输入的总金额，否则等于可以任意发行比特币。然而当时有人发现了一个设计漏洞，使得交易输出可以是负值，因此只要两个输出中一个为负值，另一个输出的金额就可以高于输入的总金额。当这个交易在主网被确认后，中本聪发出了紧急修正，禁止输出值为负值。矿工升级后便放弃了那带有负值输出交易的区块，所以今天大家都不会看见那个交易。

旧节点是否会接受新节点生产的交易和区块，这样就可以对交易和区块数据结构进行更大胆的修改。

硬分叉的缺点是导致区块链分裂成两条链，共识遭到破坏。这是因为旧节点不进行升级，无法识别新节点生产的交易和区块。

表 5-2 硬分叉和软分叉对比

	硬分叉	软分叉
性质	规则改变	规则加强
兼容性	新节点承认老节点挖出的区块，老节点不承认新节点挖出的区块	老节点承认新节点挖出的区块，新节点不承认老节点挖出的区块
分叉结果	区块链分裂产生两条链，新老节点各自维护一条	保持原本一条链，只会有临时小分叉
优点	升级优化空间大	维护主链不分裂，凝聚了共识
缺点	导致区块链分裂，共识破坏	升级优化空间小

资料来源：作者整理。

- 分叉币的发展现状 -

尽管分叉的时候有各种理由，常常吵得不可开交，吸引了很多眼球，但总体上分叉币的发展并不是很好。在排名前 30 的加密货币中，只有 4 种是分叉币，其中三种是从比特币中分出来的，1 种是从以太币中分出来的。从比特币中分出来的三种中，两种还是 0 区块分叉，分别是狗狗币和莱特币，总市值分别为 185.04 亿美元和 76 亿美元，分别排在第 10 位和第 22 位（2022 年 1 月 31 日）。只有一种是高区块分叉币，即比特币现金，总市值为 55 亿美元，排在第 28 位（2022 年 1 月 31 日）。

目前看，比特币尽管有很多缺点，比如交易速度慢、无法满足交易需求，但依然是接受度最高、总市值最大的加密货币。所有的分叉币，都远远没能够达到比特币的高度。

这里，我们依然可以回到一个灵魂拷问上：比特币，真的是货币吗？之前我们分析过，比特币是资产，不是货币。本章的讨论表明，虽然对比特币进行了很多尝试、修改了参数，使其交易速度更快、更适合做货币，但这些修改并不成功，市场并不认可这些修改。

实际上，在主流的主权货币能够很好地满足支付需求的情况下，比特币的合理定位本来就不应该是货币，而是数字资产，或者说是数字黄金。这一点在中本聪设计比特币的时候，应该就已经看到了，因此比特币的原始参数强调的是安全，而不是效率。作为资产，安全最重要，货币才需要效率。可是，加密货币的效率很难超越主权货币，甚至很难达到主权货币的效率。这样一来，将其设计成数字资产就是合理的竞争战略。

第六章

通道：稳定币连接新旧世界

01 稳定币：加密货币的货币

稳定币是一种重要的加密货币，其价格通过一些技术手段保持稳定，比如钉住法币、加密货币或大宗商品（如贵金属或工业金属）。因为价格相对稳定，所以被称为稳定币。

稳定币在加密货币世界中有较强的地位。截至 2021 年底，稳定币总市值大约为 1540 亿美元，在加密货币中占比在 7% 左右。在市值最大的 30 种加密货币中，稳定币有 6 种，占比很大。其中，市值最大的稳定币是泰达币，总市值约为 800 亿美元，是第三大加密货币，仅次于大家熟知的比特币与以太币。表 6–1 显示，目前市值较大的稳定币都是钉住美元的，偶尔也有钉住欧元、新加坡元、人民币和黄金的。

表 6–1 市值排名前 20 的稳定币（截至 2022 年 4 月）

排名	英文名称	中文名称	英文简称	出现时间（年份）	钉住货币	市值（亿美元）
1	Tether	泰达币	USDT	2014	美元	831.7
2	USD Coin	美元币	USDC	2018	美元	499.0
3	TerraUSD		UST	2020	美元	183.5

（续表）

排名	英文名称	中文名称	英文简称	出现时间（年份）	钉住货币	市值（亿美元）
4	Binance USD	币安刀	BUSD	2019	美元	176.8
5	Dai	贷币	DAI	2017	美元	90.2
6	Frax		FRAX	2020	美元	27.0
7	TrueUSD		TUSD	2018	美元	13.5
8	Pax Dollar		USDP	2018	美元	9.5
9	Neutrino USD		USDN	2019	美元	9.4
10	Liquity USD		LUSD	2021	美元	7.2
11	Fei USD		FEI	2021	美元	4.2
12	HUSD		HUSD	2020	美元	4.1
13	Gemini Dollar		GUSD	2019	美元	2.1
14	USDX [Kava]		USDX	2020	美元	1.7
15	XSGD		XSGD	2021	新加坡元	1.5
16	sUSD		SUSD	2018	美元	1.3
17	STASIS EURO		EURS	2018	欧元	1.3
18	Origin Dollar		OUSD	2020	美元	0.9
19	Celo Dollar		CUSD	2020	美元	0.7
20	Qcash		QC	2019	人民币	0.6

数据来源：https://coinmarketcap.com/view/stablecoin。

稳定币的兴起不是无缘无故的，它提供了以下三个功能。

第一个功能是资金通道。有了稳定币，法币可以换成稳定币，借助稳定币通道进入加密货币市场，而且很多时候是匿名的，这对很多资金有很大的吸引力。由于一些国家禁止用法币直接购买比特币，稳定币充当真实世界与加密货币通道的这个功能，就变得愈发重要。在灰色收入比较多的国家，这种需求会尤其大。

第二个功能是支付清算。由于种类繁多，许多加密货币无法直接兑换法币，只能通过间接途径兑换，比如先兑换比特币，再将比特币兑换为其他加密货币。可是比特币的价格波动太大，这样的兑换风险很大，很可能由于价格波动遭受损失。简单说就是，价格波动很大的比特币不适合作为一般等价物，执行支付清算的功能。在这样的背景下，稳定币币值稳定，可以作为加密世界的"一般等价物"，实际上提供了加密货币支付清算的功能。

现在，稳定币已经成为加密市场最常用的交换媒介，可以说是"加密货币市场的法定货币"。打个比方，不同的加密货币价格波动很大，相当于一个大赌场中的不同赌局。稳定币由于价格稳定，可以在所有赌局中使用，相当于加密"赌场"的统一筹码。

第三个功能是资金避险。大部分加密货币币值波动极大，投资需要避险，但是由于和法币兑换不畅，兑换成稳定币就成了一种很好的选择。比如说，你有一笔钱在加密货币的世界里，一时不知道买什么，又不想换成法币，这时候换成稳定币放着，既保障了资金安全，也可以随时换成加密货币。这种操作既保持了流动性，又省去了来回换法币的麻烦和费用。

稳定币的兴起帮助实现了上述三大功能，也促进了加密货币的大繁荣。比特币等加密货币的大牛市背后常常有稳定币的影子。比如，根据格里芬（Griffin）等人的研究，在比特币价格较低的时候，市值最大的稳定币泰达币倾向于增发：在2017年10月1日—2017年12月16日，比特币价格由4404美元飙升至19 497美元，泰达币增发达28次，共计7.07亿美元（Griffin等，2020）。这个例子说明，稳定币帮助资金进入了加密货币市场，从而促进了加密货币的繁荣。

02 稳定币分类

根据有无资产抵押，稳定币可以分为有抵押的稳定币（backed stablecoins）与无抵押的稳定币（not backed stablecoins）。目前有抵押的稳定币更为流行，常见的稳定币都是有资产抵押的。根据抵押资产的不同，有抵押的稳定币又可以大致分为法币抵押、加密货币抵押和商品抵押三类，下文将逐一介绍。也有少数稳定币钉住特别提款权（SDR）、CPI（消费者价格指数）等，但体量极小，原理也大致相同，本书不再赘述。

- 有抵押的稳定币 -

有抵押的稳定币是通过资产抵押的方式，实现币值的锚定。比如说，假设某个稳定币钉住的是人民币，其锚定是通过如下操作实现的：用户向稳定币发行者缴纳人民币100元，发行者向用户发行100枚稳定币，那么每枚稳定币的价值就是1元。之后，发行者将募集到的人民币存在银行账户中或者投资一些短期证券，保持流动性和价值稳定。如果用户要赎回，发行者可以随时用备付金或者卖出短期证券，这样可以保持稳定币的价值稳定。

以上是最粗略的介绍，真实的稳定币世界会略有不同，下文将通过实例进一步阐释稳定币的机制。

1.法币抵押

法币抵押的稳定币在稳定币中占有绝对主要的地位，这说明这种稳定币的市场接受度很高。其中,尤以钉住美元的稳定币居多,市值占比也很大,目前市值排名前十的稳定币,都是钉住美元的。

目前最流行的法币抵押的加密货币是泰达币,它是一种钉住美元的加密货币,也是目前市值最大的稳定币。截至2022年4月,泰达币总市值约为830亿美元,在加密货币中排名第三,大约占加密货币总市值的4.7%。

泰达币使用"储备证明机制"锚定美元,保持美元与泰达币1∶1的兑换比率。泰达公司每发行1枚泰达币,账户中需要存入1美元储备。泰达币的发行和流通可以简化为以下五步。

第一,用户将美元存入泰达公司账户。

第二,泰达公司为用户创建账户,放入等额的泰达币。

第三,用户交易泰达币(比如购买比特币或其他加密货币)。

第四,用户将泰达币交还,赎回法币。

第五,泰达公司销毁泰达币。

从上述流程也可以看出,泰达币的主要功能是为资金进入加密货币市场提供通道。操作中,泰达公司对于资金的来源并不追究,[①]也为用户进入加密货币市场提供了匿名通道。一旦进入加密货币市场,匿名性就可以得到很大的保障。因此,泰达币的流行也就不奇怪了。

泰达公司的收入主要有两部分,一是资产托管收入,二是交易手续费收入。资产托管收入主要是泰达公司将客户存入的美元进行投资并获得收益,而手续费收入是客户在申购和赎回泰达币时需要

---

① 泰达币目前没有反洗钱机制,任何人都可以购买泰达币,不过在2021年,泰达币开始测试自己的反洗钱机制,参见:https://ambcrypto.com/tether-to-test-aml-compliance-platform-after-41m-penalty-and-fud/。

缴纳的手续费。

图 6-1 展示了泰达公司 2022 年 4 月的资产组合，主要持仓包括商业票据、美国国债、银行存款、现金，此外还有少量公司债、货币市场基金、担保贷款、贵金属等。可以看到，泰达公司绝大部分的持仓都是流动性好、安全但收益低的资产，比如商业票据、国债、银行存款，也有少量高收益资产，比如公司债、担保贷款，用来提高资产组合的整体收益。这样兼顾了安全性、流动性、收益性，保证随时可以兑付用户的交易需求。

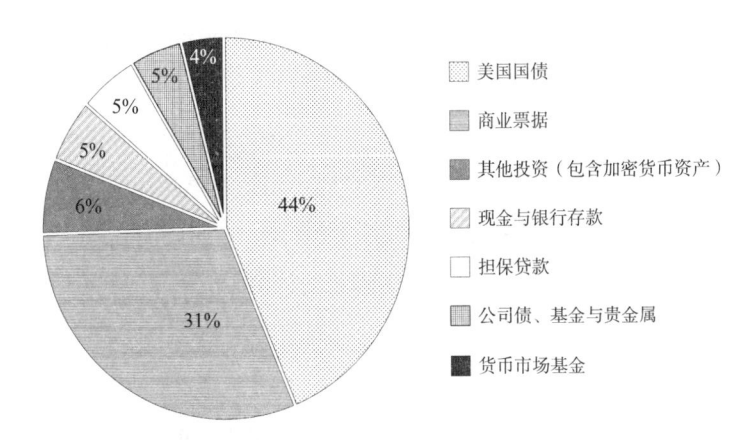

图 6-1 泰达币储备资产构成（2022 年 4 月 24 日）

数据来源：Tether。

泰达公司的另一项主要收入来自交易过程中的手续费。用户把法币换成泰达币，或者把泰达币换成法币，都需要交 0.1% 的手续费，因此其手续费是双向收取的。而且在把泰达币换成法币的时候，如果手续费不足 1000 美元，按照 1000 美元征收。泰达公司收取的手续费是比较高的。作为对比，A 股交易的手续费只有 0.2‰ 左右，最低只有 5 元。

表 6–2 泰达币交易费（截至 2022 年 4 月 30 日）

最小兑换额	法币换泰达币	泰达币交易流通	泰达币换法币
10 万美元	交易费率：0.1%	交易费率：0	交易费率：0.1%，最少 1000 美元

资料来源：tether.to。

2. 加密货币抵押

稳定币的第二类抵押资产是加密货币。目前最流行的用加密货币抵押的稳定币是贷币（Dai），我们以贷币为例来说明加密货币抵押稳定币的运作机制。截至 2022 年 4 月，贷币总市值超 90 亿美元，是第五大稳定币。贷币在加密货币世界中市值排名第 19，占比在 0.5% 左右。

贷币通过以太坊的智能合约实现价值稳定。由于智能合约具有去中心化的特征，因此贷币也继承了去中心化的特征。贷币去中心化的特征使用户不需要担心发行机构将储备资产转移的风险，在去中心化金融领域有广泛应用。正因为如此，贷币受到的关注也很多。

贷币的具体发行步骤如下：

第一，用户创建金库并锁入担保物，生成超额担保池（collateral debt position，CDP）。这里的担保物通常是以太币，也可以是其他加密货币。

第二，用户在金库通过超额担保的方式生成贷币。假设抵押比例为 150%，那么存入 150 元的以太币最多只能生产 100 元的贷币。

第三，用户偿还之前生成的贷币，支付稳定费后取出担保物。

这里的稳定费可以类比现实世界中的贷款利率，由 MKR（以太坊上的去中心化自治组织和智能合约系统）持有者（可以理解为贷币的公司股东）根据市场情况进行调整，目前年化利率在 2%~4%（不同加密货币的稳定费不同，抵押比例也不同）。

以上步骤都由智能合约完成，不需要人工干预。形象一点说，贷币的生产过程可以和房产抵押贷款做类比：用户将房子抵押给银行，获得贷款；如果房产价值快速下降，银行会将抵押的房产拍卖；用户偿还完贷款本息后，房产也会立刻归还。在贷币的生成过程中，以太币相当于房子，银行相当于去中心化的超额担保池，而稳定费相当于贷款利息。[①]

接下来，我们详细介绍贷币是如何保持币值稳定的。保持币值稳定的机制可以分成两种：一种是正常情况，一种是极端情况（在贷币中叫作 emergency shutdown——紧急停机）。

正常情况下，贷币的价值来源于抵押的以太币等加密货币。如果抵押资产价值下降严重，会影响贷币的价值。由于贷币的抵押物波动极其剧烈，因此需要一系列机制来确保币值稳定。这时候的办法是超额抵押，保证担保物价值超过发行的贷币价值。超额担保足可以保障稳定币的价值了。

如果担保物价值下降过快，触碰阈值[②]，将自动拍卖超额担保池中的加密货币。由于采取超额担保的方式，一般情况下拍卖所得可

[①] 现实世界中，房屋抵押贷款也会进行超额抵押，即房屋市场价值高于贷款金额，这一点和贷币的超额担保机制类似。

[②] 假如阈值为 150%，用户借了 100 元，如果抵押物资产小于 150 元，就会拍卖抵押资产，因此 150% 实际上是最低抵押要求。

以偿还债务本息和违约金,剩余部分返还给用户。这里的违约金率会根据不同的抵押资产、不同的稳定费、不同的最低抵押比例进行调整,数量级大概为10%。但如果拍卖所得无法偿还债务,用户不需要补齐差额,损失由贷币发行者承担。

由于贷币的定位是稳定币,因此需要更为精细的手段让贷币的价格在1美元上下波动。贷币使用一种叫"目标率反馈机制"(target rate feedback mechanism,TRFM)的调节方式,这实质上是一种供需调节方式。

(1)供给的调节。可以调节贷币供给的工具很多,包括稳定费、担保比例、违约金率等。以稳定费为例,当稳定费上升时,借贷币的成本上升,导致供给下降。

(2)需求的调节。贷币有存款利率,可以看作一种需求调节的工具。用户可以将持有的贷币存入智能合约中,赚取存款利息。因此当存款利率上升时,用户对于贷币的需求上升。通过供需调节,将贷币的价格锚定在1美元。

不仅如此,贷币还设计了一种叫"看护者"(keeper)的角色,也就是常说的套利者。套利者如果相信贷币的价格维持在1美元,那么当其价格低于1美元时会买入贷币,当其价格高于1美元时会卖出贷币。贷币通过看护者机制降低了套利的成本。简单来说,它提供了现成的代码进行套利,降低了套利的技术难度。

以上是正常情况下如何保持币值稳定,接下来介绍在黑天鹅事件下贷币如何保证币值稳定。现实世界中总有黑天鹅事件,在价格波动剧烈的加密货币市场,黑天鹅可能和白天鹅一样多。因此,贷币在设计之初,就有应对黑天鹅事件的机制,以应对抵押资产价值巨幅波动的情况。这时候正常的稳定机制失效，需要特殊机制。

贷币在这种情况下的机制，可以类比现实世界中的公司清算：如果把发行贷币的 MakerDAO 看作一个公司，那么持有贷币的用户就是这个公司的债权人，MKR 持有者就是这个公司的股东，而用户抵押的加密货币资产就是这个公司的资产。当贷币价格波动剧烈时，MKR 持有者可以投票进入"紧急停机"状态。在"紧急停机"状态下，贷币的所有生产和赎回都被暂停，然后对所有的抵押资产进行拍卖。系统会按照贷币价格为 1 美元计算用户的净资产。[①] 拍卖所得会首先偿付用户净资产，不足的会动用贷币的储备金补足。这里的储备金可以理解为公司的所有者权益，主要来源于股东注资（增发 MKR）以及日常经营利润（稳定费、违约金等）。截至 2022 年 10 月，贷币未曾触发过紧急停机。

3. 商品抵押

目前最流行的商品抵押的稳定币是泰达黄金（Tether Gold）。截至 2022 年 4 月，泰达黄金总市值为 4.7 亿美元，在加密货币世界中排名第 221 位。与其他类型的稳定币相比，商品抵押的稳定币较不流行。

泰达黄金是由泰达公司推出的数字资产，和前述的泰达币是同一家公司推出的。每一个泰达黄金代表伦敦合格交割的 1 盎司金条，用户购入的最小金额为 50 个代币，约合 9 万美元，购入仅能使用美元进行支付。用户购入泰达黄金之后可以自由交易，最小交易单元是 0.000 001 个代币。用户可以将泰达黄金兑换为黄金，最小兑换单

---

① 净资产＝抵押物价值−贷币数量 ×1 美元。

元为1根金条（430盎司黄金），发行方会将黄金寄送到用户提供的瑞士地址。同时，用户也可以将泰达黄金直接兑换成美元。表6-3整理了泰达黄金购入、流通和赎回的交易费用。

表6-3 泰达黄金交易费用（截至2022年4月30日）

法币最小 购入金额	购入 泰达黄金	交易流通	赎回 泰达黄金
50盎司黄金， 约合9万美元	交易费率： 0.25%	交易费率：0	• 兑换现金交易费率：低于0.25% • 兑换金条交易费率：0.25% + 运输费用，最小兑换金额为1根金条（约合430盎司黄金）

资料来源：gold.tether.to。

- 无抵押的稳定币 -

无抵押的稳定币是指没有抵押资产作为背书的稳定币，由于它经常使用算法来保持币值稳定，因此也被称为算法类稳定币。不过，算法类稳定币没有严格的定义，存在一些模糊地带。例如，贷币也使用算法维持币值稳定，但有加密资产背书，因此是不是算法稳定币存在争议。因此，在本书的分类中，我们将无抵押的稳定币作为一类。

无抵押的稳定币非常不流行，最著名的无抵押稳定币是Basis，但是该项目已经在2018年由于监管原因关停。Basis的影响力巨大，后续的无抵押稳定币也仿照它的机制设计，因此本书仍将重点介绍Basis。

Basis的白皮书称Basis为"拥有算法中央银行的稳定币"。它的算法设计与如今的央行公开市场操作颇为相似，通过债券买卖调节货币供应量。具体来看，Basis有三种代币：BAC（Basis Cash）、BAS（Basis Share）、BAB（Basis Bond）。三者分别相当于货币、股票和债券，后两种代币的存在是为了保持BAC币值的稳定。

Basis的详细机制如下：当稳定币（BAC）价格小于1美元时，需要减少流通量，让稳定币的价格上升到1美元。这时候的操作是发行零息债券（BAB），债券价格等于稳定币价格的平方。假设稳定币价格为0.9美元，那么零息债券的价格就为0.81美元。1个零息债券会在将来兑付1个稳定币。假如稳定币持有者相信币值会回升到1美元，那么此时持有零息债券回报更高，持有者有激励将稳定币换成零息债券，这样流通中的稳定币数量就会下降。

反过来，当稳定币（BAC）价格超过1美元时，需要增加流通量，让稳定币的价格自然下降到1美元。目前的机制是当稳定币价格高于阈值（1.05美元）时，会触发系统增发稳定币。增发的稳定币会优先偿还零息债券（BAB），即销毁债券，创造稳定币使稳定币流通量增加。偿还债务之后剩余的稳定币会发放给股票（BAS）持有者，也会使稳定币流通量增加。

Basis通过上述方式来激励投机者进行套利，进而保持稳定币币值的稳定。不过总体来说，在稳定币的世界中，以Basis为代表的无抵押的稳定币并未受到广泛关注，与其他类别的稳定币相比市值都很小。Basis的机制如此精密，依然免不了关停的命运。可见，无抵押稳定币的发展空间并不大。

深入挖掘会发现，无抵押稳定币始终无法回答一个问题：价值的锚在哪里？供求关系可以调节价格，可是往哪里调节？既然可以人为把价格锚定在1美元，也就可以人为把价格锚定在任何数值，这个数值是多少并没有一个标准。如果继续深挖，你可以说：无抵押稳定币没有价值锚定，没有内在价值，因此也就不会稳定。

作为对比，有抵押的稳定币价值是有锚定的。因此，有抵押的稳定币获得了大发展，成为加密货币江湖的一支重要力量。

03 稳定币监管

和其他加密货币一样，稳定币也逐渐走进各国监管者的视野。由于目前主流的稳定币采用的是法币资产抵押的方式，所以在一定程度上，可以将稳定币的发行者视为银行，发行的稳定币相当于无息的银行存款，储备资产可以看作银行的贷款。但是相较于银行，对稳定币的发行者的监管还很少，其资产构成也很不透明。比如最大的稳定币泰达币就曾经因为储备资产信息不透明而饱受诟病，而后迫于压力公布储备资产的构成。

尽管目前稳定币大部分的储备资产以现金及其等价物的形式存在，但是之后的演变无从知晓。从历史来看，"新货币"的发行者往往控制不住扩张的冲动。因此，很难预料稳定币是否会投资在更有风险的资产上。

正是基于这样的考量，全球开始逐渐出台对于稳定币的监管政策。2019年，七国集团（G7）有关工作组在报告中严重地表达了对于稳定币，尤其是全球流通的稳定币的监管担忧。[①]2020年，在20国集团（G20）会议上，金融稳定委员会（Financial Stability Board，

---

① https://www.bis.org/cpmi/publ/d187.pdf.

FSB）提交报告，就全球稳定币（global stable coins，GSC）的监管和监督安排提出了建议。① 总的来说，出台的各种监管提案首先要求稳定币发行机构进行登记注册，其次按照底层机制设计、交易体量等分级管理。

在几大经济体中，欧盟提出的监管体系最全面。欧洲议会发布了《关于加密资产市场的监管草案》（Regulation on Markets in Crypto Assets，MiCA）。② 该草案将加密资产分为三类：资产连接类代币（asset-reference token）、电子现金类代币（E-money token）和其他加密资产（other crypto-assets）。其中，稳定币属于前两类资产。

如果仅钉住一种法币，稳定币会被划分为电子现金类代币，泰达币就属于这一类。如果钉住一篮子货币，或者并非严格钉住法币，则会被划分为资产连接类代币，贷币就属于这一类。这一监管草案还要求，稳定币发行者不得付息。除此之外，在发行机构登记注册时，对于储备资产的投向以及披露机制也有详细规定，电子现金类代币的监管要求高于资产连接类代币。另外，欧洲银行业管理局根据用户人数、交易数量和交易金额等数据，将规模较大的稳定币认定为重要数字资产，在自有资本、流动性上会有更强的监管要求。这里必须强调监管仍处于提案阶段，很多监管的细则仍在探讨，针对分类也有争议。

---

① https://www.fsb.org/2020/10/regulation-supervision-and-oversight-of-global-stablecoin-arrangements/.

② https://ec.europa.eu/info/sites/default/files/business_economy_euro/banking_and_finance/200924-presentation-proposal-crypto-assets-markets_en.pdf.

表 6-4 主要国家和国际组织对稳定币的监管措施和表态

国家/组织	时间	文件规定	监管态度
(一)包容性大经济体			
美国	2021年11月	总统金融市场工作组、财政部呼吁	限制向有保险的存款机构发行稳定币,并对稳定币进行审慎监管
欧盟	2021年11月	发布《关于加密资产市场的监管草案》	稳定币需要得到监管机构的授权才能在欧盟内部交易,禁止向电子货币代币发放利息
英国	2021年6月	英格兰银行文件	用作货币的稳定币将面临与银行存款相同的监管标准
日本	2022年6月	通过世界首个稳定币法案《资金决算法案修订案》	将稳定币定义为数字货币,稳定币必须与日元或其他法定货币挂钩,并保证持有者有权按面值赎回
(二)国际组织			
七国集团(G7)	2021年6月	七国峰会公报	在通过适当的设计和遵守适用的标准,充分满足相关的法律、监管和监督要求之前,任何全球稳定币项目都不应开始运作
巴塞尔银行监管委员会	2021年6月	关于审慎处理稳定币风险的咨询文件	稳定币的风险权重并不小,在没有具体的审慎处理的情况下,可能会增加全球金融稳定问题和银行系统的风险
金融稳定委员会(FSB)	2020年10月	"全球稳定币"监管建议	提出了一些监管稳定币的原则,包括对储备的限制、对风险的限制和透明度要求
支付和市场基础设施委员会和国际证监会	2021年10月	联合报告	提议将支付、清算和结算系统的国际标准应用于稳定币

(续表)

国家/组织	时间	文件规定	监管态度
（三）金融中心			
新加坡	2020年1月	金融管理局公告	向 Xfers 授予了发行电子货币的许可证，可发行一种以新加坡元1∶1支持的稳定币
新加坡	2021年10月	央行主席在亚洲金融论坛发言	对稳定币持开放态度，受监管的稳定币将在传统支付系统中发挥有益的作用
（四）发展中国家			
中国	2021年7月	《中国数字人民币的研发进展白皮书》	稳定币给国际货币体系、支付清算体系、货币政策、跨境资本流动管理等带来诸多风险和挑战
中国	2021年9月	《关于整治虚拟货币"挖矿"活动的通知》	全面禁止任何加密货币交易及挖矿，包括稳定币
泰国	2021年3月	央行宣布	将对合法的外币支持、资产支持和算法稳定币进行监管

数据来源：作者根据新闻整理。

美国也在积极提出对稳定币进行监管的方案。美国证券交易委员会主席加里甘·斯勒就将稳定币比作赌场筹码。[①] 美联储主席鲍威尔的表态稍微温和一点，他认为在适当的监管下，稳定币可以成为金融系统中有用、高效的工具。美国总统金融市场工作组在2021年11月发布了一份关于稳定币的报告，报告中建议国会通过立法加强对稳定币的监管，可能要求非银行发行人遵守与银行类似的规则，并明确不同监管机构的责任。虽然目前美国的监管进展较为缓慢，但是已经认识到稳定币的潜在重要性。

---

① https://forkast.news/headlines/sec-gensler-calls-stablecoins-poker-chips/.

中国目前对于稳定币并没有详细的监管要求。2017年七部门发布的《关于防范代币发行融资风险的公告》旨在全面禁止非法代币融资发行活动，但该文件并未提及对稳定币的法律界定与监管方式。2020年11月，《中国金融稳定报告（2020）》首次提及稳定币（中国人民银行金融稳定分析小组，2020）。2021年7月，《中国数字人民币的研发进展白皮书》指出，有的商业机构计划推出全球性稳定币，这将给国际货币体系、支付清算体系、货币政策、跨境资本流动管理等带来诸多风险和挑战（中国人民银行数字人民币研发工作组，2021）。这表明我国金融监管机构逐渐关注到稳定币的风险，但目前主要停留在风险警示阶段，并没有具体的监管措施，更没有接纳的姿态。稳定币在中国的发展空间，还有待进一步观察。

第七章
边缘：初始代币的边缘革命

在加密货币江湖中，初始代币具有重要地位。排名靠前的加密货币很多都是初始代币。不过，初始代币也经历过一段曲折的发展历程，曾经非常混乱。

01　初始代币简介

初始代币发行（ICO）是加密货币领域的融资方式，借鉴了证券中的首次公开募股（IPO）的概念。初始代币的发行者以初始产生的数字加密货币作为发行标的（可以粗略理解为发行股票，但是投资者一般没有投票权），从资金提供方那里筹集资金，通常募集资金的形式为比特币或者以太币。

具体而言，初始代币发行者需要在互联网上发布项目白皮书。白皮书与首次公开募股中的招股说明书很类似，但是在规范性上远不如后者：初始代币的白皮书通常包括项目发起人介绍、项目基本介绍、募集资金用途以及募集规模介绍，但是内容的真实性缺乏第三方机构监督。初始代币的募集规则也和首次公开募股类似：如果募集金额不足就认定为发行失败，会退回之前已募集资金；如果募集金额超过发行规模，会按照事先规定的规则退回超额募集资金。

最早的初始代币发行项目是2013年发行的万事达币，它是一种建立在比特币链上的数字货币和传输协议，能够将金融功能整合到比特币中。该项目一共募集到 5000 个比特币，当时价值约为 50 万美元。

在此之后，以太坊面世，它是史上最成功的初始代币发行项目。它于 2014 年 7 月 24 日起，进行了为期 42 天的募集，总共募集到 31 529 个比特币，按比特币当时的市价计算，募集规模超过 1800 万美元。以太坊在初始代币之后发展迅速，以太坊平台上的以太币成为仅次于比特币的第二大加密货币，这也使以太坊成为初始代币历史上最成功的案例。

不仅如此，以太坊的出现还促进了初始代币的发展。2015 年 11 月，以太坊推出了一个叫作 ERC–20 的代币标准，统一了发行代币的标准，方便在以太坊上进行代币发行与流通。不仅如此，大量关于初始代币发行的代码发布在互联网上，发行人只需要简单改动一下就可以进行初始代币发行。

如果说早期的初始代币发行还有技术门槛，发行人必须雇用熟悉代码的人才，那么在 ERC–20 出台之后，发行人只要略懂代码就可以完成初始代币发行，完全不需要专业计算机人才。更令人吃惊的是，互联网上还有 5 分钟内完成初始代币技术架构的教程，可见初始代币发行的技术门槛已经很低，以太坊也因此成为初始代币发行最大的平台。根据有关学者 2020 年发布的研究，目前已经完成初始代币发行的项目有 90% 在以太坊平台上，准备进行的初始代币发行项目中有 75% 在以太坊平台上（Lyandres 等，2020）。[①]

初始代币发行作为一种融资方式，与传统的融资方式 [例如 PE

[①] Lyandres, Evgeny and Palazzo, Berardino and Rabetti, Daniel, ICO Success and Post-ICO Performance (July 17, 2020). Available at SSRN: https://ssrn.com/abstract=3287583 or http://dx.doi.org/10.2139/ssrn.3287583.

（私募股权投资）/VC（风险投资）、IPO］相比，发行门槛与监管要求都很低（见表7–1）。毫不夸张地说，早期没有对初始代币的监管，任何人都可以发起初始代币发行。由于交易成本太低，初始代币项目鱼龙混杂，除了少数几个初始代币项目获得成功，大部分项目的发展都不及预期。

表7–1 初始代币发行、首次公开募股、PE/VC 对比

	初始代币发行（ICO）	首次公开募股（IPO）	PE/VC
发行主体	可以没有实体企业、成形项目	股份制公司	—
发行场所	网络社区	股票交易所	—
发行标的	加密货币	证券	股份
募集标的	加密货币	法币	法币
中介机构	无	有	—
流通场所	网络	交易所	—
投资人范围	无限制	有证券交易资格	门槛较高
法律定位	投资人不是股东	证券	股份
投资人股份	多	少	少
投资人话语权	无	股东权益	有

资料来源：作者整理。

不仅如此，初始代币还与欺诈联系在一起：初始代币咨询公司 Satis Group 披露的一项研究表明，2017 年进行的初始代币发行项目中，有 78% 被认为是诈骗。[①] 以超级明星币 MXCC 为例，发行人号称是硅谷科技公司，要开展明星影视产业的智能数字资产业务。

---

① https://cryptoslate.com/satis-group-report-78-of-icos-are-scams/.

MXCC 的发行从 2018 年 1 月中旬开始，参与成本价是 2.5 元左右，发行量 20 亿，募集资金 50 亿元。1 月 27 日，MXCC 在尚亚交易所上市开盘价 0.2 元，远远低于 2.5 元的发行价格。随后，超级明星团队一边利用部分媒体渠道为自己拖延时间，一边在快速地抽身，直至最终失联。该项目仅用短短 6 个星期的时间就卷走了投资人将近 50 亿元人民币。最令人惊愕的是，该项目的官网异常简单，白皮书也只有几页文字，甚至连项目团队成员信息、公司联系方式等都没有。经有关媒体调查发现，该项目网站是在 2018 年 1 月 9 日注册的，但是 1 月 12 日就已经开始了初始代币发行。[①]

02 初始代币监管

正因为乱象丛生，初始代币引起了各国监管机构的注意。各国监管机构纷纷发表了对初始代币的看法，其中中国与韩国明令禁止初始代币发行。以中国为例，中国人民银行等七部门于 2017 年 9 月 4 日发布了《关于防范代币发行融资风险的公告》，明确指出初始代币发行在中国属于严格禁止的融资行为，涉嫌非法发售代币票券、非法发行证券、金融诈骗、传销等违法犯罪活动。

其他很多国家也都表达了对于初始代币发行的关切，但并未完全禁止。比如：美国证券交易委员会使用豪威测试（Howey Test）（见表 7–2）来判断初始代币发行是否构成证券发行，如果是初始代

[①] https://finance.sina.cn/blockchain/2018-03-28/detail-ifysqfnh8946888.d.html?from=wap.

币发行项目就需要在美国证券交易委员会登记注册；欧洲允许初始代币存在，但仍在摸索相应的监管方式；日本对初始代币进行严格监管，其发行需登记申请并提供有关信息。

其中，美国的监管态度最值得一提。美国知名通信软件 Telegram 于 2018 年 1 月进行初始代币发行，计划募集资金 17 亿美元。之后，美国证券交易委员会以未完成登记注册且未披露资金用途为由对 Telegram 提起诉讼，最后判决 Telegram 归还投资者 12 亿美元并对其处罚款 1850 万美元。

表 7-2 豪威测试判断标准

中文	英文
是金钱的投资	An investment of money
该投资期待利益的产生	With the expectation of profit
该投资是针对特定事业的	In a common enterprise
利益的产生源自发行者或第三方的努力	To be derived from the efforts of others

资料来源：美国证券交易委员会，笔者翻译。

美国的态度很有代表性，很多国家都采取类似美国的监管态度，对初始代币发行进行类似证券的监管。重要的例外有两个——中国和韩国，都明确禁止代币的发行和交易。

表 7-3 各国对代币的主要监管措施和表态

国家	时间	文件规定	监管态度
（一）包容性大经济体			
美国	2017 年 7 月	证券交易委员会公告	代币发行需评估是否属于证券，如果是证券则需向美国证券交易委员会提交注册声明并且附有详细的招股说明书

（续表）

国家	时间	文件规定	监管态度
加拿大	2017年8月	证券管理委员会公告	代币发行需评估是否属于证券，如果是证券则必须注册并附有招股说明书
法国	2018年2月	金融市场管理局	某些代币销售可能受证券法的管辖，但大多数代币不受管辖
德国	2017年11月	联邦金融监管局公告	将根据具体情况确定代币是否受到管辖
英国	2017年12月	金融行为监管局公告	大多数代币不受其管辖，是否受到监管只能根据具体情况来决定
韩国	2017年9月	金融服务委员会公告	初始代币融资模式违反《资本市场法》，禁止国内各种形式的初始代币
以色列	2021年1月	证券管理局	加密代币的发行将被视为证券
（二）金融中心			
新加坡	2017年11月	金融管理局公告	虚拟代币属于包括但不限于证券资本市场产品，发行必须在金融管理局注册，并附有符合要求的招股说明书
瑞士	2018年2月	金融市场监管局公告	将代币主要分为三类：支付型、功能型、资产型。支付型代币受反洗钱法规监管，资产型代币受瑞士证券法监管
（三）发展中国家			
中国	2017年9月	《关于防范代币发行融资风险的公告》	将代币发行融资定性为"未经批准非法公开融资的行为"，并明确要求"任何组织和个人不得非法从事代币发行融资活动"
泰国	2018年5月	"数字资产业务"皇家法令	新发行的数字代币必须获得证券交易委员会的批准，并附上招股说明书，通过证券交易委员会批准的门户网站发行
马来西亚	2020年10月	证券委员会修订《数字资产指南》	允许公司通过发行代币筹集资金，但需要经过批准和注册的数字资产交易所来发行，平台对发行人进行尽职调查，要求遵守反洗钱和反恐融资政策

数据来源：作者根据新闻整理。

03 初始代币发展现状

在各国对初始代币引入监管以后,初始代币的发展进入相对稳定的时期。回头看,2016—2017年,初始代币迎来大爆发,然后迎来了监管。美国开始对其进行监管之后,其他国家纷纷跟进。目前来看,监管之后,初始代币并没有立即偃旗息鼓,而是继续发展。进入2020年之后,初始代币的发展开始放缓。这次放缓有监管趋严的原因,也有行业周期的原因。初始代币的未来发展需要进一步观察。

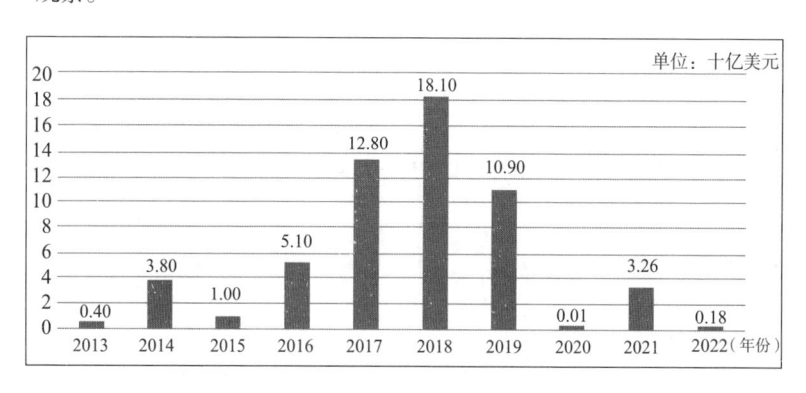

年份	2013	2014	2015	2016	2017	2018	2019	2020	2021	2022
金额(十亿美元)	0.40	3.80	1.00	5.10	12.80	18.10	10.90	0.01	3.26	0.18

图 7-1　全球初始代币融资金额(2013—2022 年)

数据来源:Coinmarketcap, icodrops, 截至 2022 年 8 月 26 日。

在此需要指出两点。第一,初始代币的融资额已经很大,不少项目的单项融资额达到十几亿,甚至几十亿美元。表 7-4 显示,初始代币最大的募资额超过 40 亿美元,几亿美元、十几亿美元的也有好几单。对于新兴技术企业而言,这些不是微不足道的数额,而是可以满足很长时间的研发需求的。虽然其中很多项目不一定成功,但是初始代币作为一种新的融资模式，已经得到市场认可。

表7-4 初始代币募资额排名前20的项目（截至2022年8月26日）

项目	募资日期	募资主体	接受货币	募资额（亿美元）
EOS	2017年6月25日—2018年6月4日	Block.one	以太币	41.98
Telegram Open Network（GRAM）	2019年7月1日—2019年7月12日	Telegram Open Network	以太币	17.00
TRIBE/FEI USD（STABLE）	2021年3月31日—2021年4月3日	Fei Protocol	泰达币	16.81
UNUS SED LEO（LEO）	2019年3月4日—2019年3月12日	iFinex	以太币	10.00
Petro（PTR）	2018年2月20日—2018年3月19日	Venezuelan State	欧元、比特币、以太币等	7.35
BitDAO（BIT）	2021年8月16日—2021年8月17日	BitDAO&Sushi MISO	以太币	6.32
TaTaTu（TTU）	2018年6月11日—2018年6月30日	TaTaTu	以太币	5.75
Dragon Coins（DRG）	2018年3月15日—2018年5月15日	Dragon Corp.	以太币	3.20
Huobi Token（HT，火币积分）	2018年1月23日—2018年2月28日	火币官方	以太币	3.00
Cook Finance	2021年3月31日—2021年4月1日	Cook	以太币	3.00
Bitpanda Ecosystem Token（BEST）	2019年7月10日—2019年10月10日	Bitpanda	以太币	2.63
Filecoin（FIL）	2017年8月9日—2017年9月7日	星际文件系统IPFS	以太币	2.57
Tezos（XTZ）	2017年6月30日—2017年7月13日	Tezos.com	以太币	2.32

（续表）

项目	募资日期	募资主体	接受货币	募资额（亿美元）
Polymath（POLY）	2018年1月18日	Polymath	以太币	2.07
SIRIN LABS Token（SRN）	2017年12月12日—2017年12月26日	FINNEY™	以太币	1.58
The Bancor Protocol（BNT）	2017年6月10日	The Bancor Protocol	以太币、比特币	1.53
Bankera（BNK）	2017年11月27日—2018年3月1日	Bankera	以太币、比特币、美元、XEM、DASH	1.52
Polkadot（DOT）	2017年10月15日—2017年10月27日（首次）	Web3基金会	以太币	1.45
Karura（KAR）	2021年6月8日—2021年6月22日	Acala基金会	KSM	1.40
Neluns（NLS）	2018年8月15日—2018年9月5日	Neluns	以太币	1.36

数据来源：Coinmarketcap，icodrops。

第二，一些已经发行的初始代币项目开始展露潜力，市值达到几十亿美元、几百亿美元，甚至上千亿美元。表7-5显示，初始代币市值最大的以太坊已经达到1800多亿美元，另外还有两个达到100多亿美元，达到十几亿美元、几十亿美元的就更多。

表7-5 初始代币项目市值前20名的项目（截至2022年8月26日）

项目	募资日期	募资主体	接受货币	市值（亿美元）
Ethereum	2014年6月—2014年8月	Ethereum	以太币	1802
ADA	2016年9月30日—2016年12月31日	Cardano	比特币	148

（续表）

项目	募资日期	募资主体	接受货币	市值（亿美元）
SOL	2020年3月16日—2020年3月24日	Solana	美元、美元币	111
DOT	2017年10月15日—2017年10月27日	Polkadot	以太币	80
MATIC	2019年4月25日—2019年4月26日	Matic Network	币安币	58
TRX	2017年8月30日—2017年9月1日	Tron	以太币、比特币	57
LEO	2019年5月4日—2019年5月12日	Bitfinex	泰达币	49
ATOM	2017年4月5日	Cosmos	比特币	32
MCO	2017年5月17日—2017年6月17日	Crypto.com	以太币	31
LINK	2017年9月17日	ChainLink	以太币	31
NEAR	2020年8月12日—2020年8月25日	Near Protoco	以太币、比特币、FIAT、美元币	30
XLM	2014年7月31日	Stellar	美元	26
FLOW	2020年10月6日	Flow	泰达币、美元币	20
ALGO	2019年6月19日	Algorand	以太币	20
FIL	2017年8月9日—2017年9月7日	Filecoin	以太币	15
EOS	2017年6月25日	EOS	以太币	15
APE	2022年3月17日	Yuga Labs		15
ICP	2018年4月—2018年8月29日	DFINITY	以太币	15

（续表）

项目	募资日期	募资主体	接受货币	市值（亿美元）
HBAR	2018年8月13日—2018年8月16日	Hedera Hashgraph	以太币	14
MANA	2017年8月16日—2017年8月18日	Decentraland	以太币	14

数据来源：ICO Drop。

总体上看，初始代币作为一种新生事物，如果有恰当的监管还是有发展潜力的。其实，我们可以把初始代币看作新技术发起的一场边缘变革，是对传统融资方式的一种补充。尽管美国的PE/VC行业很发达，但还是有企业融不到资，或者不能以很宽松的方式融资。初始代币提供了一种新的融资方式，可以和已有的方式形成补充、竞争的关系。

这个世界的新变化，往往在旧传统的边缘产生。初始代币就是在传统融资方式边缘产生的新融资方式，也许会有更大的生命力。

第八章
进阶：以太坊的野心

01 以太坊：区块链的平台

加密货币的江湖呈现"双雄争霸"的格局：老大是比特币，老二则是以太坊以及以太坊上面的以太币。

以太坊的概念是2013—2014年由程序员维塔利克·布特林提出的，此人年纪轻轻创立了以太坊，并且因此声名鹊起，常被称为"V神"。在一篇文章中，他明言受到比特币的启发，要打造"下一代加密货币与去中心化应用平台"[①]。

以太坊的实质是一个运行在计算机网络中的软件，它可以去中心化地运行，不依赖单个的计算机。因为不依赖单个计算机，所以

[①] 文章标题是"以太坊：下一代加密货币与去中心化应用平台"（Ethereum: a next-generation cryptocurrency and decentralized application platform）。其中有这样一句话："过去1年里，对比特币2.0的讨论越来越多。所谓比特币2.0是受到比特币的启发，但是应用范围不限于货币的技术网络。"（英文原文：Over the past year, there has been an increasingly large amount of discussion around so-called "Bitcoin 2.0" protocols-alternative cryptographic networks that are inspired by Bitcoin, but which intend to make the underlying technology usable for far more than just currency.）文章网址：https://bitcoinmagazine.com/business/ethereum-next-generation–cryptocurrency-decentralized-application-platform-1390528211。

它的运行很难停止,也很难屏蔽和被审查。以太坊的愿景就是创建一个无法停止、抗屏蔽(审查)、自我维持、去中心化的世界计算机。在这样的愿景动员下,以太坊发展迅速,很快坐上加密货币江湖的第二把交椅。

2014年,以太坊通过首次代币发行募集到31 529个比特币,按当时的市价计算,价值超过1800万美元。2015年7月,以太坊主网上线,开始了不断升级的过程。2022年9月,以太坊完成2.0版本升级,大规模使用"PoS"(Proof of Stake,权益证明机制)。

以太坊开发分为四个阶段,分别为边境(Frontier)、家园(Homestead)、都会(Metropolis)、宁静(Serenity)。以太坊的开发者为四个阶段起了非常诗意的名字,从边境到家园,从都会到宁静,暗合了人类社会发展的规律,并提出了美好的愿景,可谓用心良苦。

1. 边境:运行时间为2015年7月—2016年3月。

只有命令行界面,没有图形界面,主要适用于开发者。

2. 家园:运行时间为2016年3月—2017年10月。

网络运行更加平稳,安全性和可靠性提升;易用性改善,普通用户也可以方便地体验和使用以太坊;图形界面的钱包产生。

3. 都会:运行时间为2017年10月—2020年12月。

都会阶段又分为三次升级,分别为:(1)拜占庭;(2)君士坦丁堡和圣彼得堡;(3)伊斯坦布尔。功能升级优化、算法扩容、更安全,提高了挖矿的难度,区块奖励由5以太币降为3以太币。

4. 宁静:运行时间为2020年12月至今。

开始试验从PoW(Proof of Work,工作量证明机制)转换到PoS,以太坊进入2.0阶段。

权益证明所需的信标链在 2020 年 12 月 1 日上线，允许权益证明的抵押，但尚不能提领；"柏林"阶段已于 2021 年 4 月 15 日完成升级，主要新增了交易方式、调整了交易成本；"伦敦"阶段已于 2021 年 8 月 5 日完成升级，交易手续费改由系统计算并且会销毁而非交给矿工。2022 年 9 月 15 日，以太坊完成 2.0 版本升级，大规模采用权益证明机制。

以太坊推出之后，就受到广泛关注，其平台上的货币以太币也被广泛使用。以太币的价格一路上涨，最高价曾接近 5000 美元。截至 2022 年 7 月，以太币总市值达 1885 亿美元，是仅次于比特币的第二大加密货币。

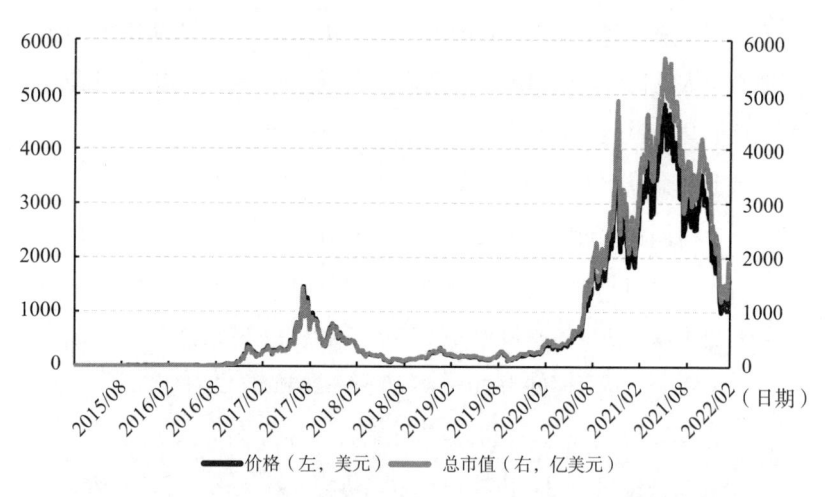

图 8-1 以太币价格与总市值（截至 2022 年 7 月）

数据来源：CoinMarketCap（https://coinmarketcap.com/currencies/ethereum/historical-data/）。

以太坊大流行的原因是它延伸并拓展了比特币的区块链概念，

被视为进化版的比特币。比特币在全球范围的多个计算机上验证、存储和复制交易数据（术语叫"分布式账本"），其定位依然是一个货币或者资产，能够实现的功能有限。

作为对比，以太坊更进了一步，是在全球范围的多个计算机上运行代码的软件程序，也因此被称为区块链2.0。简单说就是，比特币仅仅是一个账本，而以太坊在记账本的功能上，添加了运行代码的功能，使一些更为高级的金融活动成为可能，提供了更大的想象空间。

表8-1 比特币与以太坊的比较

分类	比特币	以太坊
性质	去中心化货币（资产）	去中心化平台
发行量	2100万枚	无限量发行
区块速度	每10分钟	每10~15秒
模型	UTXO	账户模型
算法	SHA-256	Ethash
代码功能	记录数据	可执行
类比	数字黄金	操作系统
核心	比特币	智能合约
去中心化	程度高	程度低

资料来源：作者整理。

以太坊可以分布式运行代码的功能，源自智能合约。智能合约是1994年由密码学家尼克·萨博最先提出的理念，几乎与互联网同龄，指能够自动执行合约条款的计算机程序。

举个最简单的例子，智能合约就像自动售货机，你投入硬币，机器就给你一罐饮料。所以，智能合约更准确地说是"自动合约"，即能够自动执行的合约，只不过因为写在计算机程序里，不是铁皮做成的自动售货机，所以多了一层"智能"的色彩。

在加密货币世界里，智能合约是运行在区块链上的程序。智能合约的一个特点是保证在区块链网络的每一个节点上的运行结果完全相同，这样才能使每一个节点都可以验证智能合约执行的结果是否正确。智能合约的存在使一些更复杂、更高级的金融活动（例如存款、贷款）在加密货币世界中成为可能，也促进了去中心化金融的发展。

除了智能合约，以太坊和比特币的另一个重要区别是引入权益证明机制，替代比特币的工作量证明机制。在区块链技术中，需要有一种确定记账人的机制，比特币使用的是工作量证明机制（目前以太坊也使用这种机制，计划转换到权益证明机制）。工作量证明机制是大家求解一个复杂的数学计算题，由最先解出问题的人作为记账人，并对其进行奖励。在这种机制下，记账人需要投入大量的算力，"记假账"成本很高。这种机制的问题在于需要耗费大量的资源（主要是电力）去解一个毫无意义的数学计算题。这种解题只有一个意义，就是争夺记账权。根据英国剑桥大学 2021 年 2 月的估计，比特币挖矿一年耗费的电能大约是 121.36 TWh（亿千瓦时），超过了阿根廷全国一年的电能耗用。①

以太坊通过引入权益证明机制，可以改变记账权的归属，并解决资源消耗问题。简单地说，权益证明机制是在系统中随机选出记账人，持币越多越可能被选中，概率跟持币数量和时间成正比。用持币

---

① 数据来源：https://ccaf.io/cbeci/index/comparisons。

数量乘以持币时间，以天为单位，这样就得到一个新的概念——"币天"。例如，张三有 10 个币持有了 30 天，李四有 20 个币持有了 5 天，则张三有 300 币天，李四只有 100 币天，张三被选中记账的概率更大。在这种机制下，"币天"用来体现持币人对区块链的忠诚度，持币多、时间长的人有动机去保护自己的资产，也更能够诚实地记账。

权益证明机制的一个潜在问题是会引发对于不平等的担忧：持币越多的人越容易得到记账的奖励，导致贫富差距加大。虽然有不同的算法来缓解这一问题，但是这一机制仍然没有被广泛认可。截至 2022 年中，以太坊也尚未完成从工作量证明机制到权益证明机制的转化。直到 2022 年 9 月，以太坊才最终完成了这一转化。完成之后的一个月时间里，以太币价格相对比特币跌了 10% 左右（见图 8-2）。目前看，市场对于它转型的前景并不特别看好，后续的发展，还需要观察。

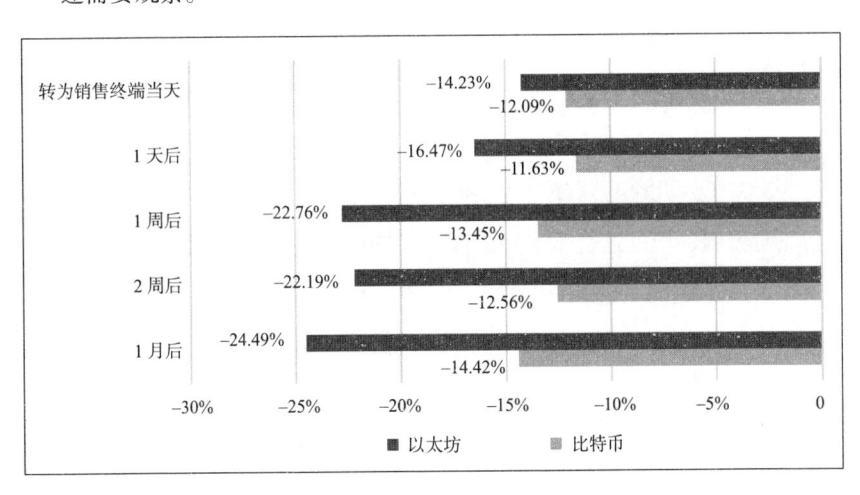

时间	以太坊	比特币
转为销售终端当天	-14.23%	-12.09%
1 天后	-16.47%	-11.63%
1 周后	-22.76%	-13.45%
2 周后	-22.19%	-12.56%
1 月后	-24.49%	-14.42%

图 8-2　以太坊转为权益证明机制后的价格变化

注：以 2022 年 9 月 12 日为基期。

权益证明机制早在2015年就被提出来，现在才开始付诸实施，与这个机制的内在不稳定性有关。简言之，当以太坊价格稳健、市场有信心的时候，大家会争相持有。可是如果这个信心弱化了，大家可能会争相抛售，从而使以太币的价格迅速下跌，甚至崩塌。以太坊价值一旦崩塌，权益证明机制也就崩塌了。所以，使用权益证明机制其实是给系统增加了一个不稳定因素。从这个角度看，以太坊不急于转换到权益证明机制，不是没有道理的。转化之后的市场反应似乎也验证了这种担心。以太坊的前景还需要进一步观察。

总体上，以太坊被认为是比特币的升级版，发展很快，受到的批评也很多。

首先是以太坊处理速度慢。由于目前采用工作量证明机制，每笔交易都需要竞争性挖矿记录，交易的成本高且速度慢。虽然进行了一系列升级，以太坊每秒可以处理的交易数量由2017年的5笔上升到2021年的15笔，但是依然太低了，远远不能满足交易需求。与其形成鲜明对比的是，支付宝在2015年每秒就可以处理8万笔交易，差了好几个数量级。为了解决这一问题，以太坊打算采用权益证明机制，但是这会带来新的问题：持币越多的人越可能被选中记账，获得更多的报酬，导致中心化程度越来越高。

其次是关于智能合约的批评。根据合约不完备理论，合约无法穷尽所有可能出现的情况，因此是不可能完全自治的，也是不可能完全自动的。一个可能的结果是智能合约只能处理简单的、可以清晰界定的交易情况，复杂的交易还是很难交给智能合约来处理。

对于以太坊，我们还可以问这样一个问题：谁会到以太坊上执行智能合约？对于成熟的、规模较大的企业而言，现实世界有一套合约系统来支撑，显然不会用到以太坊。实际上，离开现实世界这套合约和规则系统，以太坊也很难运作，大中企业没有必要到以太坊上来绕个弯子。对于有长远发展愿景的中小企业而言，开发一套自己的小平台，也更有利于长远的发展，包括形成自己的品牌。因此，以太坊平台似乎是专门为"长不大的小企业"开发的，某种意义上有点儿像淘宝网，上面的企业长大了，就会思考离开的问题。如果相信现代经济的前沿是大中型企业，以及有成长潜力的小企业，那么这就注定了以太坊只是小微企业的平台，成长空间有限。

为了进一步回答这个问题，我们来深入了解一下去中心化金融（DeFi）。目前，这是以太坊上面最重要的业务。从 DeFi 的发展中，我们也许可以寻找一些线索。

02　DeFi 简介

依托于以太坊平台和智能合约，一种被称为"去中心化金融"（DeFi，Decentralized Finance）的新金融形态发展起来，吸引了很多关注。

DeFi 的本质是智能合约，在以太坊等网络平台上运行，借助密码学来防止伪造和欺诈，在不依赖券商、交易所、银行等中心化金融机构的情况下开展金融活动。DeFi 允许的活动包括借贷、交易加密货币等等。

DeFi 的发展已经有 8 年的历史。2014 年，丹麦创业者鲁内·克里斯滕松（Rune Christenson）发起了基于以太坊的 MakerDAO 项目，该项目被广泛视为第一个 DeFi 项目。但直到 2017 年，DeFi 才真正驶入快车道。

2017—2018 年是 DeFi 建立生态的时期，它将传统金融映射到区块链中。这期间，借贷、交易所、稳定币等项目逐步上线，建立起 DeFi 的底层架构。其中，几个明星项目的上线推动了 DeFi 的发展，值得一提。

（1）2017 年 12 月，MakerDAO 正式发布稳定币贷币，DeFi 有了自己的稳定币，为之后的金融业务奠定了基础。

（2）2018 年 9 月，Compound 上线，号称"DeFi 中的商业银行"：从借款人手中吸纳稳定币，之后贷给贷款人。上线之初，Compound 可以提供 4%~6% 的存款利率，成为 DeFi 领域的明星项目。

（3）2018 年 12 月，Uniswap 上线，是去中心化的交易所，有利于打消对中心化交易所安全性的顾虑。之前加密货币通过中心化的交易所进行交易，然而交易所良莠不齐，经常出现倒闭的现象，其中不乏一些规模、影响很大的交易所。去中心化交易所的上线，提供了另外一种可能。

（4）同月，Synthetix 上线，把现实中的投资标的搬到链上。例如欧元兑美元就被搬到了链上，代币名称为 sEUR。sEUR 的走势钉住现实世界中的欧元兑美元汇率。不过截至目前，比较活跃的交易还仅限于外汇。比如，Synthetix 虽然加入了苹果、亚马逊等美国科技股，但是交易并不活跃，公开信息也很少。

2019—2020 年是 DeFi 领域的创新时代，出现了许多后起之秀。

（1）2019 年 1 月，WBTC 上线，从此比特币可以在以太坊上流通。

（2）2019 年 7 月，预言机 Chainlink 上线，将现实世界的数据

（例如气温数据）搬到区块链上。

（3）2020年1月，新的商业银行Aave上线，创新之处在于创造了闪电贷（Flash Loan）。之前DeFi领域的贷款都需要进行超额抵押，而闪电贷不需要抵押资产。①

2020年之后也有不少DeFi项目，但亮点不多，截至2022年4月，约2000亿美元被存入各种DeFi协议中。

我们可以通过以下几个概念了解DeFi。

（1）DeFi协议与DApp

DeFi中的业务都依托一个DeFi协议（DeFi Protocol）。例如稳定币贷币对应的是Maker协议，它规定了一系列交易机制。每个DeFi协议都需要通过去中心化的应用（DApp）实现，原因是交易机制很复杂，集成化的App可以方便用户使用。去中心化的应用往往会设计用户交互界面，使用者在网站上点几下就可以完成操作，不懂代码也可以使用DeFi协议。

去中心化的应用类似于现实世界中的App。比如现实世界中，投资者可以使用券商的App进行股票交易，在虚拟世界中，投资者可以使用Uniswap等去中心化的应用进行交易。但是和券商App不一样的是，去中心化的应用没有中心化的运营商，用户数据不会集中在运营商的服务器上。举一个极端的例子，假如券商倒闭了，它的App也不能使用，用户的历史交易数据也无法找回，但是去中心

---

① 闪电贷的风控机制比较复杂。简单说就是掌控资金用途，并且贷款期限短。用户贷款之后，贷款用途以及还款情况都会记录在同一个区块（账本）里。如果用户没还款，这个账本就作废，也就是说所有交易都没有发生，借款也无效。换句话说，这里的风控机制是回滚，不还钱的话，之前的借钱交易也被取消。

化的应用不存在这样的问题。

（2）DeFi 币

DeFi 币是一个有点模糊的概念，因为可能涉及不同的意思。以 DeFi 中的稳定币贷币为例，与它相关的有两个代币——贷币与 MKR，这两个代币有时候都会被划分为 DeFi 币，但是二者差异很大。举一个不太恰当的例子：如果把发行贷币的公司 MakerDAO 比作一家中央银行，贷币就是这家银行发行的货币，贷币的市值就是发行货币的规模；作为比较，MKR 相当于这家公司的股票[①]，MKR 的市值就是这家公司的股权价值。

在严格意义上，DeFi 币应该指的是 MKR 之类的治理型代币，也就是 DeFi 协议的"股票"，而不是相关公司发行的稳定币。一是它的市值反映了大家对于这个 DeFi 协议的认可度，大家越认可 DeFi 协议，它的治理型代币价值就越高；二是大部分 DeFi 协议都会发行治理型代币，但是类似于贷币的代币很少见。

（3）DeFi 锁定金额（total value locked，TVL）

在讨论某个 DeFi 协议的使用情况时，最重要的概念是锁定金额。锁定金额越大，这个协议的使用量就越大，也就越成功。如果将一个 DeFi 协议比作一个资产管理公司，锁定金额对应的就是它的资产管理规模，而它的治理型代币市值（DeFi 币市值）是这家公司的股权价值。虽然股权价值和资产管理规模正相关，但是由于估值的差

---

① MKR 持有者可以参与"公司治理"：对于一些参数调整有投票权，也有"剩余索取权"，贷币在偿还债务后的资产归 MKR 持有者。

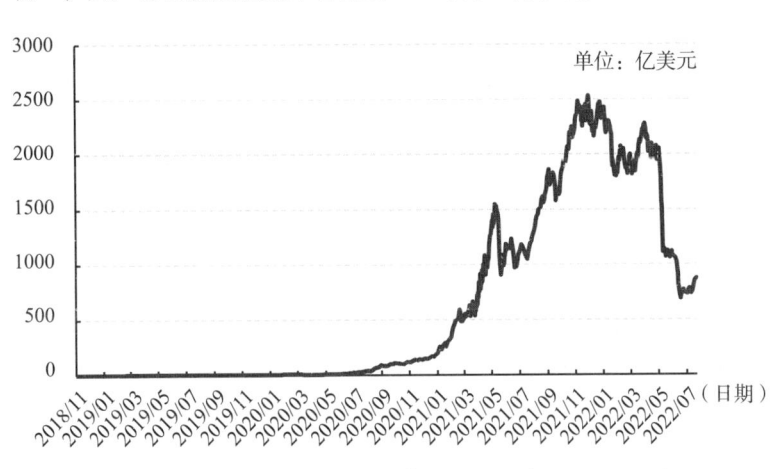

异①，资产管理规模能更好地衡量 DeFi 协议的使用情况。

图 8-3　DeFi 锁定的总金额（截至 2022 年 7 月 24 日）

数据来源：https://defillama.com/。

说完这几个概念，我们来讨论一下 DeFi 与以太坊的关系。由于以太坊最先支持智能合约，所以 DeFi 最初在以太坊平台发展。许多明星项目（比如贷币、Compound 等）都先在以太坊上线，之后逐渐拓展到其他平台。从前 20 大 DeFi 协议来看，大部分都可以在以太坊使用，只有少数几个协议，例如 Anchor 和 PancakeSwap，不能在以太坊上使用。总的来说，以太坊是目前 DeFi 的主要平台。

不过，以太坊的霸主地位也并非牢不可破。随着 DeFi 协议激增，以太坊处理交易的能力受到了质疑。由于目前还是使用工作量证明机制，因此以太坊交易速度很慢，而且随着交易量的增加，交易成

---

① 已经有学者在研究 DeFi 币的估值，例如卢卡斯·坎贝尔（Lucas Campbell）就从市盈率出发研究 DeFi 币的估值，https://newsletter.banklesshq.com/p/how-to-value-crypto-capital-assets。

本也在大幅攀升。对此，以太坊并没有坐以待毙，宣布要使用权益证明机制来解决交易拥堵问题，并于2022年9月正式落地。权益证明机制有一些潜在的问题，也没有经过实践的检验，更没有经过时间的检验。

表8-2　DeFi前20大协议（截至2022年7月24日）

	协议名称	支持平台	业务类型	锁定市值（亿美元）	占比（%）
1	MakerDAO（MKR）	以太坊	贷款	84.5	9.70
2	Lido（LDO）	以太坊、Terra等	资产管理	70.3	8.07
3	AAVE（AAVE）	以太坊、Avalanche等	贷款	64.0	7.35
4	Curve（CRV）	以太坊、Avalanche等	去中心化交易所	61.6	7.07
5	Uniswap（UNI）	以太坊、Polygon等	去中心化交易所	61.4	7.05
6	Convex Finance（CVX）	以太坊	资产管理	41.4	4.75
7	JustLend（JST）	Tron	贷款	33.4	3.84
8	PancakeSwap（CAKE）	BSC	去中心化交易所	30.4	3.49
9	Compound（COMP）	以太坊	贷款	28.6	3.28
10	Instadapp（INST）	以太坊	贷款	20.1	2.31
11	Arrakis Finance	以太坊、Polygon等	资产管理	17.3	1.99
12	Balancer（BAL）	以太坊、Polygon等	去中心化交易所	14.6	1.68
13	SUN	Tron	去中心化交易所	13.1	1.50

（续表）

	协议名称	支持平台	业务类型	锁定市值（亿美元）	占比（%）
14	Frax（FXS）	以太坊、Fantom	贷款	12.6	1.45
15	JustStables（USDJ）	Tron	贷款	11.6	1.33
16	SushiSwap（SUSHI）	以太坊、Avalanche 等	去中心化交易所	9.2	1.06
17	VVS Finance（VVS）	Cronos	去中心化交易所	7.2	0.83
18	Venus（XVS）	BSC	贷款	6.7	0.77
19	Vires Finance（VIRES）	Waves	贷款	6.5	0.75
20	Yearn Finance（YFI）	以太坊、Fantom 等	资产管理	6.0	0.69
合计				600.5	68.96

数据来源：https://defillama.com/。

与此同时，其他平台开始逐渐兴起，BSC、Solana 等平台上线，宣称可以提供更快速、更便宜的交易，逐渐挤占以太坊的生存空间。截至 2022 年 7 月 24 日，以太坊的市场占有率在 65% 左右。第二名是 BSC 平台，市场占有率在 8% 左右[1]；第三名是 Tron 平台，市场占有率在 7% 左右。

总体上看，DeFi 正在借助以太坊等平台努力实现一些金融功能，常常是把传统的线下活动转移到线上。目前依然不清楚的是，如果这些活动本来在线下可以进行，转移到线上的优势有多大、需求有多大。

---

[1] 曾经的第二名是 Terra 平台，市场占有率在 14% 左右（2022 年 4 月数据），目前该平台已崩溃。

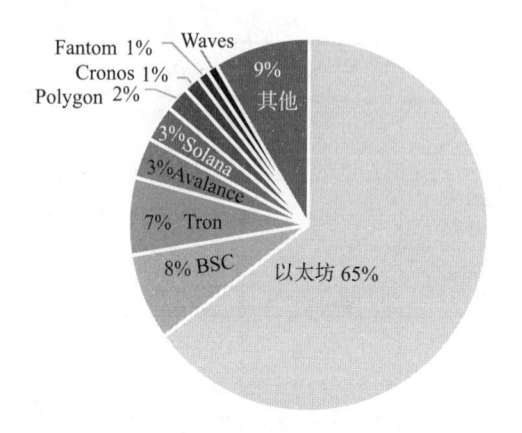

图 8-4　以太坊及其他平台市占率（截至 2022 年 7 月 24 日）

图片来源：https://defillama.com/chains。

DeFi 的发展还只有几年时间，目前的体量虽然可观，但是和现实世界天量的金融交易相比，还微不足道。DeFi 的发展前景，还有待进一步观察。

第三部分
无尽的梦想

新生事物成长过程中,充满梦想,也充满失望。梦想和失望,是一对孪生子。

天秤币胎死腹中并不奇怪,因为美元还没准备好让出王位。但是,不排除未来美元和天秤币的某种变异结合的可能性。天秤币的悲情或许只是暂停,并非终章。

EOS(企业操作系统)是一个乌托邦式的狂想,并无成功的可能性。然而,人类历史上,从来不缺乏乌托邦。过去不缺,未来还会有。

所有过往,皆为序章。加密货币十几年的历史,不过是未来的序章。

第九章
悲情：天秤币胎死腹中

天秤币是脸书公司计划发行的稳定币，计划钉住一篮子货币，面向全世界发行。不过，由于各国监管的阻挠，天秤币计划未能实施。尽管如此，天秤币引起的关注丝毫不亚于其他加密货币，可以说是现象级的。考虑到天秤币从未真正发行过，这就更加引人深思。本章，我们来解析这个胎死腹中的加密货币。

01 天秤币冲击

2019年6月18日，脸书旗下公司Calibra发布天秤币白皮书（Libra 1.0）。天秤币白皮书一经问世，就掀起了轩然大波，不仅引起了市场的高度关注，各国政要也纷纷表态。在2019年下半年里，几乎所有主要国家的政要都对天秤币做出了表态。

为什么会这样？因为天秤币的潜在冲击实在太大了。在白皮书的首页，赫然写着：天秤币的使命是建立一套便捷的全球货币，并建立服务数十亿人的金融基础设施。

这样的表述中，有明显的"全球货币""超主权货币"的色彩，愿景可谓非常宏大。直白地说，这个货币是超越单个国家主权的，意在服务全球亿万人，还要建立全球性的金融基础。如此一来，这个新物种对现有全球货币体系、支付体系，以及建立在其上的商业体系、利益分配体系，都会产生巨大冲击，难怪会引起这么大的影响。

更重要的是，天秤币由脸书推出，脸书背后有全球最大的社交网络资源，有大约 29 亿的活跃用户，几乎是微信用户的 3 倍，[①] 占全球人口的 36%，这些活跃用户很容易变成天秤币的用户。如果这样，天秤币的用户就比美元的用户还多，成为事实上的全球货币了。有这么大的潜在影响力，难怪全球都关注这个白皮书。

不过，脸书的巨大社交网络和潜在影响力也是一柄双刃剑，既增加了影响力和潜在市场规模，也带来了巨大的阻力，降低了成功的概率。天秤币白皮书发布后，众多监管人士表达了谨慎甚至明确的反对意见。在重重压力之下，2019 年 9 月 18 日，在与参议院民主党最高领导人的会晤中，脸书总裁扎克伯格明确表态，在没有得到美国政府批准的情况下，天秤币不会在全球任何地方发行。但即使这样身段柔软的表态，也未化解天秤币带来的监管阻力。迫于多方压力，许多天秤币协会初始成员，比如著名的贝宝、易贝、万事达、维萨等，都退出了天秤币协会。

2022 年 1 月，脸书出售了天秤币有关资产。这样，一开始风生水起的天秤币很可能胎死腹中。[②] 值得注意的是，历史上还没有一种货币在没出生就引起这么大的关注。这样的盛况，已经是奇观了。深入分析背后的原因对我们理解数字货币，理解一般意义上的货币，理解货币发展中新技术的作用，会有很大的启发意义。

[①] 脸书的活跃用户遍布全球 167 个国家和地区。在这 167 个使用脸书的国家和地区中，有 156 个国家和地区最受欢迎的社交软件是脸书。数据来源：https://vincos.it/world-map-of-social-networks/。

[②] https://www.wsj.com/articles/facebooks-cryptocurrency-venture-to-wind-down-sell-assets-11643248799.

第九章 悲情：天秤币胎死腹中

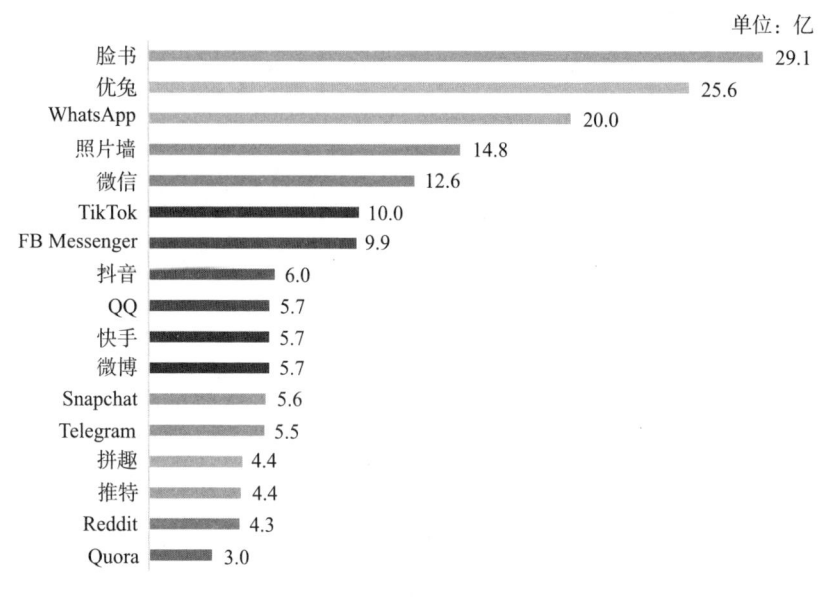

单位：亿

- 脸书　29.1
- 优兔　25.6
- WhatsApp　20.0
- 照片墙　14.8
- 微信　12.6
- TikTok　10.0
- FB Messenger　9.9
- 抖音　6.0
- QQ　5.7
- 快手　5.7
- 微博　5.7
- Snapchat　5.6
- Telegram　5.5
- 拼趣　4.4
- 推特　4.4
- Reddit　4.3
- Quora　3.0

图 9-1　全球主要社交媒体用户数据（2022 年 1 月）

数据来源：https://datareportal.com/social-media-users。

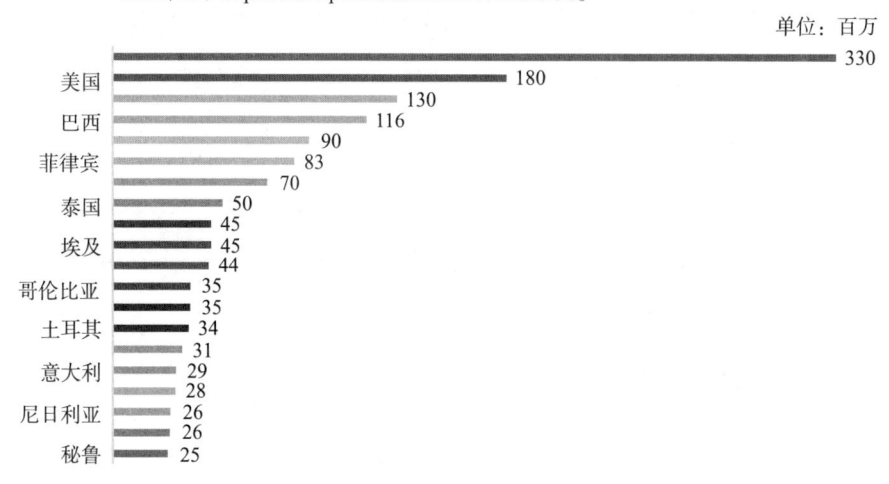

单位：百万

- 330
- 美国　180
- 130
- 巴西　116
- 90
- 菲律宾　83
- 70
- 泰国　50
- 45
- 埃及　45
- 44
- 哥伦比亚　35
- 35
- 土耳其　34
- 31
- 意大利　29
- 28
- 尼日利亚　26
- 26
- 秘鲁　25

图 9-2　脸书用户数量最多的 20 个国家（截至 2022 年 1 月）

数据来源：https://www.statista.com/statistics/268136/top-15-countries-based-on-number-of-facebook-users/。

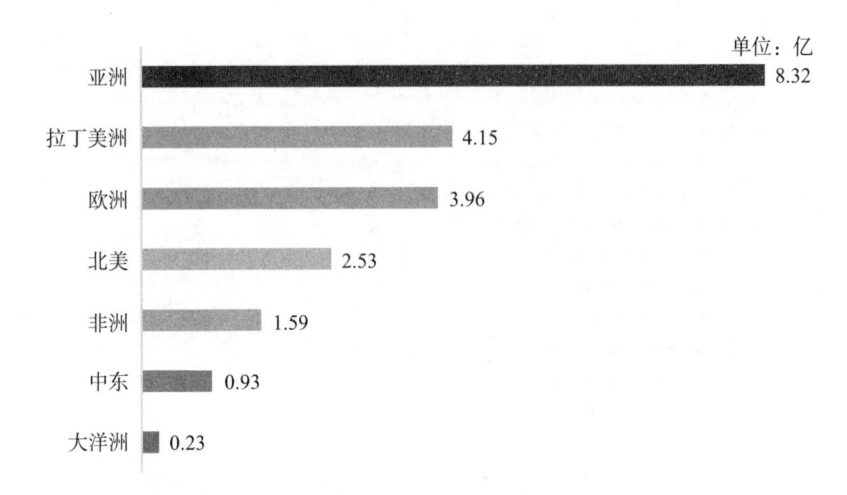

地区	用户数量（亿）
亚洲	8.32
拉丁美洲	4.15
欧洲	3.96
北美	2.53
非洲	1.59
中东	0.93
大洋洲	0.23

图 9-3　脸书分地区用户数量（截至 2020 年 3 月）

数据来源：https://www.internetworldstats.com/facebook.htm。

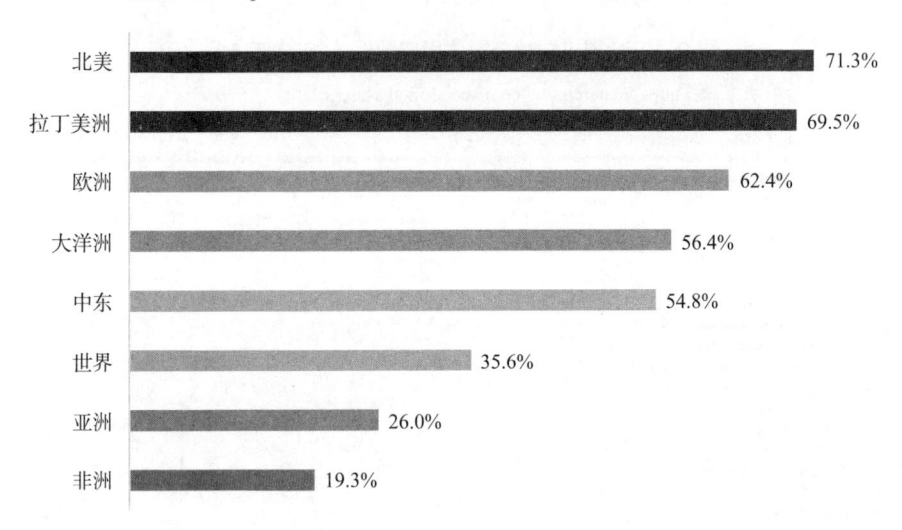

地区	渗透率
北美	71.3%
拉丁美洲	69.5%
欧洲	62.4%
大洋洲	56.4%
中东	54.8%
世界	35.6%
亚洲	26.0%
非洲	19.3%

图 9-4　脸书渗透率分区域（截至 2021 年 3 月）

注：渗透率指的是脸书使用人数在总人口中的比例。

数据来源：https://www.statista.com/statistics/241552/share-of-global-population-using-facebook-by-region/。

2019年6月发布的第一版天秤币白皮书，后来经过两次修订，所以共有三版，我们分别称为 Libra 1.0、Libra 2.0、Libra 3.0。下文我们以此为主线，介绍天秤币的发展过程和主要脉络。

02　Libra 1.0（2019年6月18日—2020年4月15日）

第一版的天秤币白皮书于2019年6月18日发布。当时对天秤币的定位很高，称其是"超主权货币""服务亿万人的全球金融基础设施"。

具体而言，天秤币是钉住一篮子货币的合成货币，类似于稳定币，天秤币价格通过100%资产储备，与一篮子货币的加权平均汇率挂钩，保持币值稳定。

根据天秤币于2019年9月公布的信息，货币篮子的构成是：美元（USD）50%、欧元（EUR）18%、日元（JPY）14%、英镑（GBP）11%和新加坡元（SGD）7%。

这个货币篮子和各货币所占的比例，和国际货币基金组织的特别提款权（SDR）既有相似性，也有不同。相似之处在于篮子中包含的货币大致相同，不同之处在于天秤币并未包含人民币，而是纳入了新加坡元，这可能和中国境内无法使用脸书有关。在权重上，天秤币篮子中的美元占比高于SDR，欧元占比低于SDR。

在管理架构上，脸书牵头成立天秤币协会（Libra Association），协会负责天秤币的发行和管理。协会成员需要缴纳1000万美元会费，只有会员才能处理交易，这个特权主要是来源于天秤币联盟链的架构。简单来说，比特币网络中所有人都可以记账，而天秤币网络中只有缴费的会员才能记账。

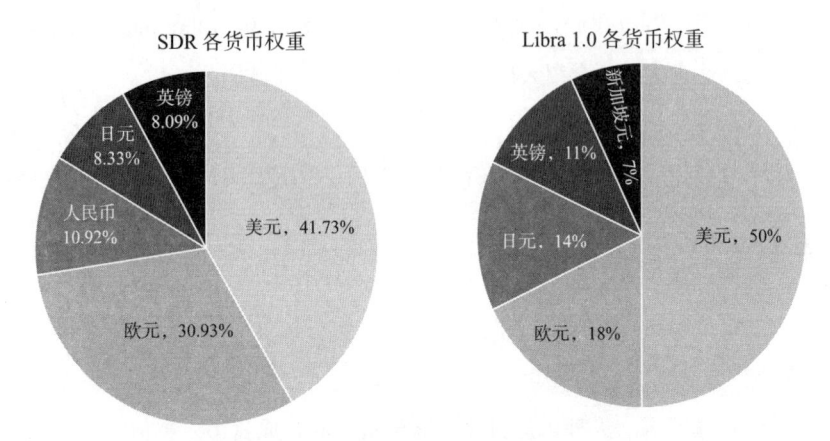

SDR 各货币权重
- 英镑 8.09%
- 日元 8.33%
- 人民币 10.92%
- 美元 41.73%
- 欧元 30.93%

Libra 1.0 各货币权重
- 新加坡元 7%
- 英镑 11%
- 日元 14%
- 美元 50%
- 欧元 18%

图 9–5　SDR 和 Libra 1.0 中货币权重对比

数据来源：IMF，脸书。

天秤币协会的初始成员有28家，阵容可谓强大，覆盖支付平台、市场平台、电信运营商、区块链平台、非营利机构、学术机构以及风险投资公司。

值得一提的是，脸书在协会在并没有明确的特权：脸书也是通过旗下开发数字钱包的子公司 CaLibra 参加协会，而且一直在试图证明自己只是天秤币协会中的普通一员。为了证明这一点，脸书还在 2020 年将 CaLibra 的名字改成 Novi。[①]

---

① 通过将 "CaLibra" 更名为 Novi，脸书试图让人们清楚地知道，天秤币项目并不是一个独属脸书的项目。脸书只是天秤币协会的一员，协会还有其他数十名成员，例如安德森·霍茨基金（Andreessen Horowitz）、加密货币平台 Coinbase、伊利亚特（Iliad）、来福车（lyft）、Shipify、优步（Uber）等等。参见：https://techcrunch.com/2020/05/26/facebook-rebrands-Libra-wallet-service-calibra-to-novi/。

表 9-1　天秤币协会初始成员

类型（数量）	名称
支付平台（5）	万事达、贝宝、PayU、Stripe、维萨
市场平台（8）	Booking Holdings、易贝、脸书/CaLibra、Farfetch、来福车、Mercado Pago、Spotify AB、Uber Technologies.
电信运营商（2）	Iliad、Vodafone Group
区块链平台（4）	Anchorage、Bison Trails、Coinbase、Xapo Holdings Limited
风险投资机构（5）	安德森·霍茨基金、Breakthrough Initiatives、Ribbit Capital、Thrive Capital、Union Square Ventures
非营利组织（4）	Creative Destruction Lab、Kiva、Mercy Corps、Women's World Banking

资料来源：https://techcrunch.com/2019/06/18/facebook-Libra/。

03　Libra 2.0

按照最初的计划，天秤币将在 2020 年推出。但是，第一版白皮书发布后，天秤币遇到很大阻力，迟迟未能推出。2020 年 4 月 16 日，在各方压力下，天秤币发布第二版白皮书（Libra 2.0），提出重大修订。

Libra 2.0 对于天秤币的使命进行了重大修订，从一开始的"全球货币"更改为"全球支付系统"。看似简单的变化，清晰地说明了"全球货币"的构想遭遇到很大的挑战，天秤币已经放弃了全球货币的定位。

图 9-6 天秤币协会初始成员

图片来源：https://techcrunch.com/2019/06/18/facebook-libra/。

不过，即便是"全球支付系统"，遇到的阻力依然很大。可以想象，如果几十亿人的支付数据被一家公司沉淀，该有多大的价值？监管层怎么会安心？其他金融机构又怎么会不想分一杯羹？在巨大的利益面前，天秤币遇到的阻力可想而知。

除了定位，Libra 2.0 对天秤币的具体运行也做出了重大修订，主要有以下 5 点。

（1）增加单一货币稳定币，比如 Libra USD、Libra EUR、Libra GBP 和 Libra SGD 等，这些货币分别钉住美元、欧元、英镑、新加坡元；同时，仍保留一篮子货币稳定币 Libra Coin。

（2）通过稳定合规框架提高天秤币支付系统的安全性，包括反洗钱、反恐怖融资、制裁措施合规和防范非法活动等。

（3）放弃未来向无许可系统过渡的计划，但保留其主要经济特征，并通过市场驱动的开放竞争性网络来实现。这一点主要是为了打消监管者的顾虑，毕竟在完全去中心化的网络中，监管者没有存在的可能性。

（4）新版白皮书在放开竞争上，做出了明确安排：首先，原有的记账人（会员）如果犯了大过错，会被剥夺记账资格；其次，要不断接纳新会员，这个过程类似于大学招生，不断吐故纳新。天秤币协会分轮次招募新会员，并且提前公布招募人数。在报名之后，天秤币协会根据定好的标准给报名者打分，根据得分高低接纳新成员。

（5）在天秤币法币储备池的设计中，引入有力的保护措施。尽管 Libra 1.0 中明确天秤币完全由储备资产背书，但是对于储备资产的细节没有披露，引发了使用者和监管者对于天秤币安全性的担忧。新版白皮书中明确了储备资产的构成：80% 是 3 个月以下的国债或者高等级信用债，20% 投资于货币市场基金（底层资产仍然是国债）。

另外，由于 Libra 2.0 推出了各个国家的稳定币，因此可能存在币种错配的问题，新版白皮书也就这个问题做了安排：以 Libra SGD 为例，它是钉住新加坡元的，如果投资美元资产，会存在汇率风险，为了避免汇率风险，Libra SGD 只会投资新加坡元计价的资产。除此之外，天秤币协会还会设立风险缓冲基金来应对突发情况。这样的安排主要是担心高评级、高流动性的资产也会遭受大幅损失（例如 2008 年金融危机），缓冲基金可以起到超额担保的效果。关于风险缓冲基金的规模，白皮书中提出需要和监管者进一步沟通，可以说是做足了姿态。

在此次修订中，最大的转向在超主权货币定位上。白皮书中不再提及天秤币的"全球货币"的定位，而是改为"全球支付系统"。在具体内容上，虽然保留超主权货币 Libra Coin，但其重要性已显著下降。在 Libra 2.0 中，天秤币将由单一货币稳定币主导，超主权货币仅是补充，修订的很大原因是缓解天秤币项目面临的监管和商业阻力。

04　Libra 3.0

虽然 Libra 2.0 为了合规做了很大修订，但天秤币的发行阻力依然很大。2020 年 12 月 1 日，天秤币继续修改，更名为 Diem，天秤币协会也更名为 Diem 协会。不仅如此，天秤币还彻底放弃了成为国际货币的计划，改为完全挂靠美元，意在获得监管机构批准，加速推出。不过即便如此，Diem（即天秤币）仍未能推出。

2022 年 1 月 31 日，Diem 官网声明，脸书将以 2 亿美元的价格将天秤币有关资产出售给风险投资机构 Silvergate Capital。至此，天秤币作为构想中的"全球货币"至少是暂时停留在构想中了。

面对天秤币的举步维艰，很多早期的初始会员开始退出天秤币协会。可以看到，早期的会员大多是行业巨头，影响力比较大，而后加入的会员规模和影响力要小很多。天秤币的处境，从会员的变化上可见一斑（见表 9-2）。

表 9-2 天秤币协会会员构成

类别	会员
支付平台	PayU、Checkout.com
市场平台	Novi/Facebook、Farfetch、来福车、Shopify、优步、Spotify
电信运营商	Iliad
区块链平台	Anchorage、Coinbase、Xapo
非营利多边组织和学术机构	Creative Destruction、Kiva、Mercy Corps、Women's World Banking、Heifer
风险投资公司	Andreessen、Breakthrough Initiatives、Ribbit Capital、Thrive Capital、Union Square Ventures、Slow Ventures、Temasek、Blockchain Capital、Paradigm
已退出机构	Booking Holdings、易贝、万事达、Mercado Pago、贝宝、Stripe、维萨、Vodafone

数据来源：Diem 协会，截至 2021 年 12 月 21 日。

2021 年 10 月 28 日，脸书更名为 Meta。根据《金融时报》的报道，更名后的元宇宙公司准备为旗下 App 推出虚拟代币和加密货币，它们可以用来打赏创作者、借贷、支持其他金融服务。据报道，脸书的金融部门 Meta financial Technologies 一直在探索为该公司创造一种虚拟货币，内部称为"扎克币"（Zuch Bucks）。该项目仍然处在早期阶段，Meta 目前的重点仍然是元宇宙。Meta 加密货币的内部命名为 Zuck Bucks，也是瞄准了元宇宙世界。看起来，脸书公司发行某种货币的愿望非常强烈。

05　天秤币的技术特征

根据白皮书的表述，天秤币在技术上有两个重要特点。第一，天秤币没有采用大多数加密货币使用的无许可的区块链，而是使用联盟链（又称有许可的区块链）的底层架构，只有允许的节点才有记账权，没经过允许的节点是没有记账权的。第二，天秤币在共识算法上没有使用常用的工作量证明机制，而是借鉴了拜占庭容错共识机制（BFT）。

由于采取联盟链技术，天秤币深刻改变了其区块链的基本架构。① 联盟链与无许可区块链之间的最大区别，在于用户是否可以自由加入区块链。以比特币为首的主要加密货币都使用无许可区块链技术，这样用户可以自由加入，既维护了区块链的开放性，同时也有助于维护去中心化的特征。作为对比，联盟链则需要赋予一些节点审核用户进入的权力，是封闭的系统，这在一定程度上也是中心化的表现。和传统单一机构的中心化比，联盟链可以是多机构的联合中心化。

具体而言，天秤币将所有区块链参与者分为两类：验证者节点和客户端。客户端权限低，无法验证交易，只能发送交易和查询账本；验证者节点负责处理与验证交易，由天秤币协会（后改称 Diem 协会）成员运行维护。总的来说，天秤币的中心化程度远高于主流加密货币。

天秤币借鉴拜占庭容错共识机制主要是为了实现高交易处理量和低延迟，从而使天秤币满足日常交易的需求。天秤币将自己的共

---

① 天秤币在第一版白皮书中曾经计划之后逐步从联盟链过渡到无许可的区块链，但在第二版中放弃了这一计划。

识机制命名为 Libra BFT，主要是借鉴拜占庭容错共识机制，具体技术细节较为复杂，可以简化为以下过程：由领导者发出一个提案（也就是账单的验证结果），其他验证者可以进行投票、适度修改提案以及更换领导者的操作，只要收到 2/3 验证者的同意，提案就通过。在这样的共识机制下，不再需要耗费大量的算力进行验证交易，使得大规模、低延迟交易成为可能。

06 各国监管对于天秤币的态度

天秤币从风生水起到举步维艰，再到最后胎死腹中，与各国监管当局的态度有关，特别是主流国家美国、欧元区国家、日本等的态度有关。毕竟，天秤币要建立一个全球货币，会对目前的主权货币形成竞争关系。天秤币背后是 29 亿活跃用户，这些用户几乎遍布全球所有主要国家和地区，因此天秤币很容易成为一种"全球货币"，或者至少是"全球影子货币"。倘若这一想法成真，它将对现有的支付、结算、清算体系，对很多国家的主权货币体系，乃至全球货币格局，都会有革命性的颠覆。人类的货币格局将彻底改写。正如英国央行前行长马克·卡尼（Mark Carney）所说："在这个世界上，任何将变得系统性的东西，都必须受到最高标准的监管。"马克·卡尼的这句话，深刻道出了各国态度的实质。

面对巨大的冲击，各国从自己的角度出发，态度也不太一样。表 9-3 总结了各主要国家和组织监管人士对于天秤币的态度。总体而言，美、欧、日等主要经济体对于天秤币的态度非常审慎。作为当今的主要大经济体，这些国家和地区的货币比较稳健，也比较强势。维持现状、维持本币的现有地位是这些经济体的利益所在。

表 9-3 各国和组织对于天秤币的监管态度

国家	机构/组织主要人员	时间	表态
第一组：抵制国家			
美国	美联储主席	2019年7月10日	美联储对天秤币将如何处理"洗钱"、"消费者保护"和"金融稳定"存在"严重关切"。在详细说明如何处理一系列监管问题之前，不应允许其推出
	财政部部长	2019年7月16日	欢迎负责任的创新，包括可能改善金融体系的技术，但是加密货币首要目标应该是保护金融体系免受滥用，因此天秤币必须制定适当的保障措施
	国会听证会	2019年7月16日	表明了美国监管层对这种新模式的担忧，体现其对天秤币的监管决心和审慎态度，在一定程度上有助于引导天秤币项目的顺利推进
	特朗普总统	2019年7月12日	发表"If Facebook and other companies want to become a bank, they must seek a new Banking Charter and become subject to all Banking Regulations"推特内容。① 同时，监管机构联系了维萨、贝宝、万事达和Stripe，要求其全面了解天秤币将如何适应"反洗钱合规计划"。不久，这些机构退出了天秤币协会
	参议院银行委员会	2021年10月19日	5位参议员要求脸书立即停止小型试点计划，并承诺不会将Diem推向市场

---

① 该条推特大意为：如果脸书和其他公司想成为一家银行，它们必须寻求新的银行章程，并遵守所有银行法规。——编者注

（续表）

国家	机构/组织主要人员	时间	表态
英国	央行行长	2019年6月27日	英国央行将以开放的态度接近天秤币，但不能成为"一扇敞开的大门。"在这个世界上，任何将变得系统性的东西，都必须受到最高标准的监管"
英国	财政部长	2019年7月16日	应该由监管机构而不是立法者决定天秤币的问题，而且如果天秤币在接受监管后得到适当的调节，它可能会是一个非常积极的项目
德国	财政部长	2019年7月17日	天秤币不应被允许与欧元竞争，数字货币的引入可能会干扰各国通过货币政策管理经济的能力。货币发行是国家主权的核心要素，私人公司没有权力发行货币。脸书可能成为影子银行，这种可能应该"为监管机构敲响警钟"。天秤币是对欧元区及民主国家经济稳定的威胁，可能会让脸书成为中央银行
德国	财政部长	2020年12月8日	披着羊皮的狼仍然是狼，在未充分解决监管风险的情况下，德国和欧洲不会接受其进入市场，必须尽一切可能确保货币垄断权掌握在各国手中
法国	财政部长	2019年7月17日	数字货币天秤币的发行条件不成熟，我们不能接受任何一种货币拥有与主权货币同等的权力和角色。随后向法国议会表达了对天秤币与隐私、洗钱和恐怖主义融资相关问题的担忧。他呼吁七国集团的央行行长准备一份关于脸书计划的报告
法国	财政部长	2019年9月13日	法国不允许在欧盟开发天秤币，因为这会威胁各国的货币主权。法国和德国已经同意抵制天秤币

（续表）

国家	机构/组织主要人员	时间	表态
澳大利亚	储备银行行长	2019年6月20日	天秤币可能无法成为主流加密货币。天秤币被广泛应用前存在着很多监管问题，监管层必须确保天秤币足够稳定才能考虑接受
日本	央行行长	2019年7月17日	天秤币可能会对金融系统产生巨大影响，需要全球政策协同合作对其进行监管
韩国	金融服务委员会	2019年7月9日	天秤币加密货币项目将威胁金融体系的稳定。在危机期间可能会发生银行挤兑，天秤币货币兑换和汇款简化也将限制韩国央行控制国际资本流动的能力。天秤币可能被广泛用于洗钱等金融犯罪活动。与其他加密货币相比，由于脸书前所未有的大量受众，天秤币成功商业化的可能性更大
俄罗斯	国家杜马金融市场委员会主席	2019年6月18日	脸书的天秤币将不会在俄罗斯被合法接受，因为它可能对本国的金融体系构成威胁
印度	经济事务秘书	2019年7月8日	脸书尚未充分解释清楚天秤币的设计。不管怎样，它是一种私有加密货币，我们不会轻易接受它
第二组：国际组织			
七国集团	G7工作组给IMF和WB的报告	2019年	在解决其产生的国际风险之前，不应允许此类"稳定币"推出。 与其他加密货币一样，这种新兴技术现在大多不受监管，也可能阻碍打击洗钱和恐怖主义跨境融资，并给网络安全、税收和隐私带来问题
	联合声明	2020年10月13日	在脸书的天秤币得到适当监管之前，他们反对推出这种产品

（续表）

国家	机构/组织主要人员	时间	表态
七国集团	国际数据保护监管机构	2019年8月2日	要求脸书保护用户的个人数据，并详细说明天秤币处理个人数据的计划做法，因为"脸书对人们信息的处理没有达到监管机构或用户的期望"
二十国集团	金融稳定理事会	2020年4月14日	世界主要经济体需要填补监管漏洞，以避免像天秤币这样的数字货币破坏金融稳定
欧洲	央行执委会成员	2019年7月8日	金融监管机构必须迅速采取行动应对天秤币，"允许在监管空白中开发新的金融服务和资产类别是不负责任的"
	欧盟五国	2019年10月31日	欧盟五国（法、德、意、西、荷）联合抵制天秤币，并要求脸书放弃天秤币项目
	欧洲央行	2021年2月23日	希望对脸书的Diem等稳定币在欧元区的发行拥有否决权，并在监管中发挥更大作用
第三组：包容性国家			
以色列	央行首席信息官	2019年6月29日	将密切关注天秤币的发展并积极进行应对。天秤币创始人之一巴雷尔（Barel）承诺天秤币将会满足以色列的所有监管要求，表示以色列能够且应该成为一名核心成员
瑞士	联邦数据保护和信息委员会	2019年7月24日	要求脸书详细介绍其加密项目天秤币。脸书在白皮书中指出天秤币协会总部将设在瑞士日内瓦，因此瑞士需要天秤币协会告知该项目的信息，以便其对监督程度和适用条例进行评估
	瑞士央行官员托马斯·莫斯尔（Thomas Moser）	2019年6月25日	对脸书旗下加密货币天秤币计划"很放心"，白皮书看起来很专业，发起者已经表明他们想按规则行事

（续表）

国家	机构/组织主要人员	时间	表态
新加坡	金融管理局局长	2019年6月29日	承认了天秤币的潜在好处，例如支付成本更低、支持无银行账户群体等，但监管机构需要了解该技术巨头的系统将如何运作，同时表示新加坡将在做出监管决定之前，向其寻求安全和隐私问题的保证
泰国	央行行长	2019年7月19日	天秤币将给泰国人提供更多的金融准入机会，但仍然需要对天秤币的好处和风险进行审慎的研究，并将对其操作和安全系统进行深入讨论
越南	中央经济管理研究所	2019年8月6日	应当对天秤币加密项目高度重视并积极应对，利用这个机会推动对颠覆性技术的研究和监督，以制定及时和适当的政策
中国	中国人民银行金融研究所前所长姚余栋	2019年7月7日	天秤币是公众产品，可以通过商业机构或者跨国发行，但一定要纳入央行监管
中国	中国人民银行支付结算司副司长穆长春	2019年7月6日	天秤币须纳入央行监管框架
中国	中国人民银行前行长周小川	2019年7月9日	天秤币预示着未来可能会出现更加全球化的强势货币，我国政府及机构应高度关注天秤币

数据来源：作者根据新闻搜索整理。

和这些经济体相似的，是俄罗斯、印度、中国这些国家。这些国家是大国，有自己的主权货币，防止天秤币的冲击也是这些国家的主要诉求。

作为对比，一些经济规模较小的国家，特别是有机会利用天秤币在金融行业获得发展的国家，例如以色列、新加坡、瑞士，因为从中可以获得某些利益，所以对天秤币持谨慎乐观，甚至包容性的态度。

07 天秤币的启示

天秤币的经历说明，在现代社会中，法币是主流的货币，非主权货币很难得到主权国家的认可。货币主权是国家主权的重要组成部分，而脸书作为一个用户数量庞大、业务遍及全球的科技公司，想要推出数字货币，遭到货币主权的抵制是必然的事情。特别是目前的强势货币，很难接受这种挑战，必将全力遏制天秤币。对于目前的弱势货币或者小国家的货币而言，则要权衡天秤币带来的风险和收益。

天秤币和比特币比较，更能够体现主权货币的主导地位。比特币的流行是因为没有对主权货币构成威胁。比特币价格波动剧烈，连最基本的支付功能都无法满足，因此对于主权货币没有形成威胁。目前，比特币已经纳入监管，成为一种主流机构接受的金融工具。比特币的性质并不是货币，而是一种数字资产。

人类进入数字时代，货币的数字化是大势所趋。目前的银行存款，已经是数字化的主权货币。电子支付的发展和普及，也是货币数字化的一种形式。随着区块链技术的成熟，主权货币和区块链技术的结合是值得关注的焦点。目前，多数国家的央行都已经密切关注加密货币，并展开了对央行数字货币的研究。预计不远的将来，央行数字货币就将诞生、成长。天秤币的出现，可以说是对全球央行的一次刺激，各国的数字货币进程也在此之后开始加速。

目前看，天秤币已经很难成功。考虑到脸书已经出售相关资产，可以说初始的天秤币计划已经失败。不过，天秤币包含的想法还可能以某种形式死灰复燃。和脸书类似的机构还有很多，我们不能排除这些机构尝试发行数字货币的可能性。元宇宙的概念正在成长，元宇宙如果成形、发展，也需要一种货币支撑。无论如何，未来的货币会因为数字技术的发展而更加复杂变幻，影响也会更大。

本章附录：天秤币大事记

1. 2017年，摩根·贝勒（Morgan Beller）开始在脸书研究加密货币和区块链。①

2. 2018年5月，脸书副总裁戴维·马科斯调任区块链部门，之后不久有媒体报道脸书正在谋划发行数字货币。②

3. 2019年5月，脸书公开表示想要发行数字货币，并建立基于该数字货币的支付系统。③

---

① https://www.cnbc.com/2019/07/20/facebook-Libra-partly-created-by-female-engineer-morgan-beller.html.

② https://www.theverge.com/2018/5/11/17344318/facebook-cryptocurrency-token-blockchain-report-david-marcus.

③ https://www.wsj.com/articles/facebook-building-cryptocurrency-based-payments-system-11556837547.

4. 2019 年 6 月 18 日，Libra 1.0 发布，脸书将数字货币命名为天秤币，并计划在 2020 年发行。白皮书首页表明，天秤币的使命是建立一套便捷的、无国界的货币，并建立服务数十亿人的金融基础设施。

5. 2019 年 7 月 15 日，脸书表示，在得到监管机构的批准之前，脸书不会发行天秤币。①

6. 2019 年 9 月 18 日，在和美国参议院民主党领袖的会晤中，扎克伯格表示在得到美国监管机构批准之前，脸书不会在世界任何地方发行天秤币。②

7. 2019 年 10 月，多家机构（贝宝、易贝、万事达、维萨等）迫于监管压力宣布退出天秤币协会。

8. 2020 年 4 月，G20 会议中明确指出，世界主要经济体需要填补监管漏洞，以避免像天秤币这样的数字货币破坏金融稳定。③

9. 2020 年 4 月 16 日，在各方压力下，天秤币发布第二版白皮书（Libra 2.0），提出重大修订：其定位从一开始的"全球货币"更改为"全球支付系统"。

10. 2020 年 12 月 1 日，天秤币更名为 Diem，Libra Association 更名为 Diem Association。不仅如此，天秤币还彻底放弃了成为国际货币的计划，改为完全挂靠美元，意在获得监管机构批准，加速推出。④

11. 2022 年 1 月 31 日，Diem 官网声明，脸书将以 2 亿美元的价格将天秤币有关资产出售给风险投资机构 Silvergate Capital。

---

① https://www.bloomberg.com/news/articles/2019-07-15/facebook-says-libra-won-t-launch-until-regulators-satisfied.
② https://www.washingtonpost.com/technology/2019/09/19/facebooks-mark-zuckerberg-dined-with-lawmakers-last-night-privacy-cryptocurrency-were-menu/.
③ https://www.reuters.com/article/us-g20-regulator-stablecoins-idUSKCN21W0TU.
④ https://www.cnet.com/personal-finance/crypto/end-of-the-day-for-metas-diem-cryptocurrency-what-you-need-to-know/.

第十章
狂想：EOS 乌托邦

01 区块链 3.0 狂想曲

比特币诞生以来，加密数字货币的创新层出不穷。分叉币狂潮之后，以太坊开启了区块链 2.0 时代。以太坊的出现，为初始代币、去中心化金融等新业态提供了便利。这些新业态与以太坊一起成长，相互成就。当然，其中很多创新是昙花一现。在大浪淘沙的创新市场，昙花一现本是常态，能活下来的创新本来就不多。正因如此，比特币历经十几年的风雨，算是经得了考验。

目前，以太币是仅次于比特币的第二大加密货币，以太坊上承载着很多的新业务，这些新业务以智能合约为核心载体，应用范围比比特币、分叉币广泛很多。不过，以太坊也有缺点。比如，以太坊的交易速度也很慢，每秒钟只能完成 15 笔交易，虽然比比特币提高了 1 倍，还是远远不能满足大量并发交易的需求。区块链要想在未来的经济交易中占有一席之地，如此低的交易效率是一个难堪的瓶颈，亟待突破。

2018 年 6 月，号称区块链 3.0 的 EOS（enterprise operating system，企业操作系统）上线。与之前的比特币和以太坊相比，EOS 旨在实现分布式应用的性能扩展，实现更强大的功能。简言之，EOS 不仅能大幅提高速度，还提供账户、身份验证、数据库、异步通信等强大功能。该技术的最终形式是一个区块链体系架构，该构架在数以百计的 CPU 或群集上的调度程序，每秒可以支持数百万个交易。更妙的是，普通用户无须支付使用费。

EOS 被认为是区块链 3.0 的主要竞争者，引起无限遐想。

如果说比特币是区块链 1.0，重心是数字货币，以太坊是区块链 2.0，重心是智能合约，那么作为区块链 3.0 的有力竞争者，EOS 将重心放在了应用层面。也就是说，EOS 的目标是打造一个区块链应用开发平台，让分布式应用程序可以在其平台上轻松地被开发和管理。倘若如此，从 2008 年 11 月 1 日比特币上线到 2015 年 7 月以太坊上线，再到 2018 年 6 月 EOS 上线，区块链技术在 10 年内，完成了三部曲的演进，发展前景一片大好。

市场对 EOS 的预期之高，可以通过其融资额窥见一斑。EOS 于 2018 年 6 月通过巨额融资完成上线，总融资额接近 42 亿美元，在加密数字货币领域是绝无仅有的，可见当初市场的预期之高。作为对比，以太坊的融资额仅有 1800 万美元，不到 EOS 的零头。在新兴的初始代币市场上，千万美元级别的融资额并不多见，更不用说上亿美元了。42 亿美元的融资额即便放在传统资本市场，也称得上天量了。

然而，理想很丰满，现实很骨感。EOS 在经历了短暂的高光时刻后，币价一路下跌，已从最高的 22.89 美元（2018 年 4 月 29 日）跌到最近的 2.77 美元（2022 年 4 月 1 日），跌幅接近 90%。作为对比，同期比特币价格涨了 7 倍多，以太币价格涨了 5 倍多。巨大的反差，更加凸显 EOS 发展的不顺。EOS 价格的大幅下跌，并不是加密货币行情不好，而是个体发展不好。

那么，EOS 为什么走出了高开低走、出道即巅峰的轨迹？我们分三步，回答这个问题。

第一，市场对 EOS 的预期为什么这么高？

第二，EOS 的技术到底有优势吗？

第三，EOS 为什么没有达到预期？

02　市场对 EOS 的预期为什么这么高？

市场对于 EOS 的高预期，有两个原因。

第一，之前的区块链技术存在局限性，而 EOS 的技术构架直接指向这些局限性。

比如，之前我们说过，比特币和以太坊的交易效率很低，比特币每秒最多只支持 7 笔交易，而以太坊此前每秒最多也只支持 15 笔交易。这么慢的速度，无法支撑大规模的并发交易。现实中，由于网速等原因，实际的交易速度还要低很多。

一个具体的案例，可以帮助我们理解交易效率的重要性。2017 年底和 2018 年初，火爆以太坊网络的云养猫游戏直接造成以太坊网络严重拥堵，为了让交易快速达成，用户只有提高燃料费（即付给矿工的小费）来让矿工优先打包。显然，这种处理速度无法满足高并发的用户需求，随着用户需求的日益增长还会更加捉襟见肘。与此同时，2017 年底的加密货币大牛市也造成了比特币的网络拥堵，使得矿工费每笔高达数百元人民币。

比特币和以太坊的另一个局限是应用范围很窄。比特币等加密货币，定位仅仅是数字货币或数字资产，只能用来交易，是一种投资或投机的工具。以太坊是区块链 2.0，重心是智能合约，可是智能合约有很多约束，能够实现的功能也有限。

比特币和以太坊的以上局限，源于基础技术构架上的不足。EOS 从一开始，就想突破基础的技术构架，借此突破上述局限。

比特币和以太坊的交易速度很慢，而 EOS 的交易速度快很多。EOS 系统的每秒事务处理量（transaction per second，TPS）可以达到数百至数千，甚至宣称能达到 100 万。EOS 的交易速度之所以能这么快，是因为采用了"多中心"，而不是"去中心"的记账方式，大幅提高了运算效率。

EOS 不仅速度快，功能也更多、更强大。EOS 实际上是一个平台软件，为分布式应用程序提供底层区块链架构，可以在垂直和水平两个方向扩展。因此，EOS 就像一个操作系统，可以承载很多应用程序在其之上运行。形象地说，可以认为 EOS 是下一代 Windows 一样的操作系统，只不过这个操作系统不在你的个人电脑上，而是运行在区块链上。

EOS 的具体研发和运行情况是这样的：一家名叫"第一区块"（Block.one）的公司，募集资金开发一个名为 EOSIO 的开源软件，利用这个软件，EOS 社区运行 EOS 主网。注意，这个主网并非由 Block.one 公司运行，而是由社区运行，Block.one 公司只是软件开发商，这样就增加了开放性。而且，社区鼓励其他人也用 EOSIO 这个开源软件建立替代网（altnet），替代网与 EOS 主网无关，可以完全独立运行。打个比方，替代网和主网的关系类似于通过修改比特币的代码来发行的 0 区块分叉币，和比特币是完全不同的加密货币。

第二，EOS 团队带着巨大的光环，让市场想入非非。

领导开发 EOS 的是区块链奇才丹尼·拉瑞玛（Daniel Larimer）。

丹尼以"BM"的名字广为人知。BM是Bytemaster的简写,翻译成中文叫作"比特大师",这是他在比特币论坛bitcointalk的网名。丹尼有近乎传奇的创业经历,在EOS之前创建了BTS(Bitshares,比特股)和Steemit,这两个项目都很有影响力,为丹尼赢得了声誉。[①]2017年6月,他从Steemit出走,然后开始做EOS项目,EOS也从此拉开了序幕。

有了这两个原因,市场对EOS的高预期就不难理解了。问题是,EOS到底有没有技术优势?能解决比特币和以太坊的问题吗?技术有市场吗?能落地吗?

03 EOS的技术优势:快

EOS的技术优势,用一个字概括就是"快"。区块链的一个痛点就是速度慢,这是由于分布式共识机制自身的约束。比如,比特币的工作量机制需要耗费大量的算力,而且每10分钟出一个区块,每秒最多进行7笔交易(理论值)。以太坊依然沿用工作量机制,计划中的权益证明机制迟迟没有落地,速度提高有限。

EOS为了解决这个痛点,走了不同的技术路线,突破了工作量机制,采用代理权益证明(deligated proof of stake,DPoS)机制,效

---

① 比特股(BTS)是一种开源的分布式交易系统,支持虚拟货币、法币以及贵金属等多种有价资产的交易。该系统提供一个去中心化交易所的解决方案,让每个人都成为交易所。比特股于2014年7月19日上线。Steemit是基于区块链的内容分发平台,于2016年7月4日正式上线,使用一种新的加密货币来奖励那些上传文章、图片和评论的用户,鼓励内容创作和分发。

率大幅提高。不仅如此，EOS 还在传统 DPoS 的基础上进行改进，推出了 BFT-DPoS 共识机制（Byzantine fault tolerance-deligated proof of stake，带有拜占庭容错的代理权益证明机制），使得 EOS 的出块间隔从原来的 3 秒降低到 500 毫秒。这也使得跨链通信的时延大大缩短，单位时间内可确认的交易数量大大提升。

理解 BFT-DPoS 共识机制，是理解 EOS 技术路线和技术优势的关键。BFT-DPoS 共识机制由两部分组成：（1）代理权益证明机制；（2）拜占庭容错机制。这两个机制一起，保障了 EOS 的运算速度。

这里加一句说明：本节以下部分技术性稍强，不喜欢技术细节的读者可以跳过这部分，直接阅读下一小节，不影响对全文的理解。

- 代理权益证明机制 -

和比特币的工作量证明机制一样，代理权益证明机制也是一种共识机制，所有的分布式记账系统和决策系统都需要一个共识机制。在比特币的共识算法中，由于工作量证明机制资源消耗过大，并且算力也越来越集中，因此丹尼在 2014 年提出了一种快速、安全且能耗较小的代理权益证明共识机制。他当时是比特股的首席开发者，因此这个算法是首先在比特股上实施的。代理权益证明是一种多中心化的方案，赋予每个持股人一定的投票权，由他们投票产生"超级节点"。超级节点代理持股人记账，轮流产生区块。在 EOS 中，最后一共选出 21 个超级节点。

这 21 个超级节点按照商定好的顺序轮流产生区块，每个区块的间隔为 3 秒（这是网络环境下所能达到的最小时间间隔）。而一个区块要成为不可逆区块，需要超过 2/3，也就是 14 个超级节点的确认。

在代理权益证明机制中,只有超级节点在区块链上产生一个新区块,才表示它对链上之前的区块进行了确认。所以在一个区块产生后,其后续需要串联 14 个区块,才能使得这个区块是不可逆的(连同这个区块在内一共有 15 个区块,超过了 2/3)。也就是说,要使得一个区块中的交易不可逆,整个确认过程需要 45 秒。

代理权益证明共识算法不仅提高了出块和运算的速度,还具有极强的抗分叉能力。假设分叉,则任意一条分叉产生新区块的速率,与拥有该共识的超级节点的数量成正比。也就是说,具有较多超级节点的分叉,会比拥有较少超级节点的分叉的增长速率快。无论何时,每当一个诚实的超级节点看到一条有效的更长链时,都会从当前的分叉切换过来。又由于超级节点数量为奇数,所以在任何时刻一定会有一条较长的链。

而且,当一个超级节点设法在两条分叉上同时生产区块时,就会留下密码学痕迹,EOS 的持有者会在下一轮投票中将该超级节点删掉,并且 EOS 社区会给予相关恶意节点一定的惩罚。因此,在一般情况下,使用代理权益证明的 EOS 是很难分叉的。

- 拜占庭容错共识(BFT)-

拜占庭容错共识,简称 BFT 协议。BFT 协议是给定人数达成共识的办法,简单的表述是:在一群数量有限的节点中,通过轮换或者随机算法选出某个节点为主节点,该主节点在此时具有出块的权利。当主节点将该时段的交易打包成区块后,用自己的私钥对该区块签名,随后广播到所有其他节点。其他节点对该区块进行验证和确认,在确认该区块合法后,则对该区块进行签名并发送回主节点。

当主节点收到至少 2/3 的不同节点的签名后，就认为该区块完成了所有节点的验证，成为不可逆区块串联到区块链中。

在最新的 EOS（3.0）版本中，为使区块链系统有更快的出块速度，EOS 融合了代理权益证明机制和拜占庭协议，采用了 BFT-DPoS 共识机制并进行改进，从而达到了 500 毫秒的出块间隔。该机制的具体过程是：（1）EOS 的持有者通过投票系统对各个超级节点竞选者进行投票，选出 21 个节点为超级节点；（2）这 21 个超级节点以自身的网络资源状况商议出一个出块权顺序，在每个超级节点拥有出块权时，连续产生 6 个新区块，每个区块间隔为 500 毫秒（这是当前网络条件限制下，所能达到的最小的稳定出块间隔）；（3）然后切换到下一个超级节点，再连续产生之后的 6 个区块。

该方式可以保证一个超级节点连续以 500 毫秒的间隔产生区块，因为在同一超级节点产生新区块时不受当前网络状况的影响。但网络的延迟，使得其他节点很难对已经产生的区块进行确认，EOS 通过引入 BFT 协议来解决这个问题。超级节点 A 在产生一个新区块后，将该区块进行签名并广播给其他超级节点，其他超级节点对其进行验证、签名并返回给 A 节点。在 A 节点收到来自 14 个不同节点签名的区块后，该区块就成为不可逆区块，串联到之前的区块链中，产生新区块的过程和 BFT 协议确认的过程是同时进行的。

EOS 团队通过实验测试发现，在当前的网络状况下，进行 BFT 协议确认的过程可在 1 秒内完成。因此，每个新区块从产生到成为不可逆区块需要 1.5 秒（0.5 秒产生加 1 秒确认），这就使得跨链通信的时延大大缩短。因为一个区块在引入另一个区块的交易状态时，必须等待其成为不可逆交易，所以两个基于 EOS 的区块在 3 秒钟以内就可以进行一次来回的通信，而以太坊进行类似的通信需要 9 分钟，比特币需要 3 小时以上。

上述过程虽然可以保证同一超级节点在产生新区块时，间隔时间缩短至 500 毫秒，但当切换超级节点时，由于存在网络延迟，上一节点产生的最后几个区块有可能被忽略。为解决此问题，EOS 选用了确定顺序的超级节点轮流出块，比如以纽约（美国东海岸）、芝加哥（美国中部）、洛杉矶（美国西海岸）、日本东京、中国上海这样的顺序，使得上一节点产生的最后区块传播到下一节点时的延迟最小，从而避免下一个超级节点忽略上一节点产生的区块。

除了效率的大幅提升，EOS 还进行了两个重要改进。

（1）交易免费。与之相对比，用户在使用以太坊转账时需要向矿工支付燃料费。不过，既然矿工收不到燃料费，那 EOS 如何激励超级节点担负起生产区块的工作呢？答案是，EOS 通过每年增发最多 5% 的 EOS 来奖励超级节点，这样用户在交易时就不需要向节点支付矿工费用。对比以太坊拥堵时动辄几十元甚至上百元的燃料费，这对于用户来说也颇具吸引力。

（2）完善的账号系统。EOS 提供完善的账号系统，帮助开发者快速开发自己的 DApp（去中心化的 App）。而如果要在以太坊上开发 DApp，则需要花更多的时间去开发底层模块。EOS 团队花了大量时间，开发和优化区块构建和应用的过程，使用户在使用时非常便捷。

04　EOS 为什么没有达到预期？

综合以上讨论，EOS 有三大优势：（1）速度快，效率高；

（2）交易免费；（3）完善的账号系统和模块化开发系统。这样看来，EOS优势很大，应该很受市场欢迎。

但事实并非如此。虽然EOS有诸多优势，一开始市场也给予高度认可和期望，天量的融资额就是证明，但EOS后来的发展却远远谈不上成功。

EOS跌落神坛，几乎是从主网上线就开始了。主网上线前，因为游资的进场，EOS价格曾一度疯炒到接近23美元。主网上线后，每秒事务处理量（TPS）虽然没有达到百万，但是几千是有的，远远超过比特币和以太坊，交易速度上的优势很明显。但是，EOS在应用上并未因为TPS超越以太坊就有很大的优势，实则是以太坊上的金融应用远高于EOS。而EOS的应用主要还是集中在游戏博彩类，没有太出彩的应用。在号称3.0的公链和2.0的公链的博弈中，EOS成了被吊打的那一个。

另外，EOS上的21个超级节点使节点饱受中心化治理的诟病，很多人认为用中心化来换取高事务处理量，背叛了区块链的去中心化理想。而且，EOS的多中心化在实际运行中，并没有像宣传的那样美好，而是产生了许多弊病，其中最突出的就是贿选。

EOS的规则设计不但难以避免贿选，甚至在一定程度上是在"鼓励"贿选。EOS规定用户每持有一个EOS代币，就可以用这个代币投票，最终选出21个超级节点。那么，参与竞选的节点可以串谋，达成相互投票的"协议"，也可以贿赂小节点，让它们为自己投票，用当上超级节点后的收益来进行支付。此外，EOS的治理是通过钱包进行的，用户将代币存储在交易所，这就意味着交易所可以用那些不关心投票的用户的代币来进行投票。

贿选的影响会很严重。由于实行链上治理，EOS 代币持有者只能做一个决策，即投票选择 21 个超级节点。一旦 21 个超级节点被选出，会拥有很大的权力，其他任何决定都取决于这 21 个超级节点，他们甚至可以锁定他们认为存在恶意操作的 EOS 账户。

看起来，EOS 的机制设计不仅不防范"中心化"，还变向鼓励中心化。考虑到区块链的一个最基本特征是"去中心化"，或者至少通过"去中心化"吸引公众、取得信任，EOS 的这个特点尤其让人费解。

理论上，EOS 有一个"宪法"，这个"宪法"禁止购买选票，但从未得到批准。其实，即便批准，其含义也不清楚。实际上，EOS 软件是在利益相关者没有办法就规则达成一致的情况下发布的。发布之前难以达成一致，发布之后就更加难以达成一致。这也说明，EOS 从来就没能解决治理机制的问题。

这个讨论反映了一个更深层次的问题，那就是 EOS 没有在一开始就定义好规则。规则的混乱，带来了 EOS 治理上的混乱。后来虽然进行过各种弥补，但是停留在努力阶段，没有实质性进展。

很多人将 EOS 不及预期的原因怪罪到创始人丹尼的头上。丹尼在币圈有很高的威望，也曾经让投资人寄予厚望。不过，他有很多不靠谱的表现。比如上文讨论的 EOS 治理规则的潦草，作为创始人和精神领袖，他无法逃避责任。再比如在主网上线之后，丹尼就撒手不管，把 EOS 交给社区了。但事实是，那时的 EOS 还处于早期，需要一个领袖来凝聚共识。作为对比，曾经与丹尼论战的中本聪，在比特币正式上线接近两年后才离开，并将其交给了比特币核心开发团队，可谓有始有终、急流勇退。而以太坊的创始人 V 神，则一直在耕耘以太坊。

2021年1月，EOS面临困境，但当时圈了很多钱的丹尼没有直面困难，再一次选择了离去，就像之前抛弃比特股和Steemit一样。丹尼另立招牌，去开发新项目了，EOS的投资人则被晾在山顶上。

不过，EOS不及预期的底层原因还在于其模式本身。EOS试图创立一个超级操作系统，可是却没有足够的需求。很难想象，大型的公司会建立在别人的操作平台上，而小型公司、初创公司也需要一个重要的理由，去使用别人的操作平台。即便使用，也需要有一个很便利的方式、很相容的激励机制。EOS告诉我们的也许是，商业成功的因素很多，技术创新只是其中一个。

EOS不及预期的另一个主要教训是，线上的世界依然要服从公司治理的规则。公司治理是商业运行的保障，与线上线下无关。EOS的治理机制存在巨大的缺陷，对超级节点没有有效的约束，使得EOS的信誉受损，失去了凝聚力。

本章附录：技术狂人的创业史

至今，EOS不能说是成功的，甚至可以说是失败的，令人颇为惋惜。至于未来EOS或者类似的项目能否成功，还需要观察。至少，要解决市场需求和公司治理的问题。尽管如此，EOS还是给我们带来很大的启发。在这个简短的附录里，我们搜集网络资料，简单介绍丹尼·拉瑞玛的创业史，从中寻找EOS失败的原因。在失败的经历中，我们可以更深地理解区块链技术的前景。

"比特大师"（Bitmaster, BM）原名丹尼·拉瑞玛，1983年出生于美国西部的科罗拉多州，2003年毕业于弗吉尼亚理工学院计算机专业。丹尼的父亲是一位电机工程硕士，毕业后在美国空军学院教授火箭科学，任职期间先后为洛克希德马丁、波音、通用动力等航空航天公司工作，主要从事"无人机"的开发。丹尼从小开始跟随父亲学习编程。丹尼认为，编程是最有效率的创新方式。

丹尼喜欢创业。大学毕业后，他和朋友一起创建了一个虚拟现实公司。2007年，在公司和生活事务的处理中，丹尼发现人和人的沟通很困难。于是，他开始思考做个网站，让人们把东西放到网上来讨论，促成人与人之间的共识。

创业期间，丹尼认识了罗恩·保罗，后者是自由派议员、三次美国总统候选人、《终结美联储》一书的作者。通过罗恩·保罗，丹尼接触到了奥地利经济学派，开始思考经济和货币的问题。

此后，丹尼开始探索自由主义之路，并将"寻求自由市场解决方案，保障所有人的生命、自由和财产"[①]作为终身信条。丹尼进一步解释道："保障我们的自由和财产的是我们的政府。更准确地说，我们不得不指望他们来保护我们。要解决这个问题，必须完全基于人与人之间的自愿协作。"

他逐渐意识到，解决这个问题的第一要务是实现货币自由。这是因为货币是国家控制我们最重要的手段。所以丹尼试图开发一种数字货币，并习惯性用谷歌搜索"数字货币"和"数字货币系统"，然后就一头撞见了比特币。丹尼不由得感叹："这不就是我要找的东西吗？"那是2009年，比特币刚刚出现的时候。于是，他立即参与其中，并积极研究和推广比特币，还和比特币创始人中本聪有过交流。

---

① 英文原文是："to find free market solutions to secure life, liberty, and property for all."

丹尼和中本聪有一次讨论，非常著名，也可以帮助我们理解二人理念上的差异。2010年7月，在研究了比特币技术之后，丹尼觉得比特币10分钟一次的交易确认时间太长了，使用起来很不方便，就在当时全球最大的比特币社区（Bitcointalk）里发了一个帖子，公开指出这个问题，并提议修改共识机制，解决这个问题。

比特币的创始人中本聪有一句著名的回答："如果你不相信我或者不明白，抱歉，我没有时间说服你。"这句话体现了中本聪和丹尼对数字货币的不同理解。简单说，中本聪并不认为速度是比特币的核心，安全才是最重要的。在中本聪的设计中，比特币是资产，并不是货币。显然，丹尼有完全不同的愿景。后来，丹尼的一次次创业都是在探索区块链的不同模式。

2013年6月2日，丹尼发布了比特股的白皮书，并喊出了"超越比特币"（Beyond Bitcoin）的口号，显示了他的雄心。比特股是丹尼在区块链领域的第一次创业。

丹尼创建比特股的过程是这样的。2013年，"门头沟"事件爆发，这是人类历史上丢失比特币最多的一次黑客事件，共丢了74万枚左右的比特币。网站所有账户被冻结，用户至今还在维权路上。这次事件让丹尼意识到中心化交易所无法保证资产安全，开始想办法解决这个问题。

2014年，丹尼带着比特股1.0出现在人们眼前，让人眼前一亮。当时的大多数项目都只是在比特币技术的基础上做一些小修小改，而比特股作为一个开源的去中心化交易所，采用独创全新的DPoS机制能做到10秒出块，使其达到令人惊叹的"秒级交易速度"，相比于比特币10分钟的出块速度，有了质的飞跃。

比特股的亮相，技术可谓惊艳，丹尼也从此声名鹊起。值得注意的是，比特股出现在以太坊之前，代理权益证明机制也在以太坊之前就已经出现了。所以，后来大红大紫的以太坊在技术上是后于比特股的。有意思的是，以太坊在商业上大获成功，而技术上领先的比特股并没有取得商业成功。

比特股的技术革新似乎都冲着比特币而来。比如，为了解决比特币作为支付媒介价格波动太大的问题，比特股创造了价值稳定的锚定货币 BitUSD、BitCNY，使用了稳定币的思想。再比如，为了解决交易速度过慢的问题，比特股平均交易确认速度达到了 1.5 秒。

然而，尽管新意十足，比特股并不是一个成熟的产品。程序的漏洞不断、系统资源占用大、糟糕的用户体验等等，社区里怨声载道，比特股开始陷入危机。于是，比特股开始自救。不幸的是，丹尼和团队选择了行业最忌讳的自救方案：增发。增发稀释了原有持币人的价值，在行业里很是忌讳。

2015 年 11 月 5 日，丹尼为了筹措资金，宣布把多个项目整合，并增发 5 亿比特股，分配给这几个项目的持有者。消息公布出来，币圈震惊，比特股社区一片反对之声，但丹尼不顾众人反对还是做出了执行决定，这个决定直接摧毁了比特股积攒起来的口碑、人气和未来，大量社区忠粉出走。

丹尼继续开发工作。丹尼和剩下的比特股开发者成立了一家名叫 Cryptonomex 的公司，融资了几十万美元，着手解决比特币和区块链更底层的问题，即"区块链不可能三角"（安全性、效率、可拓展性，三者最多只能满足其中的两者）问题中的安全性和可拓展性。

经过 6 个月的开发，Cryptonomex 宣布推出比特股 2.0，即基于全新的区块链底层架构"石墨烯"，"石墨烯"具有转账速度快、吞吐量高、稳定性强、功能完备、易操作等特性，每秒可以处理 10 万笔交易。

经过二次研发，比特股终于成为一款优秀的产品。自此，比特股的用户开始逐渐积累，股东逐渐掌控系统治理权，分布式自治生态初具雏形。

而丹尼本人，为了全身心投入技术开发，出售了不少股份来维持生活，这导致他的话语权越来越小。这是因为比特股采用他自己创立的 DPoS 投票机制，有多少股份就有多少话语权。2015 年 11 月，在社区关注度甚高的调低交易费用的理事会投票表决中，调低交易费用的提案获得更多支持，支持者以 7∶4 击败丹尼。这是比特股分布式自治生态的发展过程中的一个里程碑，意味着社区开始彻底掌握系统治理权，丹尼失去了话语权。

于是，丹尼发表了一篇著名文章《为什么？为什么？为什么？》（why?why?why?），随后离开比特股社区。

丹尼离开后，BTS（这里的 BTS 指的是代币）表现不温不火，虽然总市值最高时曾经一度达到过 20 亿美元，但大多数时候保持在 1 亿美元以下。截至 2022 年 4 月 1 日代币总市值为 0.86 亿美元，在加密货币的世界里是一个边缘性的存在。

离开了比特股之后，丹尼没有停止创业的脚步，选择了再次创业。2016 年初，丹尼和内德·斯科特（Ned Scott）组建了 Steemit，一个基于石墨烯技术的去中心化的社交媒体平台。内德出任首席执行官，而丹尼专注于技术。

Steemit 在短短几个月内就完成了开发，它的理念是以写博客的方式挖矿。其运行规则是用户在平台上发表文章或者获得点赞，就可以得到代币的奖励。丹尼创造性地用代币激励、鼓励内容生产，同时用石墨烯技术保证了高水平的交易性能和用户体验。当时的 Steemit 平台能为知名的创作者提供每篇上百美元的收益。这样的激励方式吸引了大批的创作者涌入，社区空前活跃，用户量增长迅猛。

然而，正当人们以为 Steemit 会成为一个新的媒体内容颠覆者的时候，其内容质量却开始下降，更多人选择依靠关系互相点赞赚取代币，而不是去撰写优质文章。对于这种行为，平台也没有开发出有效的防止办法。

而且，平台的规则非常复杂，让人很难弄懂。人类是怕麻烦的动物，复杂的规则很容易让人失去耐心。①而且，复杂的规则可能存在漏洞，让人利用规则套利，不利于平台的健康发展。

创建 Steemit 后，丹尼的心并没有安定下来。他早早就定下了自己的人生使命：使用自由市场的解决方案来保护一切生命、自由和财产。作为社交平台的 Steemit，显然不能让丹尼达成这个目标。也许在他自己的定位中，成为中本聪、V 神那样的平台奠基者，才会让他满意。

2017 年中，在 Steemit 生态开始稳定的时候，丹尼在他自己的 Steemit 页面上宣布辞职。辞职之后，丹尼又开始第三次创业，这就是本章重点介绍的 EOS。

纵观丹尼的创业史，不可否认他是计算机程序天才，具有超乎寻常的代码能力。然而，技术只是商业成功的一部分，迄今为止，丹尼创业的项目还没有现象级的商业成功。作为对比，比特币的技术比丹尼的几次创新都显得初级，可是比特币在商业上非常成功，是至今最成功的加密货币创业。从纯技术的角度看，以太坊的技术也不如丹尼的几次创业，可是以太坊在商业上也已经取得很大的

---

① 该平台的规则有多复杂？举一个例子。Steemit 的核心是奖励，奖励的规则就很复杂，仅仅是与货币相关的概念就有三个。第一个是能量值（Steem Power）。能量值越高，你的帖子就越容易置顶，就会让更多人看到，从而吸引更多点赞，这样你的收入就会越多。第二个是现金额（Steem Dollars）。这是 Steem 系统里的流动现金，和美元 1∶1 兑换。它是可以拿现金购买的，也就是说你可以直接拿人民币或者美元现金购买现金额。买了之后，可以用来购买 Steemit 的服务，比如置顶功能，也可以换成系统代币（Steem）。第三个就是系统代币，这是系统中的货币，可以任意流通。
如何将虚拟币换成现金呢？道路非常曲折。一个方法是将 Steemit 中的现金额和系统代币在 Bittrex 平台上换成比特币，然后再通过 Local Bitcoins 等平台将比特币换成美元或是人民币。
这样复杂的规则会严重影响用户体验，而认真研究规则的人又容易发现套利机会。套利的人多了，平台生态就会恶化。

成功。

丹尼一直在技术上钻研，可以说是技术狂人。可是好的技术不等于商业成功，仅仅是商业成功的一部分。

在技术以外，商业成功至少还需要两个条件：第一，存在足够的市场需求；第二，存在合理的商业治理。比特币满足所有三个条件，所以获得了成功。

第十一章

未来：所有过往，皆为序章
——加密货币的现状、问题和前景

比特币诞生于 2008 年，至今已经将近 15 年。此后在比特币的启发下，诞生了分叉币、稳定币、以太坊、去中心化金融等新的加密货币和金融业态。据不完全统计，林林总总的加密货币总共有上万种之多，其中大多数交易量很少，价值也很低。加密货币的价值主要集中在头部几十种上。截至 2022 年 7 月 21 日，加密货币总市值达到 1 万亿美元，已经非常大了。其总市值还曾经在 2021 年 11 月一度超过 3 万亿美元。

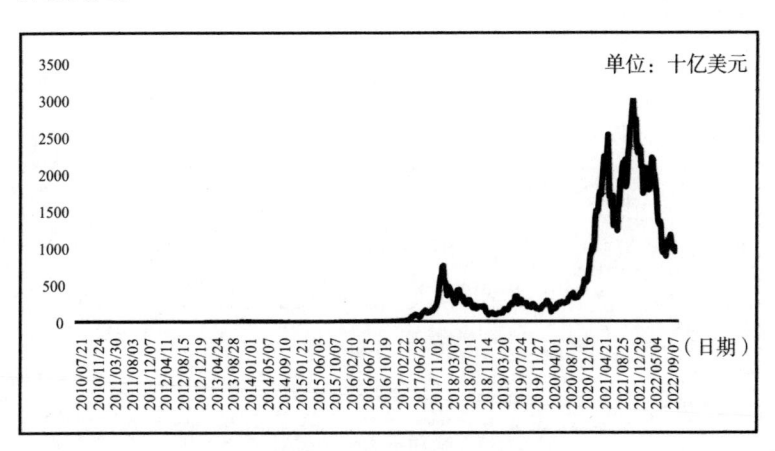

图 11-1　加密货币总市值

数据来源：Statista（https://www.statista.com/）。

经过十几年的发展，我们可以对加密货币市场做一个梳理，研判其存在的问题和未来发展的方向。本章的观点可以概括成3句话，分别涉及加密货币的现状、问题和前景。

第一，加密货币市场已经趋于成熟。

说加密货币市场已经趋于成熟，有6条理由。

（1）加密货币已经为公众所熟知，深入了解加密货币的社区和人群也已经比较多。经过十几年的发展，加密货币已经不是新生事物，已经走入公众的视野，底层技术也已经比较完善。

（2）加密货币市值已经比较大。总市值一度超过3万亿美元，超过绝大多数上市公司。事实上，达到这个总市值的上市公司在人类历史上屈指可数。这么大的总市值已经足以撑起无数的关注，无数人的悲欢离合。

（3）加密货币已经被实体世界普遍接受，很多投资者，很多主流、传统的大公司都已经接受加密货币支付。这里面，不乏可口可乐这样传统、保守的公司。

（4）加密货币已经被金融机构普遍接受。很多主流金融机构已经接受加密货币，开始为客户提供加密货币的相关服务，甚至自己持有加密货币。

（5）加密货币的基础设施已经比较完善。交易所、ATM、指数、交易所交易基金、期权、期货等金融市场的基础设施，在加密货币市场已经基本具备。

（6）监管已经接纳。很多国家的监管层已经把加密货币纳入监管，加密货币成为正规的金融产品。在已经接受的情况下，要大幅逆转、取缔加密货币，需要有明确的理由，阻力也会很大。

第二，加密货币还存在很多问题。

虽然加密货币已经比较成熟，但也不是没有问题。相反，这个市场的问题很多，有的还很棘手。就像我们说一个人"成熟"了，不是说这个人没有缺点，更不是说这个人前程远大。而是说，这个人的发展进入了一个相对稳定，很难再有突破的时期。作为对比，一个人在年轻的时候，特征是还有很多变化，状态还不稳定。因此，我们说"成熟"并不是褒义或者贬义的评价，而是客观的描述。

那么，加密货币有哪些问题呢？至少可以总结出 6 点。里面有一些悖论性质的问题，解决起来很棘手。

（1）加密货币的价格波动太大。

比特币等加密货币价格波动大、价值不稳定，是不争的事实。除了平日的价格大幅上下波动，更能够反映其价值不稳定的是价格的大幅回调。

表 11-1 整理了 2010 年以来比特币价格的几次较大回调。可以看到，比特币价格回调有两个特点。一是回调幅度大，动不动就达到 50%，甚至 80%、90%，这样的回调幅度在成熟的金融产品中很少看到。二是回调频率很高，经常发生。从比特币诞生至今，不到 15 年的时间，其幅度超过 40% 的价格回调就发生过 10 次，平均 1 年多就发生一次。和美股的长牛格局相比，比特币价格简直是上蹿下跳。比特币的价格回调频率，比 A 股还要高很多。

近年来比特币价格的大幅波动和回调，并没有收敛的迹象。不仅波动率没有下降，回调的幅度和频率也没有下降。从波动的角度看，比特币离稳健、风险可控的金融产品还有不小的距离，依然是风险很高的投资产品。对于风险厌恶的投资者而言，比特币的吸引力依然不大，更多是作为一种观察研究的对象而存在。除了稳定币，其他加密货币的价值波动也很大。

表 11-1 比特币价格几次大幅回调

	起始日期	结束日期	起始价格（美元）	结束价格（美元）	下跌幅度
1	2010 年 11 月 6 日	2010 年 12 月 5 日	0.39	0.19	51.3%
2	2011 年 6 月 8 日	2011 年 11 月 18 日	29.60	2.05	93.1%
3	2012 年 8 月 16 日	2012 年 8 月 19 日	13.50	8.00	40.7%
4	2013 年 4 月 9 日	2013 年 4 月 16 日	230.00	68.36	70.3%
5	2013 年 11 月 30 日	2015 年 1 月 17 日	1149.14	197.24	82.8%
6	2017 年 12 月 17 日	2018 年 12 月 25 日	19 535.70	3209.76	83.6%
7	2019 年 6 月 26 日	2019 年 12 月 17 日	12 807.99	6743.06	47.4%
8	2020 年 3 月 6 日	2020 年 3 月 16 日	9067.81	5134.60	43.4%
9	2021 年 4 月 14 日	2021 年 7 月 20 日	62 991.81	29 987.31	52.4%
10	2021 年 11 月 10 日	2022 年 6 月 18 日	68 518.76	19 291.69	71.8%

注：更新日期为 2022 年 7 月 5 日。

（2）加密货币的支付速度很慢，很难满足支付需求。比特币的最大支付速度是每秒 7 笔，这是比特币的内在算法决定的理论最快支付速度，实际的支付速度还要慢很多，一笔比特币支付很可能要几十分钟。以太币作为市值第二大的加密货币，支付速度依然很慢，经常出现网络堵车。为了改进支付速度而推出的比特币"闪电网络"受到市场的冷落，没有起到加快支付的实际效果。

（3）加密货币的能耗很高。目前的主流加密货币使用的是"工作量证明机制"，这是共识机制的关键。这个机制的实质是无数人比拼挖矿，竞争加密货币的记账权，以获得相应的奖励和交易手续费。这个竞争的实质是通过蛮力计算寻找符合条件的随机数，先找到的人得到记账权。这个过程没有巧劲，只能靠蛮力计算，这对加密货币的安全性是一个重要保障。同时，这也意味着挖矿过程需要耗费大量的算力和电力。根据英国一份报告的估算，比特币的耗电量超过挪威一个国家的耗电量。这份报告还估算，每笔比特币交易的耗电成本高达 100 美元，同时排放 800 克的二氧化碳。如此高的成本、能耗、碳排放，意味着比特币只能是小众的奢侈品，很难进一步普及、承载大规模的交易。不耗电难以保障安全，耗电又很不环保，这是一个难以破解的悖论。

（4）加密货币涉及灰色监管地带。由于其匿名性，加密货币往往和灰色经济甚至非法经济联系在一起，比如毒品交易、黄色交易、枪支交易，甚至还涉及逃税、洗钱、恐怖融资。因此，如何将加密货币纳入监管，使之远离非法经济活动，对监管是一个考验。这里的悖论是，如果加密货币阳光化了，其市场潜力可能会受影响，市场号召力也可能会受影响。

（5）加密货币的潜在中心化倾向。加密货币依赖于去中心化的账本，很多参与者一起来完成记账的工作。账本分散在很多人的计算机上，增加了加密货币的安全性。可以说，去中心化是加密货币的核心特征。可是，随着加密货币的发展，商业机制开始深入，其出现了中心化的倾向。比如说，矿机的出现使得挖矿成为专业机构的事情，个人电脑挖矿早已被淘汰。实际上，比特币的矿池掌握了大量的算力，增加了合谋的可能性。再比如，比特币的分布集中在少数地址上，增加了被少数人控制的可能性。加密货币到底是不是去中心化的，有没有被中心化机构控制的可能性，其实是一个问题。

（6）加密货币的安全性问题。加密货币在理论上是安全的，但并非没有安全漏洞。比如，一旦丢失密码，加密货币就再也找不回来了，因为没有一个中心化机构为你找回密码，或者重设密码。再比如，中心化交易所看起来是安全的，可是历史上遭受了无数次黑客攻击，曾经最大的交易所"门头沟"，也不能幸免，当今最大的交易所币安也曾遭遇过黑客攻击。

第三，加密货币的未来依然充满不确定性，央行数字货币可能是未来。

说清了加密货币的问题，我们就能很容易明白，加密货币的未来依然充满不确定性。虽然已经被普遍接受、在算法上是安全的，但隐忧依然存在。我们无法排除这样的可能性，因为某个突发事件，人们对于加密货币的信念崩塌，引起价格的大幅下跌，然后人们的信心进一步崩塌，出现恶性循环。

加密货币的核心问题，可以归结为"不可能三角"。加密货币的"不可能三角"，指的是在纯粹意义的无许可公链上，无法同时实现去中心化（decentralization）、可扩展（scalability）、安全（safety）。比特币等加密货币强调了去中心化和安全性，但是交易速度很慢，牺牲了"可扩展"。这样一来，它就放弃了成为交易媒介的可能性。

突破口在哪里？

加密货币要想成为货币，或者至少成为持续存在的资产，安全性是不可以妥协的，这一点没有商量余地。如果安全性受到怀疑，加密世界会瞬间崩塌。实际上，加密货币的世界已经出了很多与安全相关的事故，人们需要做的不是降低安全性，而是增加安全性。

因此，人们必须在去中心化和可扩展中做出抉择。

去中心化是人们的一种梦想，其最终的来源是对中心化金融机构的不信任。可是，我们回顾金融发展史就会发现，中心化是一种趋势，去中心化只在边缘地带存在。这是因为中心化具有巨大的效率优势，能够吸引很多参与者，而去中心化只对少数人有更强的吸引力。货币的非国家化作为一种梦想，具有很强的吸引力。可是当梦想遭遇现实，在以国家为主导的现代社会，这只能是一种梦想。

所以，可以预期的未来主流趋势是人们将牺牲去中心化，专注于追求安全性和可扩展性。加密货币推广的区块链技术可能被央行数字货币吸纳，成为未来央行数字货币的一部分。而加密货币可能作为重要的数字资产继续存在，以满足一部分人对于去中心化安全资产的需求。

未来一个很大的可能性是，加密货币并不会"杀死"主权货币。相反，加密货币引起的技术革命可能会被主权货币吸收，使主权货币更加强大。

附录1
比特币前传

比特币的出现不是一蹴而就的,而是经过了长时间的摸索和准备的。在比特币之前,已经有许多基于信用或电子现金的加密支付系统,它们有的仅仅是存在于学术文章之中,有的已经在某些技术领域取得了突破、专利,有的甚至还走向了商业化。不过,除了贝宝,这些早期的尝试最终都归于失败。

回顾这无数的经验教训,对我们思考比特币是什么、从哪里来、到哪里去、为什么能够成功、未来会怎么样,会有很大的启发。重要的是,我们将看到,比特币之前的这些努力为比特币做了很多准备,包括技术上的准备,以及商业设计、激励机制上的准备。比特币最大的创新是激励机制上的,吸引了很多人,形成了庞大的社区。

电子支付和电子现金的发展,线索很多,是个复杂的过程。本文的回顾不求全面,主要集中在这些早期的发展上,看这些早期发展如何为比特币的发展做前期准备,如何启发比特币的设计。

本附录包含一些技术性内容,以及一些货币原理的讨论,阅读需要一点耐心。不感兴趣的读者可以跳过,不影响全书的阅读。[①]

---

① 本附录中很多讨论,参考了《区块链:技术驱动金融》,阿尔文德·纳拉亚南等著,林华、王勇等译,中信出版社,2016年。

01 现金和信用：支付体系的两大支柱

传统的支付体系都是基于现金或者信用。基于信用的交易，是双方通过显性或者隐性的借贷完成的。比如说，小张靠打猎为生，小李靠打鱼为生，小张今天想吃鱼，他向小李索要两条，约定之后在小李想要猎物的时候，小张会给小李一只兔子。一段时间之后，小李想吃兔子，就跑去找小张，小张就给他一只，这就是基于信用的交易。这样的交易能够完成，是因为小张在小李那里有信用，小李相信小张会履行承诺。这样的信用交易要能达成，往往需要在熟人之间，或者购买方有普遍认可的信用。

同样的交易，也可以通过现金完成。如果小张有现金，就可以用自己身上的两块钱（或是两个贝壳、两个铜板等）去购买小李的两条鱼，而小李得到两块钱后，就可以随时找小张去购买一只兔子。显然，这样的交易更加"干净"，一手交钱，一手交货，小李不需要担心小张"赖账"。这样的交易不依赖于双方之间的信用，范围可以比较广，可以在陌生人之间进行，双方只需要认可"现金"。现金的实质是交易者共同认可的"一般等价物"。换个表达，这里的"一般等价物"其实也是一种信用，是大家都普遍接受的信用。所以，现金和信用并不是相互排斥的，而是底层相同的。

信用体系与现金体系不仅不互相排斥，还是相辅相成的。在信用体系中，需要现金来对商品和债务进行标价。在现金体系中，也常常会有债务，也就是信用。在现代经济中，现金交易只占较小的比例，大量的交易是信用交易，也就是债务交易。如果没有信用交易，很多交易，特别是大规模的交易，就不能发生。所以，现金交易虽然不依赖个体、流通范围更广，但是并不能代替信用交易。实际上，很多时候现金交易为信用交易提供了基础，起到了促进的作用。

这一讨论的意义在于，我们之后看到的支付体系，包括比特币之前的各种电子支付工具和体系，有的是基于现金的，有的是基于信用的，有的是二者兼而有之。在比特币之前，基于现金的支付体系和基于信用的支付体系都已经发展很多年。

02 网络信用卡：电子支付的中介系统

基于信用的支付，主要代表是传统的信用卡交易。在电子商务兴起之前，信用卡已经非常普及，是流行的第三方支付方式。电子商务兴起之后，很多支付沿用了信用卡支付，很多网站都接受信用卡。比如我们在亚马逊平台购物，输入信用卡信息，即可完成支付，这个操作过程和在线下商店用信用卡支付，并无太大区别。如果你不介意给网络商家提供信用卡信息，信用卡交易已经可以完成网络购物的支付。

不过，早期的时候，很多人对于网络加密不信任，不太愿意在网站上输入信用卡信息，于是就发明了一种替代方式——网络中介系统，也称为"网络信用卡"。

网络信用卡的核心在于在买家与卖家之间存在中介机构，比如银行、信用卡公司或是贝宝这样的中介机构。买东西时，你将信用卡信息发送给中介机构，由中介机构核准交易并通知卖家，并在每个交易日结束时与卖家统一结算。

这一结构的优势是，你不需要直接向卖家提供你的信用卡信息，从而规避了安全风险。同时，你也无须向卖家提供任何个人信息，从而保护了个人隐私。这一结构的劣势在于，它增加了复杂性，而且高度依赖第三方。你和卖家无法进行直接交流，任何交流都要通过第三方，都得在第三方开设账户。

专门针对网络的信用卡公司，很早就出现了。1994年，第一虚拟公司（First Virtue）成立，是一家较早成立的中介支付公司。其交易结构是这样的：用户在第一虚拟公司注册，提交信用卡信息；当用户进行网络购物时，商家把详细的支付信息发送给第一虚拟公司，第一虚拟公司与用户确认支付信息，确认无误后批准支付。

其中有两个细节值得注意：第一，所有沟通都通过电子邮件；第二，用户有90天的拒付期，3个月后卖家才能收到货款。总体上，第一虚拟公司的支付结构和传统信用卡很类似，可以称为"网络信用卡"。只不过，它帮助保护风险和隐私，并增加了延迟支付，借以增加安全性。当然，这个成本由商家承担，也就降低了第一虚拟公司的吸引力。

20世纪90年代中期，还出现了一个较有竞争力的中介体系，名叫安全电子交易协议（secure electronic transaction，简称SET）。在SET体系中，用户无须把信用卡信息提供给商家，也无须在中介公司注册账户。交易时，用户的浏览器会将交易和信用卡信息加密储存在自己电脑上的应用程序里，只有中介能够解密这些信息。用户把加密过的信息发送给商家，之后商家将这些加密过的信息连同它们自己的交易信息发送给中介。中介解密用户的信息，与商家的交易信息进行比对，在双方信息一致的情况下，中介就会批准支付。这个交易机制的要点是加密，而且只有中介能解密交易双方的加密信息，并批准交易，安全性得到保障，缺点依然是对中介的依赖程度很高。

一家名叫网络现金（CyberCash）的公司采用了SET体系。有趣的是，这家公司除了处理信用卡支付交易，还拥有一种叫作网络币（CyberCoin）的数字货币。这是一种小额支付系统，用于小额消费。比如，你可以用网络币支付几美分在线阅读报纸的费用。但是，网络现金公司于2001年破产了。有一种说法是，网络现金公司受到千禧虫感染（Y2K bug），向部分客户重复收费。倘若如此，也是够不小心的，受千禧虫影响的公司并不多。

网络现金公司破产后，其知识产权被威瑞信（VeriSign）收购，接着转卖给贝宝，贝宝屹立至今，是美国最大的第三方支付公司。所以，SET系统还是很有价值的，只是网络现金公司没能够充分发挥其中的价值。

SET体系的有效性，来自它的认证机制。认证就是把加密过的身份，即公钥，与现实身份对应起来。网站要从威瑞信这样的认证授权公司获得认证，用户的浏览器才会判定它是安全的。认证之后，网站上通常会显示一个锁形状的图标，这是一个安全的标志。

这个认证机制的缺点在于便利性比较差。网络现金公司和SET体系认为，安全性比操作便捷性更重要，因此，它们不仅要求服务商和商家认证，还要求用户也必须认证。但是，认证的过程极其烦琐，这对系统的普及来说，简直是灾难。几十年来，大多数用户都拒绝使用要求终端客户认证的系统。后来的比特币系统，通过公钥本身来进行辨别，无须用户的真实身份，就避开了这一难题。SET系统，相当于替比特币趟了一个雷。

除了贝宝，所有的网络信用卡，都没能够获得商业上的成功。贝宝的成功固然是基于多种因素，但一个不得不考虑的因素是，在网络世界里天然存在头部效应，甚至是头部通吃。贝宝的成功，意味着其他网络信用卡即便很努力，也很难成功了。

03　电子现金：最早的电子支付尝试

现金体系的运行和信用体系有很多不同。现金体系运行有一个前提条件，就是需要初始的现金才能开始运转，而信用体系则不需要。因此，现金体系需要一个"现金发行"的过程。这个现金发行的过程，很可能会产生很多摩擦。比如，发行的货币先给谁、后给谁，会产生利益的再分配，这是广义的铸币税。

作为对比，信用体系不需要这个过程。每个经济个体都有信用，只是多少的区别。没有信用或信用很少的个体必须先获得现金，才能进行购买行为。有信用的个体则可以利用自己的信用"赊账"购买。从这个角度看，信用体系有更大的灵活性。信用体系的这种灵活性，来自信用在经济个体之间的广泛分布。

而现金体系需要一个大家接受的货币发行方。换个角度理解，货币发行的过程，其实是压制了遍布在经济体系中的分散的信用，至少没能充分利用这些信用。作为对比，信用体系则尝试使用这些分散的信用，所以更加灵活。因为分散的信用总量大很多，所以信用体系在现代经济中的占比也很大。

借用大家熟悉的语言：现金体系像货币的"独裁体系"，依赖于发行机构的中央信用；信用体系是货币的"民主体系"，能更好地利用分散的信用。"独裁体系"看起来很强大，但是不能利用民间智慧，因此有很大的短板。

不过，信用体系也有明显的缺点，表现在以下几个方面。

（1）在信用体系，债权人要承担债务人赖账的风险，债务人有时候是无力偿还，有时候是不愿意偿还，即偿还能力和偿还意愿不足。

（2）信用几乎总是与特定的个人或机构挂钩，无法做到匿名。

（3）信用系统难以在陌生人之间展开，而现金系统可以。

（4）信用系统若要在陌生人之间展开，则需要借助第三方中介机构，而现金系统可以在陌生人之间展开，无须借助第三方。

附表1-1 现金体系和信用体系对比

	现金体系	信用体系
标价	能	依赖现金
初始分配	现金创造	附着于经济单位（自然人或法人）
违约风险	无交易违约风险，但有货币发行方违约的风险	有
匿名	是	否
依赖第三方中介	否	是
交易范围	大	小
在现代经济中的占比	小	大

让我们回到网上支付这个主题。考虑到网上支付经常在陌生人之间进行，需要满足安全、匿名的要求，现金体系具有明显的优势，信用体系很难大范围展开。[1] 以往的信用体系，除了贝宝，都因为各种原因没有成功。因此，电子现金成为技术突破的主要方向。

---

[1] 在信用体系中，买家担心泄露个人信息和信用信息，而卖家担心买家赖账，而若有中介机构又会使交易过程变得极其复杂。

电子现金体系需要解决两个核心问题。

第一个问题是防伪，防止伪造电子现金。技术上，这可以通过加密数字签名的方式解决，即电子现金的发行方（简称"发行方"）对发出的每一张电子货币进行加密数字签名，别人通过验证这个签名就可以识别真伪。经过多年的发展，目前数字签名的技术已经比较成熟，用起来非常简单，不仅可以加密，而且不会泄漏签名者的私密信息。

第二个问题是防止"双重支付"（double spending），也就是"双花"。双花是一笔钱花两次，指的是人们可以复制虚拟货币的数据，将之传输给多个人，从而将同一张货币消费多次。实体货币比如纸币、硬币，因为有真实的载体，天然就杜绝了双花。数字货币的复制粘贴成本几乎为零，就产生了双花问题。

双花问题的一个可行解决方案是，发行方在发行的每一张电子现金上印一个独特的序列号，并进行签名。（1）当有人收到这张电子现金时，他向发行方确认这张电子现金是否已被使用过，没被使用过的电子现金才是有效的。（2）所有收到电子现金的人，要定期将收到的电子现金交还给发行方，换取相同数量的、发行方重新签发的、印有新序列号的电子现金。

这一方案是可行的，但是有两个问题。（1）该方案高度依赖发行方，每次交易都需要发行方介入。（2）这一方案难以匿名，因为序列号总是和个人、机构信息一同记录在案。后续的方案，致力于解决这两个问题。

1983年，戴维·乔姆（David Chaum）在上述方案的基础上，提供了一个创造性的解决方案，不仅可以杜绝双重支付，还可以保护用户的匿名性。

戴维·乔姆方案的工作机制如下：发行方发行现金时，对应的独一无二的序列号由现金接收方选择，而不是由发行方选择；发行方只是在电子现金上签字，但不能看到序列号，这被称为"盲签"（blind signature）。现金的接收方会选择一个较长、随机的序列号，这样的序列号更有可能是独一无二的，更不可能和别人的重复。

戴维·乔姆的这一方案，运行时依然需要一个大家信任的货币发行方，以及中心机构管理的服务器。这个服务器必须参与每一笔交易，一旦服务器停止运行，交易就不得不暂停。所以，盲签的引入虽然解决了匿名性问题，但是没有解决过度依赖中心化的问题。尽管如此，这仍是第一个真正意义上的电子货币方案，在电子支付的历史上有重要的地位。

5年之后（1988年），乔姆与两位密码学家阿莫斯·菲亚特（Amos Fiat）和摩尼·纳欧尔（Moni Naor）合作，提出"线下电子货币"的概念。这是一个革命性的概念，突破了电子支付对于"网络"的依赖。不过，在不连接网络的情况下，如何防止用户将同一笔钱支付给多个人呢？

答案是不能。这让人很沮丧，但也不是没有挽回的办法。办法是与其预防，不如事后及时察觉。这一思路的转变，打开了电子支付的另一扇大门。

乘坐没有网络连接的飞机时，如果你用信用卡支付，真正的转账是在航空公司重新连接上网络之后发生的。如果你的信用卡被拒付，你会欠航空公司（或你的银行）一笔钱。传统金融体系的很大一部分就是建立在如何检测错误这一基础上，然后才是收回损失或惩罚失误方。类似的,如果线下电子货币体系被广泛应用,检查错误、减少损失的思路也可以借鉴,既从技术上借鉴,也从法律制度上借鉴。比如,国家可以制定相应法律,规定双重支付属于犯罪行为。

技术上,为了检测出双重支付,乔姆、菲亚特和纳欧尔三人提出了一个复杂的加密机制,这套机制运行过程如下:(1)发行方在电子货币中以加密方式嵌入你的个人信息,除了你本人,包括银行在内的任何人都无法解密;(2)你用电子货币消费时,接收方会随机挑选一部分密码要求你解密,并将之记录下来,这种解密的内容不足以暴露你的身份;(3)如果你用同一份电子货币双重支付,当两个接收方都去银行兑现时,银行可以把两份解密的信息合在一起,最终几乎肯定可以知道你的身份。这样,就解决了双重支付问题。你可以看到,这套工作机制,借鉴了在飞机上刷信用卡的思路。

多年来,许多密码学家一直在研究并完善这一机制,而后提出了一个可以分割电子货币的系统,该系统用到了"零知识证明"(zero-knowledge proofs)的概念。零知识证明指的是,证明者既证明了自己想要证明的事情,又不给验证者透露重要的信息。[1]比如,我

---

[1] "零知识证明"的概念由来已久,史蒂芬·布兰德斯(Stefan Brands)在20世纪90年代已经提出,后来詹·卡梅尼施(Jan Camenisch)、苏珊·霍恩贝格尔(Susan Hohenberger)、安娜·莉斯卡娅(Anna Lysyanskaya)在2005年又提出。顾名思义,零知识证明就是既能充分证明自己是某种权益的合法拥有者,又不把有关的信息泄露出去,即透露给外界的"知识"为"零"。比如,张三要向李四证明自己拥有某个房间的钥匙,假设该房间的锁只能用钥匙打开,其他任何方法都打不开。再假设李四确定该房间内有某一特定物体,则张三只需要用自己的钥匙打开该房间的门,把该物体拿出来出示给李四,即可证明自己确实拥有该房间的钥匙。这种方法就属于零知识证明。它的好处在于在整个证明的过程中,李四始终看不到钥匙的样子,从而避免了有关钥匙的信息泄露。

想告诉你我有一个房间的钥匙，只需要把门打开，不需要给你看钥匙的样子，这样就不泄露关于钥匙的具体信息。你可能奇怪，给人看看钥匙有什么关系？给人看实体的钥匙是关系不大，可是在网络加密中，钥匙对应的就是一串密码，密码是不能轻易给人看的，因此"零知识证明"就很重要。

乔姆不仅提出了很多技术想法，还努力把自己的想法商业化。为此，他于1989年创立数字现金公司（DigiCash），这应该是第一家致力于解决线上支付问题的公司。数字现金公司使用的现金叫电子现金。乔姆的数字现金技术获得了几项专利，特别是它使用的盲签技术。

电子现金的尝试，最终失败了。失败的主要原因在于没能吸引使用者，包括银行、商家、消费者，没有形成足够多的用户群体。没有足够的用户，技术就不能进一步完善，也就不能形成一个正向的循环，慢慢这个新产品就失去了生命力。这一点，在新产品推广中具有重要地位。

一个有意思的插曲是，乔姆申请专利的行为引发了不少争议，因为这妨碍了其他人使用该技术进一步开发电子现金系统。在此情况下，几位经常在一个叫"密码朋克"（cyberpunks）的邮件组里互动的密码学专家开始另辟蹊径。比特币的创始人中本聪第一次向全世界宣布比特币系统，就是在一个邮件组里，其前身就是这个密码朋克。这个密码朋克社区，是早期孕育比特币的重要土壤。

密码朋克对于比特币的作用，还在于开发了一种类似的货币，这种货币可以看作比特币的又一重要技术准备。密码朋克的几位密码学家开发了一种叫魔法币（Magic Money）的产品。魔法币类似于电子现金，不过它不是一个字符串，而是采用纯文本界面，你可以通过电子邮件发送交易信息，只需要把交易信息复制粘贴到电子邮件并发送给其他用户就可以了。在这个过程中，要用到 PGP（pretty good privacy）进行加密，以确保信息在传输过程中的安全。PGP 是一种加密软件，用其他终端对终端的电子邮件加密软件也可以。① 这里对比特币的启示作用是，发送的对象可以是文本而不是字符串，这对后来的比特币也有启发。

04　给货币赋值：增加稀缺性

之前创造电子现金的努力没有成功，启发我们思考一个问题：凭空创造一种货币，到底需要哪些条件？这个问题问出来，有点大，我们不妨从两个角度说。第一个是充分条件的角度，这个很复杂，我们很难找出一套条件，说满足了这套条件之后，这个货币就一定能成功，因为"一定"的要求太高了。即便是一个主权国家，发行的货币也不一定能成功。第二个角度简单一点，是必要条件的角度。创造一个货币要想成功，必须具备的条件是什么？要创造一种货币，并且使这种货币为人广泛接受，那就必须让人们觉得这种货币有价值。简言之，必须为这种货币赋值。这种价值尽管可以有多种来源，但是一定程度的稀缺性必不可少。比如，黄金和其他金属在历史上

---

① 随后，本·劳里（Ben Laurie）创立了 Lucre 系统，该系统试图用一种非专利技术替代电子现金中的盲签，其他则与电子现金系统大致类似。伊恩·戈德堡（Ian Goldberg）提出的方案则试图解决无法分割电子货币换取零钱的问题。这些都是对于替代或改进电子现金系统的尝试。

成为货币，与其稀缺性不无关系。

在比特币系统中，这一稀缺性是通过"挖矿"，即暴力计算寻找符合条件的随机数的方式实现的。在这里，稀缺的是"算力"，通过算力来解数学题。更准确地说，稀缺的是"给定时间内的算力竞争"，因为只有最早找到随机数的人，才能获得比特币奖励。这些数学题本身并没有实际价值，算力竞争本身也没有价值，但是创造了一种"稀缺"，和其他方式结合起来，赋予了比特币价值。

通过解决数学问题来赋予虚拟货币价值，这一想法并不新鲜。早在1992年，密码学家辛提亚·沃克（Cynthia Dwork）和摩尼·纳欧尔就首次提出这种方案，目的是减少垃圾邮件问题。基本工作原理是这样的：当你每次发送邮件时，计算机都不得不花几秒钟的时间解决一道数学计算题目，如果你没能附上题目的答案，收件人的邮箱会自动忽略你发来的邮件。这个几秒钟的时间对于正常的邮件发送并无妨碍，但是对于大规模发送垃圾邮件的人，就构成了巨大的成本。

这种方法要想阻止垃圾邮件，用来增加时间成本的数学计算必须具备如下性质。

（1）一道题目只对应一封邮件，而对其他邮件不适用。也就是说，一次计算的结果不能粘贴到其他计算中去。要做到这一点，每封邮件要有"特殊性"，邮件对应的题目内容要取决于发件人、收件人、邮件内容和发送时间。

（2）题目之间相互独立，即解决一道题目不会减少解决其他题目所需的时间。

（3）随着硬件性能的提升，解决数学问题变得越来越快、越来越容易，必须逐渐提高题目难度。

（4）收件人无须重复解题的烦琐过程，就可以轻松验证发件人附上的答案是否正确。也就是说，刚才的数学题解起来有点难，要耗几秒的高性能电脑计算时间，但验证答案是极为容易的。

早在1997年，亚当·贝克（Adam Back）在一个名为哈希现金的体系中采用过类似设计。比特币使用的数学计算与哈希现金基本类似，只是进行了微小的改进。所以，哈希现金也是比特币的一个技术储备。

05 区块链：把一切信息记录在账本中

上文提到的算力竞争，是比特币的一项重要技术准备，功能在于增加稀缺性，从而给比特币赋值。比特币的另一项技术准备是区块链。区块链像一个数据库账本，安全记录所有的比特币交易信息。

区块链的理论基础由来已久，可以追溯到哈勃（Haber）和斯托尔内塔（Stornetta）于1991年发表的一系列论文。他们提出的不是虚拟货币，而是一种可以安全地对数字文件打上"时间戳"的方法。时间戳可以记录文件创建的大概时间，以此反映文件创建的先后顺序，从而建立了一个有时间先后属性的"序列"，而不是散乱的点。这一点，对于交易账本很重要，因为账本需要知道交易的时间先后和账户里的余额信息，以判断交易能否发生。时间戳的安全性体现在文件的时间戳一旦生成，就无法更改。

随后的研究提出了提升效率的方案：不必单独连接各个文件，

而是把它们集合成块，然后在一条链中连接各个块。在每个块里，文件通过树状结构而非线性结构的方式互相连接。这一方法减少了在整个系统中查找文件所需的工作量，因此提高了效率。

后来的比特币沿用了这一数据结构，又进行了微妙的改进。它用一种类似于哈希现金的协议，来降低区块链里增添块的速度。这种改进虽然看起来不大，但是很重要，给比特币的安全性带来了深远而有益的影响。

简单概括，比特币融合了两种数学技术：（1）用数学计算来控制新币的产生，增加稀缺性；（2）用安全的时间戳来记录交易信息，形成序贯系列，防止双重支付。

比特币是一种集成创新，类似的思路之前出现过，比特币是在之前的思路上进行完善。比如，华裔密码学家戴伟（Wei Dai）在1998年提出的B币（b-money）和尼克·萨博（Nick Szabo）的比特黄金（Bit Gold），都包含这样的思想。B币和比特黄金都不是正式发布的体系，B币是在一篇发表在邮件组里的文章中提出的，比特黄金则是在几篇博客文章中提出的，二者从未被真正实施和应用。不像比特币白皮书，它们也没有给出详细设定或程序源代码。二者都涉及可能无解的若干问题：其一，当服务器和节点对数据库账本的记录不符时应该如何处理，二者都没有给出明确解决方案；其二，随着单位算力越来越便宜，二者并未像比特币那样设置周期性自动调节运算难度的机制，致使其货币随创造难度降低而贬值。这些问题的解决方案，也都是比特币的创新。

06　两种简单的加密货币：高飞币与财奴币

高飞币与财奴币是两种假想的加密货币。这两种加密货币比较简单，应用了一些密码学的原理，可以看作通往比特币之路的两次尝试。通过理解这两种货币，特别是其中的问题，我们可以更加清楚地看到比特币为何能成功。

- 高飞币 -

高飞币（Goofy Coin）是我们能想到的最简单的加密货币。它仅有两条规则：（1）高飞可以随时创造新币，而且这些新币都归高飞所有；（2）拥有此币的人可以将其转给其他人。

高飞发行货币时，会生成一个之前从未用过的字符串，并对其使用秘钥进行签名，该字符串与高飞的签名一起构成一单位货币。任何人都可以通过验证该币包含的高飞签名，从而验证该币的真伪。所以，货币防伪问题是得到解决的。基于目前的加密技术，数字防伪已经不是大问题了。

问题出在转让中。当高飞想将一个币转给别人，比如爱丽丝时，高飞创建声明："将此币支付给爱丽丝。""此币"就是该币的哈希指针，"爱丽丝"是爱丽丝的公钥，然后高飞对这个声明进行签名。之后，该币的持有者就变成了爱丽丝。她可以向任何人证明这个币属于她，因为有高飞签名的数据结构存在。同样，如果爱丽丝想要将币花掉，她也可以创建并签署声明，"将这个币支付给鲍勃"，以此类推。

这种货币转让存在一个致命的缺陷，就是不能防止双花：如果爱丽丝将该声明发送给鲍勃而其他人不知道，她也可以将此币支付给查克，而在查克看来这是一个完全有效的交易。也就是说，爱丽丝可以将这个币双重支付，而真正的货币是不能这样"双花"的。所以，高飞币没有解决双花问题，因此是不安全的。

- 财奴币 -

为解决双重支付问题，财奴币在高飞币的基础上被创建出来。具体思路是一个叫财奴的指定实体负责公布账目，这个账目包含所有发生过的交易，并且是"仅增"的。"仅增"的意思是，写入这个账目的任何数据都会被永久保留下来。为实现账目仅增的功能，财奴建立一个区块链，每一个区块中包含一笔交易、交易 ID 以及上一个区块的哈希指针（见附图 1-1）。每生成一个新区块，财奴都要对这个新区块中的哈希指针（指向上一个区块）进行签名，只有经过财奴签名的区块链上的交易才算数，任何人都可以核查财奴在区块中的签名，从而验证交易是否经过财奴的支持。财奴确保不会支持双重支付，这就防止了双重支付问题。

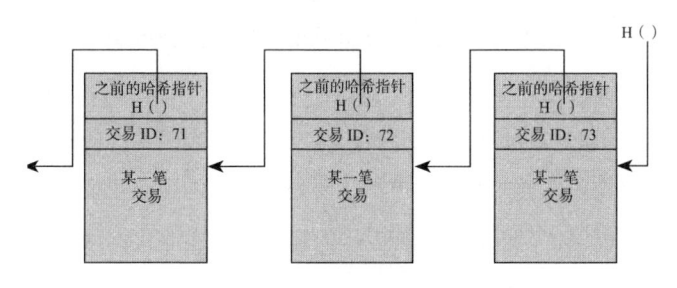

附图 1-1　财奴系统中的区块链

区块链上的哈希指针，保证了财奴不能试图增加、移除或修改已有交易记录，因为一旦这样做，就会通过哈希指针影响后面所有区块，只要有人监督财奴发布的最新哈希指针就能发现。这样就防止了财奴可能篡改交易记录的问题。

像高飞币一样，财奴币有两种交易。

第一种是造币，类似高飞币。第二种是付币，这一交易会消耗币，也就是移除它们，同时创建具有相同面值的新币。付币交易必须由原本该币的持有人进行数字签名。当且仅当以下4个条件满足时，付币才有效，财奴会接受交易，并计入账本：（1）被消耗的币有效；（2）被消耗的币之前没有被消耗过，即不是双重支付；（3）本次交易产生的币等于消耗的币；（4）币原本的所有者进行了有效的数字签名。

财奴币通过引入财奴这个中心化的实体，使其维护一个仅增的区块链，这样就防止了双重支付。但是问题也出在这里，财奴权力太大了，使得这个系统高度依赖财奴这个中心化的记账者，因此风险很大。比如，财奴可以停止支持其他用户的交易，除非他们向财奴支付好处费。再比如，财奴可以无限制地造币，导致货币过量发行。最后，财奴还可能厌倦了整个系统，停止更新区块链，导致系统崩溃。

财奴币的问题是中心化。解决这个问题的思路是：能否建立一个类似财奴币那样的系统，但不需要财奴这样的中心化实体？这样的系统可以保留财奴币的优点，同时用一个去中心化的区块链代替财奴这个单一的记账实体。

为了建立这样的系统，需要解决的首要问题是所有用户如何在交易历史记录发生后，一致同意采用一个公开区块链？他们必须一致同意哪些交易是有效的、哪些交易实际发生了。他们还需要能够用一种去中心化的方式分配用户身份。最后，新币的铸造也需要通过去中心化的方式来进行。解决了这些问题之后，这样的一个系统就与比特币非常像了。

07 结语

电子商务已经发展了很多年，网络支付也发展了很多年。与之前的尝试相比，比特币的成功令人瞩目。它有许多优秀的创新，例如区块链和去中心化，用户之间可以直接交易，能够有效地确保用户的匿名性。比特币的创新不是凭空而来的，而是吸取了之前尝试的经验教训。通过回顾之前网络支付的发展历程，我们可以更清楚地看到之前的发展，为比特币做了很好的准备。

附表 1-2 比特币的前身（电子支付/电子货币）

名称	发起者	时间	技术原理	优缺点
（一）信用体系					
第一虚拟公司	不详	1994年	网络信用卡：（1）用户注册，提交信用卡信息；（2）用户购物时，商家将支付信息发送给中介，中介将其和用户发来的信息比对，确认后用户才支付；（3）商家90天后收到货款	优点：无须向商家提供个人信息和信用卡信息，保护了安全性。缺点：（1）交易必须通过中介，增加了交易复杂性；（2）无法保护用户匿名性；（3）无法线下交易；（4）有买家拒不偿还债务的风险

（续表）

名称	发起者	时间	技术原理	优缺点
网络现金公司	不详	创立：1994年 破产：2001年 破产后其知识产权被威瑞信收购，后来卖给贝宝	安全电子交易协议（secure electronic transaction，简称SET）：（1）用户购物时将交易和信用卡信息加密发送给商家；（2）商家将用户加密信息和自己的交易信息一起发送给中介；（3）中介解密用户信息，与商家信息一致时才批准支付	优点：用户无须在中介公司注册账户，即保护了用户的匿名性，其他同第一虚拟公司。缺点：（1）交易必须通过中介，增加了交易复杂性；（2）无法线下交易；（3）有买家拒不偿还债务的风险；（4）要求用户也获得认证，比较烦琐
（二）现金体系				
网络币	网络现金公司	创立：1994年 破产：2001年	不详	小额支付系统，用于小额在线支付，如几美分的在线阅读报纸的费用
数字现金公司 电子现金	戴维·乔姆（David Chaum）	创立：1989年	（1）加密数字签名；（2）盲签名技术；（3）加密机制以检测双重支付，后期以防侵入硬件预防双重支付	优点：拥有现金体系的优点，如规避买家违约，保护匿名性等，后期支持线下交易，无须第三方。缺点：（1）没能说服商家和银行使用，没有很好地支持用户之间的交易
Mondex	英国西敏寺银行	创立：1995年	带有防侵入硬件的电子现金系统，使用智能卡片和读卡器	优点：同数字现金公司。缺点：（1）卡片类似现金，丢失或被盗无法挽回；（2）卡片或读卡器发生故障，就无法知道余额是多少；（3）设备反应较慢；（4）需要支付终端，而商家不喜欢太多终端，商家已经有信用卡POS机

（续表）

名称	发起者	时间	技术原理	优缺点
哈希现金	亚当·贝克（Adam Back）	创立：1997年	通过计算数学题目来赋予虚拟货币价值	仅使用这一系统来阻止垃圾邮件，但垃圾邮件问题没有足够严重，也有其他替代方式
B币（b-money）	戴伟（Wei Dai）	创立：1998年（从未正式发布）	以类似哈希现金的方式创造虚拟货币	优点：拥有现金体系的优点，如规避买家违约风险，保护匿名性等；去中心化的点对点网络。缺点：（1）针对每个节点记录的账本不一致问题，没有给出明确解决方案；（2）未解决当单位算力价格下降，新货币贬值的问题
比特黄金	尼克·萨博（Nick Szabo）	初步想法：1998年 初次公开提出：2005年（从未正式发布）	同B币	同B币

比特币最成功之处，是在技术准备的基础上，引入了很好的激励机制，吸引了一批具有激情的用户和开发者，他们愿意为开源技术出一分力。这与之前由公司开发的虚拟货币不一样，后者的支持者只是公司内部员工，没有形成开放的开源社区。比特币成功的很大一部分原因，是它拥有一个庞大的生机勃勃的支持群体，他们共同推动科技的发展，招徕客户，并说服商家采用它。

附录 2
加密货币大事记

比特币2008年11月1日上线，开启了加密货币的新时代，截至2022年，已经13年多。在13年多的时间里，比特币走过了从一开始默默无闻到现在举世瞩目的历程。比特币不仅自身发展壮大，还让区块链技术发展成熟，并催生了以太坊、天秤币、央行数字货币等重大技术创新和货币现象。

本附录简要梳理比特币和加密货币发展中的重要事件，借以看清比特币发展的脉络。依据不同阶段的特点，在此将加密货币13年多的发展历程，分为4个阶段。

第一阶段：创世纪（2008年）。

在这一阶段，比特币发布白皮书并正式上线，开始了加密货币新纪元。

第二阶段：第一次（2009—2013年）。

比特币问世后，发生了很多第一次，包括出现第一个区块，第一次设定价格，进行第一次虚体交易、第一次实体交易，第一次难度提升，开立第一家交易所，出现第一次分叉、第一个矿池，出现第一次价格飙升、第一次价格腰斩，成立第一家中国交易所，出现第一台矿机，第一次监管来临，等等。

这时，比特币处于快速发展的阶段，出现了很多新变化，为更大规模的发育做准备。在这期间，交易所、矿池、矿机的出现，标志着比特币已经开始商业化。特别是矿池和矿机的出现，宣告了比特币供给侧的商业化，挖矿不再是散户分散的活动，必须借助资本和商业组织的力量。同时，监管的介入标志着比特币逐渐被监管者接受，为进一步发展开辟了道路。从这里可以看到，早在比特币的初期，商业组织和监管就已经介入，比特币从来都不是网络世界的乌托邦。到了2013年，比特币已经初具规模，初步成熟。后续的发展，主要是更大范围的普及和接受。

在这一阶段，还有几次有趣的小插曲，比如遭受黑客攻击、暗网破案、中本聪告别、大规模的钱包丢失，等等。这些插曲告诉我们比特币的发展之曲折。

第三阶段：区块链2.0（2014—2019年）。

2014年7月，以太坊开始众筹。2015年7月，以太坊主网上线，标志着区块链进入2.0时代。区块链1.0时代，以比特币的诞生为标志，核心是数字货币。区块链2.0时代，以以太坊为代表，核心是智能合约，在智能合约的基础上，可以开展更复杂、更广泛的金融活动。

2015—2016年，加密货币处于蛰伏期，价格也处于震荡中。蛰伏不是衰落，万物依然生长。蛰伏，是为了更好地上涨。2017年，比特币价格迎来大爆发，突破10 000美元大关，总市值达到3200亿美元。从此，比特币被称为投资世界的巨无霸，再也不是吴下阿蒙。

2017年，初始代币的火爆是区块链历史上另一个重要事件。初始代币发行实质是借助新技术的证券发行，因为绕开了监管而火爆一时。随着监管的介入，初始代币发行开始进入理性时代。

2019年，脸书公司发布天秤币白皮书，是这一时期的另一重要事件。天秤币的定位，是为全球亿万居民提供货币工具和金融基础设施。天秤币的出现，对现有主权货币体系形成了挑战。虽然天秤币至今没有能够推出，但是冲击波已经形成。天秤币白皮书发布以后，各国央行数字货币的研发开始加速。

第四阶段：加密货币成熟（2020—2021年）。

这两年，随着华尔街的接受，比特币等加密货币的价格继续上涨。比特币价格一度突破60 000美元，最高达到68 519美元，最高时对应总市值高达1.3万亿美元。众多金融机构的接受，意味着比特币已经逐步成熟，被纳入主流的金融版图，成为重要的投资产品。比特币的简史至此可以暂告一段落，直到下一次重大变化发生。

从2020年开始，随着加密货币的成熟，央行数字货币开始提速，捍卫货币世界的王者地位。2021年，元宇宙浮出水面，引起无数遐想，人类向虚拟世界进军。

真实世界是不断演化的。

过往一切，皆为序章。故事已经开始，但远没有结束。

本附录内容，可以和第二章《祛魅：从不名一文到烟花绚烂》对照阅读。第二章是从市场发育的角度看比特币的发展，本附录包含了很多发展过程中的细节。

01　第一阶段：创世纪（2008年）

1. 2008年10月31日，中本聪发布论文"Bitcoin: A Peer-to-Peer Electronic Cash System"（《比特币：一种点对点式的电子现金系统》），比特币白皮书诞生。

发布场所是隐秘的密码学讨论组（http://metzdowd.com）。发布截图见附图 2-1。

Bitcoin P2P e-cash paper

Satoshi Nakamoto <u>satoshi at vistomail.com</u>
Fri Oct 31 14:10:00 EDT 2008

- Previous message: Fw: SHA-3 lounge
- **Messages sorted by:** [date] [thread] [subject] [author]

```
I've been working on a new electronic cash system that's fully
peer-to-peer, with no trusted third party.

The paper is available at:
http://www.bitcoin.org/bitcoin.pdf

The main properties:
 Double-spending is prevented with a peer-to-peer network.
 No mint or other trusted parties.
 Participants can be anonymous.
 New coins are made from Hashcash style proof-of-work.
 The proof-of-work for new coin generation also powers the
    network to prevent double-spending.

Bitcoin: A Peer-to-Peer Electronic Cash System
```

附图 2-1　比特币白皮书截图[①]

邮件摘要强调：（1）点对点网络；（2）预防双花；（3）去中心化；（4）可匿名；（5）工作量证明。

2. 2008 年 11 月 1 日，比特币正式上线，标志着比特币的诞生。

02　第二阶段：第一次（2009—2013 年）

1. 2009 年 1 月 3 日：第一个区块被挖出（创世纪阶段）。

---

① 该白皮书截图大意为：我一直在研究一种新的完全点对点的电子现金系统，该系统无须可信赖的第三方参与。——编者注

2009年1月3日,中本聪在芬兰赫尔辛基的一个小型服务器上挖出了第一个区块,同时产生第一批50个比特币。这一天,也被称为比特币的生日,距离比特币上线2个月零3天。

似乎有意讽刺,创世区块记录着《泰晤士报》当天头版的新闻标题——《2009年1月3日,财政大臣正处于实施第二轮银行紧急援助的边缘》(The Times 03/Jan/2009 Chancellor on brink of second bailout for banks)。比特币的诞生和主流金融机构的危机,是联系在一起的。

2. 2009年1月12日:第一笔比特币转账交易

2009年1月12日11点30分,中本聪给哈尔·芬尼(Hal Finney)[①]转账10个比特币。这是世界上第一笔比特币转账交易,也被认为是人类历史上首次摆脱授信第三方金融机构的点对点测试交易。

3. 2009年10月5日:第一次定义价格

比特币诞生后,价格一直为0。2009年10月5日,一个叫"新自由标准"(New Liberty Standard)的用户,在一个比特币的早期论坛上提出了比特币价格的计算方法:用计算机获取比特币(挖矿),运行一年的平均耗电量是1331.5千瓦时,乘以上年度美国居民用电平均成本0.1136美元/千瓦时,除以12个月,再除以过去30天里

[①] 哈尔·芬尼(1956年5月—2014年8月):密码学家,在比特币诞生之初,和中本聪是世界上最早的两个"矿工"。他是中本聪的前辈,比特币重要技术"工作量证明机制"的发明者,后来患上肌萎缩侧索硬化(渐冻人症),晚年靠出售比特币来支付高额的医疗费用,于2014年8月29日离世,并进入冷冻状态。也有人认为,他就是中本聪本人。

生产的比特币数量，最后的结果除以 1 美元，得出 1 美元 =1309.03 比特币，也就是 1 个比特币约值 0.076 美分。

"新自由标准"还提出：人们需要一个可以用真正货币交易比特币的网站，受到论坛版主的支持。2009 年 10 月 12 日，论坛版主给了他 5050 个比特币，他也向版主在线支付了 5.02 美元（1 比特币 ≈0.000 994 059 美元）。这是最早有记录的比特币交易价格。

4. 2009 年 12 月 30 日：第一次难度提升

为保持约每 10 分钟出 1 个区块的速度，比特币网络进行了调整，使得挖矿难度变得更大。这是第一次难度调整，距离创世块的出现（2009 年 1 月 3 日）将近 1 年。

在 2009 年的时候，比特币挖矿在普通 CPU 上即可进行，当时组网的计算机的平均速度为几十 kilohash/s[①]。后来，随着算力的提升和专业矿机的出现，普通电脑挖矿很快成为历史。

5. 2010 年 1 月 3 日：比特币一周岁

此时共有约 160 万枚比特币被挖出。当时，比特币价值依然很低。

6. 2010 年 5 月 22 日：史上最贵比萨

有一位佛罗里达程序员拉斯洛·韩崖子（Laszlo Hanyecz）在论坛中用 1 万枚比特币换了两个比萨，1 个比特币约合 0.0025 美元。这标志着比特币从代码世界进入了现实世界中。后来比特币价格高企，拉斯洛说："我倒没感到特别沮丧，比萨真的很好吃。" 5 月 22 日被

---

① hash 是计算机算力的单位，指的是为"挖矿"而进行一次哈希计算，每秒多少个 hash 就是一个挖矿机每秒钟能做多少次哈希运算。kilohash 是 1000 次哈希运算，kilohash/s 指的是挖矿机每秒钟能做多少千次哈希运算的单位。

定为"比特币比萨日"。

7. 2010 年 7 月 18 日：第一家交易所——门头沟

2010 年 7 月 18 日，P2P 传输网络"电驴"创始人杰得（Jed McCaleb）上线了全球第一个有影响力的比特币在线交易所门头沟，该交易所一度承担了全球超过 70% 的比特币交易。[①]

8. 2010 年 8 月 15 日：第一次价值溢出

8 月 6 日，比特币协议中的一个主要漏洞被发现：交易信息在没有经过正确验证之前，就被列入交易记录或"块链"，这使得用户可以绕过比特币的认证机制并能创造无数的比特币。8 月 15 日，漏洞被人恶意利用：在一次交易中生成了 1844 亿枚比特币（发生在区块高度 74 638 处），并被发送到两个比特币地址。

中本聪很快发现问题并动手解决：事件发生 5 小时后发布 0.3.1 版本，阻止了未来通过此漏洞利用比特币进行复制，同时 1844 亿枚比特币也被删除。比特币版本 0.3.1 生成的链条成为今天每个人都使用的主要区块链。

9. 2010 年 12 月 16 日：第一个矿池

比特币矿池出现，采矿成为一项团队运动：一群矿工在 Slush 矿池挖出了它的第一个区块。根据其所贡献的工作量，每位矿工都获得了相应的报酬。此后的两个月，Slush 矿池的算力从 1400 Mhash/s 增长到了 60 Ghash/s，增长约 42 倍。

10. 2011 年 4 月 23 日：中本聪的最后一封邮件

---

① （1）中文翻译为门头沟，和北京的门头沟地区没有任何关系，纯属巧合；
（2）严格意义上，门头沟不是第一家比特币交易所，而是第一家有影响力的交易所。比门头沟早成立的交易所交易量很小，几乎不为人知。

中本聪在给迈克·希恩的邮件中，声明退出比特币社区。这是中本聪最后一次参与比特币社区讨论，标志着他的退出。从此以后，中本聪不知所踪。邮件截图如下：

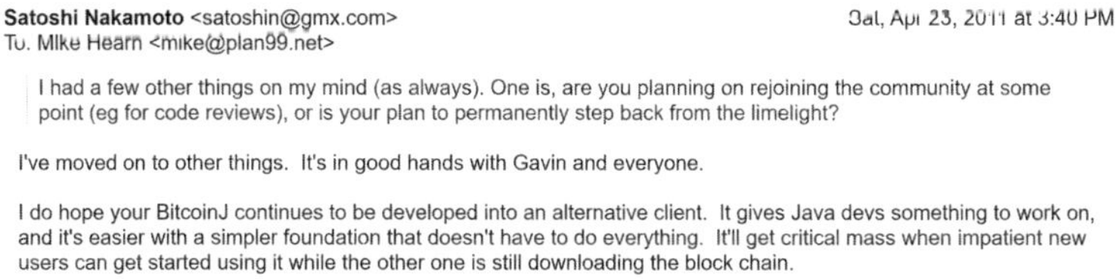

Satoshi Nakamoto <satoshin@gmx.com>　　　　　　　　　　　Sat, Apr 23, 2011 at 3:40 PM
To: Mike Hearn <mike@plan99.net>

I had a few other things on my mind (as always). One is, are you planning on rejoining the community at some point (eg for code reviews), or is your plan to permanently step back from the limelight?

I've moved on to other things. It's in good hands with Gavin and everyone.

I do hope your BitcoinJ continues to be developed into an alternative client. It gives Java devs something to work on, and it's easier with a simpler foundation that doesn't have to do everything. It'll get critical mass when impatient new users can get started using it while the other one is still downloading the block chain.

附图 2-2　中本聪的退出邮件 [1]

11. 2011 年：第一次价格高企

比特币价格从年初不足 30 美分，一路攀升到最高 31.9 美元，上涨超过 100 倍。比特币首次从小范围的极客圈走进公众视野。

12. 2011 年 6 月：暗网"丝绸之路"

暗网"丝绸之路"开始有大量比特币交易，比特币被作为"官方货币"在暗网中交易毒品、枪支等。比特币开始与黑市扯上瓜葛，其合法性问题进入公众视野。

13. 2011 年 7 月：第一次交易所丢币

当时世界第三大比特币交易所 Bitomat，宣布丢失了 wallet.dat 文件的访问权限。也就是说，他们丢失了代客户持有的 17 000 枚比特币。这件事情告诉我们，区块链也许是安全的，但交易所是中心化机构，并不安全。

14. 2012 年 6—7 月：矿机初现

---

[1] 中本聪在邮件中明确表示，他已经"转移到其他项目"，同时交出了他用来发送全网警报的加密密钥。——编者注

2012年6月,美国蝴蝶实验室宣布研发ASIC矿机,并宣布把新产品上市时间定在2012年9月,此时距离比特币上线仅有三年半。

2012年7月,烤猫(Friedcat)在论坛上宣称自己能造出ASIC矿机,吴忌寒投入10万身家,帮烤猫筹钱,最后成功筹集了人民币100万元资金。

15. 2012年11月28日:第一次减半

比特币产出迎来首次"产能减半",每个区块产生的比特币从50个减至25个。区块"#210000"是首个奖励减半的区块。同一时期,多家实体经济供应商陆续宣布接受比特币支付。

附表2-1 比特币挖矿奖励变化

	日期	奖励变化(个)
第一次减半	2012年11月28日	50 → 25
第二次减半	2016年7月10日	25 → 12.5
第三次减半	2020年5月12日	12.5 → 6.25

资料来源:作者根据网络收集整理。

16. 2013年:矿机大规模投入使用

2013年初,张楠骞第一个研发出ASIC矿机,命名为"阿瓦隆",但直到9月才发货,前三批次总共1500台。ASIC比特币矿机问世,也孕育着这个市场的新巨头。

2013年6月,烤猫的矿机USB面世,并保持了对全网20%算力的控制。

2013年底,吴忌寒用从投资烤猫赚的几千万美元资本,和詹克团合作,研制出了蚂蚁S1矿机,矿机厂商比特大陆(BITMAIN)登上舞台。

矿机的大规模使用，标志着比特币挖矿走向大规模商业化。

17. 2013年9—10月：中国人的交易所

2013年9月1日，李林的比特币交易平台火币网上线。

2013年10月，徐明星的比特币交易平台OKCoin上线。

18. 2013年11年29日：单枚比特币价格超过每盎司黄金

比特币在门头沟交易所的交易价格达到1242美元，同一时间的每盎司黄金价格为1241.98美元，比特币价格首度超过黄金。

19. 2013年12月5日：监管来临

中国人民银行等五部委发布《关于防范比特币风险的通知》，宣布比特币并不是真正意义的货币，不能且不应作为货币在市场上流通使用，并禁止所有金融机构参与比特币业务。通知发出后，当天比特币价格大跌。

12月18日，比特币单价暴跌，中国两大比特币交易平台比特币中国和OKCoin发布公告，宣布暂停人民币充值服务。随后，比特币的单价跌到了527美元（之前高点为1132美元）。

03 第三阶段：区块链2.0（2014—2019年）

1. 2014年2月24日：门头沟交易所倒闭

门头沟交易所称超过85万枚比特币在过去几年里被盗，并宣布关闭交易所，比特币价格出现巨大波动。

2. 2015年1月26日：比特币交易平台Coinbase上线

2015年1月26日，比特币公司Coinbase创建的美国第一家持有正规牌照的比特币交易所正式开张。

Coinbase 后来发展顺利，是比特币持牌经营的一个成功案例。2017 年 1 月 17 日，纽约金融服务部门（NYDFS）宣布，通过比特币交易平台 Coinbase 的牌照申请，意味着 Coinbase 在美国纽约州的经营终于获得了官方认证（第一家）。2021 年 4 月 14 日，Coinbase 在纳斯达克成功上市，股票代码为 COIN。

3. 2015 年 5 月：暗网"丝绸之路"创始人被判刑

暗网"丝绸之路"创始人被判处终身监禁并不得假释，而罪名是洗钱、黑客入侵、贩卖毒品等 7 项。

4. 2015 年 7 月 30 日：以太坊上线

以太坊正式上线，为智能合约、去中心化应用程序（DApps）的创建和发布奠定了基础，也被视为区块链 2.0。

5. 2016 年 4 月 30 日：The DAO 上线 [①]

区块链公司 Sock.it 设计了 The DAO 以太坊合约，并在 4 月 30 日正式部署 The DAO 智能合约。5 月 27 日完成了当时全世界最大规模的众筹，一共筹集了惊人的 1.5 亿美元。6 月 17 日，The DAO 被黑客攻击并盗取了大量的以太币（3 641 694 枚以太币）。

以太坊创始人"V 神"急匆匆在 Reddit 上发帖："The DAO 遭到攻击，请交易平台暂停 ETH/DAO 的交易、充值以及提现，等待进一步通知。新消息会尽快更新。"

受此事件影响，以太坊价格第二天暴跌约 30%。

---

① The DAO 是基于以太坊的去中心化自治组织，定位为以投资人为导向的风险投资基金，目标是替商业组织与非营利组织提供全新的去中心化商业模式。

与此同时，以太坊社区就分叉事宜进行了激烈的讨论，不少人受够了这种担惊受怕的日子，经过激烈的讨论，最后多数人同意进行硬分叉（V神支持硬分叉）。

7月20日晚，以太坊硬分叉成功。分叉之后，形成了两条链，一条为原链（以太坊经典，ETC），一条为新的分叉链（ETH，是目前以太坊的主链，创始人V神支持这一条链），这两条链代表不同的社区共识和价值观。支持原链的一方认为，发生的事情已经发生，区块链的精神不可篡改，账本形成了就不应篡改，这是原则问题。支持新分叉链的一方则认为这是盗窃，是违法行为，必须予以打击。

6. 2016年7月10日：比特币奖励二次减半

第420 000个比特币区块已被开采。接下来的奖励减半，将发生在第630 000个区块，时间约为4年之后。

7. 2017年5月12日：比特币勒索病毒

蠕虫WannaCry在全球大暴发，感染了大量的计算机，该蠕虫会在计算机中植入敲诈病毒，导致电脑大量文件被加密。受害者电脑被黑客锁定后，病毒会提示支付价值相当于300美元（约合人民币2000元）的比特币才可解锁。

8. 2017年6月23日：首批NFT诞生

NFT，全称Non-Fungible Token（非同质化通证），是一种具备唯一性、不可分割性的代币，每一枚代币都是独特的，不可分割和互换。

世界上第一个真正意义上的NFT作品CryptoPunks诞生，它是由约翰（John）和马特（Matt）创作的系列朋克风的像素头像。他们把这些头像放在了区块链上，首次将图像作为个人加密资产带到了加密领域中。同年 10 月，Dapper Labs 团队带着加密猫游戏走来，每只猫因为加密算法都体现出独一无二的特点。从此，NFT 的概念诞生。

9. 2017 年 8 月 1 日：BTC、BCH 硬分叉

矿工在高度为 478558 的区块执行硬分叉，成功挖出了第一个比特币现金（BCH）的区块。比特币现金承接了比特币的交易数据，但是删除了隔离见证，区块上限升级为 8M（后升级为 32M），致力于通过链上扩容的方式，解决比特币系统中区块拥堵和手续费高等问题，随后按照 1∶1 的比例向比特币持有者分发比特币现金。

10. 2017 年：ICO 与造富神话

ICO（initial coin offering，或者 initial crypto-token offering）中文翻译为初始代币发行，是基于区块链的筹款方法，通过发行代币筹资，筹到的经常是比特币等加密货币。如果项目成功，令牌（token）价格的增长会为投资者带来利润。在早期，初始代币几乎没有监管，后来监管逐渐加强。

有人发现，仅靠一份项目白皮书，即可通过初始代币募集几千万甚至上亿美元。于是，各种项目雨后春笋般冒出，代币上线交易也能获得几十倍、上百倍，甚至逾千倍的涨幅，一场疯狂的造富盛宴就此拉开。初始代币市场火热，但很多是"圈钱"的垃圾项目，整个市场十分混乱，圈钱跑路层出不穷。

初始代币造富效应的一个副产品是带动了虚拟货币和各种区块链应用的大爆发，引发全球追捧，比特币和区块链彻底进入全球视野。

目前，初始代币在很多国家进入平稳发展的阶段，在加密货币市场也占有一定的份额。事后看，初始代币的逻辑也许并没有错，

但是早期缺少必要监管，缺少必要交易成本，导致乱象太多，正确的逻辑淹没在巨大的乱象之中。其教训是市场规则是有用的，一定的交易成本也是有用的，就像摩擦力是有用的。

11. 2017 年 9 月 4 日：代币监管来临

中国人民银行、银监会和证监会等七部门联合发布了《关于防范代币发行融资风险的公告》，要求从此公告发布之日起，各类代币发行融资活动应当立即停止，已完成代币发行融资的组织和个人应当做出清退等安排，合理保护投资者权益，妥善处置风险。

当监管消息一出，数字货币交易所盘面应声狂泻，然后开启了漫长的下跌趋势，比特币等主流币价格跌幅在 30% 以上，代币价格跌幅普遍在 50% 以上。

12. 2017 年 12 月 10 日：贷币（Dai）白皮书发布

MakerDAO 发布了第一版正式白皮书，介绍了贷币稳定币系统，该系统通过担保债仓（collateralized debt position，CDP）智能合约生成贷币稳定币。鉴于以太币是该系统唯一接受的担保资产，生成的贷币被称为单担保贷币（single-collateral Dai，SCD），现又称 Sai。

贷币是区块链上的第一个去中心化的稳定币，也是具有资产作为保障的加密货币，它通过智能合约设定的规则来保证和美元之间保持 1∶1 的锚定，也就是 1 贷币的价值等于 1 美元。

13. 2017 年 12 月 18 日：芝加哥商品交易所上线比特币期货

芝加哥商品交易所上线比特币期货，标志着比特币正式进入主流投资品行列。

14. 2018 年：区块链进入实体经济

在市场狂乱之后，2018 年的虚拟货币和区块链在市场、监管、认知等各方面进行调整，回归理性。

各国均在积极规范代币募资行为，监管政策逐渐完善。谋求代币合法合规成了行业共识，欺诈性的代币募资行为在逐渐减少，公众的防范意识进一步增强。

行业对区块链的认知更加理性和成熟，并且业界已经就一点广泛达成"共识"：区块链的炒作已经结束，今后的主要任务是利用区块链技术"赋能实体经济，加速落地应用"。关于区块链技术的讨论开始多起来，票改、无币区块链、链改、通证经济、赋能实体经济等新概念被提出，区块链开始走出加密货币的世界，进入实体经济。多个行业开始用区块链进行尝试和实验，包括电子发票、版权、货物溯源、司法存证等诸多实例。

15. 2018年3月：电影《头号玩家》上映

电影《头号玩家》由著名导演史蒂文·斯皮尔伯格执导，被认为呈现了最符合当今人类想象的元宇宙形式。《头号玩家》里面的人物只要戴上VR（虚拟现实）头盔，穿上传感设备，踩在运动装置上，就可以完全沉浸在一个叫"绿洲"的虚拟空间里，进行各种活动。

16. 2018年5月底：交易挖矿出现

FCoin的挖矿分红模式上线，其运作模式有两个特点：（1）挖矿返还：用户所产生的交易手续费100%折算成等值代币（FT）返还给用户；（2）持币分红：平台将手续费收入的80%返还给代币持有者。

FCoin挖矿分红模式吸引了巨大流量，上线仅半个月，日交易量就超过币安、OKEx、火币三者之和。但好景不长，交易挖矿模式迅速宣告失败。

莱比特矿池首席执行官江卓尔表示："既要全免手续费，又要有分红，是不可能的，分红从哪儿来？就是从后续买入者身上来。"简言之，FCoin 的模式很难成功。

17. 2018 年 8 月 5 日：洲际交易所[①]、微软、星巴克等公司合作打造数字资产平台 Bakkt。

Bakkt 全称 Bakkt Holdings, Inc.，译为巴克特控股公司。Bakkt 采用比特币实物交割的模式。交易中，Bakkt 不提供杠杆交易或保证金交易，在交割平仓时必须使用真实的比特币，空头们必须通过交易所赎回或在外部市场买入比特币参与交割，这与传统采用现金交割方式（做多或做空比特币时不需要拥有比特币，只要有同等价值的法币即可结算）的交易所区分开来，增加了交易的摩擦，减少了投机，有利于比特币被传统金融机构接受。

Bakkt 接受美国商品期货交易委员会（CFTC）的监管，有正规牌照。与没有合规牌照的交易平台相比，合规就意味着政府背书和信赖，这将大大提升投资者及用户的信心。

华尔街证券研究公司 Fundstrat Global Advisors 董事总经理兼量化策略师萨姆博士（Sam Doctor）认为，Bakkt 的推出可能成为机构参与加密货币市场的催化剂。

2021 年 10 月 19 日，Bakkt 借壳上市，正式登陆纽交所，股票代码为"BKKT"。

18. 2018 年 9 月：矿机厂商进行首次公开募股

2018 年 9 月，世界最大矿机生产商比特大陆向港交所递交招股

---

① 洲际交易所（ICE）成立于 2000 年，拥有和经营 23 家受监管的交易所和市场，交易全球半数以上的原油和炼油期货，是美国第二大期货交易所。

书。另外两家排名前三的矿机公司嘉楠耘智和亿邦国际也向港交所递交了招股书,但三者都无功而返。

2019 年 11 月 21 日,嘉楠耘智登陆纳斯达克,股票代码 CAN。

2020 年 6 月 26 日,亿邦国际在纳斯达克全球精选层上市,股票代码 EBON。

截至 2022 年 4 月 1 日,比特大陆仍未成功上市。①

19. 2018 年 11 月 1 日:比特币上线 10 周年

20. 2019 年:Bakkt 推出实物交割比特币期货

Bakkt 计划于 2019 年初推出实物交割的比特币期货,但是由于迟迟无法获得美国商品期货交易委员会的监管批准,该计划一直被推迟。直到 9 月 23 日,Bakkt 正式在洲际交易所启动以实物结算的比特币期货交易。②

2 月底 3 月初,VanEck/Solidx 推出比特币 ETF。VanEck 是一家

---

① 有外媒援引消息人士的话称,港交所犹豫是否批准比特大陆的 IPO 申请,因为该行业非常不稳定,存在很多风险,港交所不希望成为世界上第一个批准此类公司上市的交易所。2019 年初,港交所主席李小加在达沃斯世界经济论坛上的表态让形势更加明朗。李小加表示:"过去通过 A 业务赚了几十亿美元,突然说将来要做 B 业务,但还没任何业绩,或者说 B 业务模式更好。这让我觉得当初用来上市的 A 业务模式没有持续性了。之前不受监管,后来开始被监管,那还能做这个业务,赚这个钱吗?"李小加说这番话时虽没有明指比特大陆,但以此看来,加密货币矿机三巨头比特大陆、嘉楠耘智和亿邦国际均无法达到港交所的"上市适应性"标准。

② 相关事件:纳斯达克计划于 2019 年发行比特币期货(但没有下文)。2021 年 10 月 15 日,纳斯达克官网显示,已经批准 Bitcoin Strategy ETF 申请的 ProShares 比特币期货 ETF 上市,将在 NYSE Arca 交易所交易上市,代码为 BITO。

全球投资公司，Solidx 是一家区块链公司，两者拟合作推出比特币 ETF。

这些事件意味着华尔街加速接受比特币。

21. 2019 年：DeFi 爆发

去中心化金融（DeFi）获得巨大发展，以太币流通量的 2.69% 被锁定在 DeFi 协议中，高于 2018 年的 1.76%。

"去中心化金融"本质是智能合约，在以太坊等网络平台上运行，借助密码学来防止伪造和欺诈，在不依赖券商、交易所、银行等中心化金融机构的情况下开展金融活动。DeFi 允许的活动包括借贷、交易加密货币等。

22. 2019 年 5—6 月：门头沟赔付

门头沟于 2014 年破产，此前该公司损失了价值超过 4.8 亿美元的比特币。2019 年，日本法院将门头沟的案件状态从破产改为民事恢复（恢复一定的民事能力），这使得该公司得以重组业务，债权人可以收回部分资产。根据其网站上的最新报告，门头沟目前代表债权人持有 141 868 枚比特币，占最初损失的 940 000 枚比特币的 15%。

23. 2019 年 6 月 18 日：脸书发布天秤币白皮书

天秤币的初始定位是"全球货币""全球金融基础设施""服务亿万人"。天秤币白皮书的发布引发了全球主权货币的警觉。此后，全球央行数字货币的研发开始加速。

04 第四阶段：加密货币成熟（2020—2021 年）

进入 2020 年，加密货币逐步成熟。同时，NFT、元宇宙等新的业态开始出现，央行数字货币也开始加速发展。

1. 2020 年 2 月 7 日：DeFi 锁仓过 10 亿美元

DeFi 协议锁定的总价值超过 10 亿美元。

2. 2020 年 4 月 16 日：天秤币发布第二版白皮书

Libra 2.0 对于天秤币的定位进行了重大修订，从一开始的"全球货币"（global currency）更改为"全球支付系统"（global payment system）。修改的目的是希望被监管接受。

3. 2020 年 5 月 12 日：第三次"减半"

比特币完成了史上第三次"减半"。自此，比特币每个区块的奖励将从 12.5 个比特币减至 6.25 个比特币。数据显示，"减半"时比特币价格是 8541 美元。

4. 2020 年：机构资金涌入，比特币价格暴涨

3 月中旬，比特币价格曾一度跌至每枚 4826 美元。7 月 27 日，比特币价格站稳 10 000 美元大关。12 月 16 日，比特币价格首次站上 20 000 美元大关。

3 月以后，比特币价格不断上涨屡创新高，与机构资金的进入有关。灰度（Grayscale）、贝宝等机构，为比特币带来了大量新增资金。随着比特币价格一路走高，越来越多的机构对比特币产生了浓厚的兴趣，形成正向循环。

5. 2020 年 12 月：标普道琼斯宣布将推出加密货币指数

标普道琼斯指数（S&P Dow Jones Indices）公司宣布，将在 2021 年推出加密货币指数。该公司为金融数据提供商，是标准普尔全球（S&P Global）的子公司。

后来，标普先后推出多个加密货币指数，形成了加密货币指数

体系。加密货币指数体系的形成，标志着加密货币已经被主流金融机构接受。

附表 2-2　标普推出的加密货币指数

指数代码	推出日期	英文原文	中文翻译
SPBTC	2021 年 5 月 3 日	S&P Bitcoin Index（USD）	标普比特币指数（美元）
SPETH	2021 年 5 月 3 日	S&P Ethereum Index（USD）	标普以太坊指数（美元）
SPCMC	2021 年 5 月 3 日	S&P Cryptocurrency MegaCap Index（USD）	标普加密货币超大盘指数（美元）
SPCC10	2022 年 1 月 31 日	S&P Cryptocurrency Top 10 Equal Weight Index（USD）	标普加密货币前 10 名等权重指数（美元）
SPCC5	2022 年 1 月 31 日	S&P Cryptocurrency Top 5 Equal Weight Index（USD）	标普加密货币前 5 名等权重指数（美元）
SPBTCFUE（Excess Return） SPBTCFU（Spot） SPBTCFUT（Total Return）	2022 年 1 月 31 日	S&P CME Bitcoin Futures Index（USD）	标普芝商所比特币期货指数（美元）
SPETHFUE（Excess Return） SPETHFU（Spot） SPETHFUT（Total Return）	2022 年 1 月 31 日	S&P CME Ether Futures Index（USD）	标普芝商所以太坊期货指数（美元）
SPCMCFUE（Excess Return） SPCMCFU（Spot） SPCMCFUT（Total Return）	2022 年 1 月 31 日	S&P Cryptocurrency MegaCap CME Futures Index（USD）	标普加密货币超大盘芝商所期货指数（美元）

（续表）

指数代码	推出日期	英文原文	中文翻译
SPBTDR4E（Excess Return）	2022年1月4日	S&P Bitcoin Dynamic Rebalancing Risk Control 40% Index（CET Close）（USD）ER	标普比特币动态调整风险控制40%指数（CET收盘）
SPETDR4E（Excess Return）	2022年1月4日	S&P Ethereum Dynamic Rebalancing Risk Control 40% Index（CET Close）（USD）ER	标普以太坊动态调整风险控制40%指数（CET收盘）

资料来源：https://www.spglobal.com/spdji/zh/index-family/digital-assets/。

6. 2021年：比特币闪电网络快速发展

闪电网络（Lighting Network）总容量暴增，意味着闪电网络成为转移比特币的重要方式。

闪电网络是一种提高比特币系统交易效率的方案，基本原理是主要运行大额交易，但比特币主链不扩容，小额高频交易则在比特币区块链之外，即被称为"闪电网络"的通道上进行。

7. 2021年1月：埃隆·马斯克高调表示看好比特币

埃隆·马斯克作为特斯拉和SpaceX的创始人，具有巨大的影响力。他在2021年1月29日修改了自己在推特上的个人简介，只留下了"比特币"一个词。随后，比特币价格大涨18%。2月8日，比特币价格飙升至历史新高，特斯拉表示已购买了价值15亿美元的比特币。此外，特斯拉还声明，预计将在不久开始接受比特币支付。

巧合的是，2021年比特币价格大幅上涨，连续向上突破。1月2日，比特币价格首次突破30 000美元（市值突破5500亿美元）。后来，其价格又先后突破4万、5万、6万美元大关，最高达到68 519（2021年11月10日）美元，总市值达到1.3万亿美元。

8. 2021年3月10日："元宇宙第一股"Roblox登陆纽交所

"元宇宙第一股"Roblox是世界最大的多人在线创作游戏，游戏中的大多数作品都是用户自行建立的，兼容了虚拟世界、休闲游戏、自建内容等多个方面。从FPS（第一人称射击游戏）、RPG（角色扮演游戏）到竞速、解谜，由玩家操控这些圆柱和方块组成的小人参与和完成。在游戏中，玩家也可以开发各种形式类别的游戏。

2021年3月10日，Roblox在美国纽交所上市，这家公司在招股书中提出了元宇宙的概念：身份、朋友、沉浸感、低延迟、多元化、随时随地、经济、文明。

根据Roblox的年报，整个2021年，Roblox的每日活跃用户数（DAU）达到4550万，同比上升了55%。

9. 2021年5月：中国多个部门打击比特币挖矿及交易行为

5月以来，中国多个部门陆续表示打击比特币"挖矿"和交易行为，坚决防范个体风险向社会领域传递，并加大核查整治"挖矿"力度，加快存量项目有序退出。

5月18日，内蒙古发改委发布《关于设立虚拟货币"挖矿"企业举报平台的公告》。

5月18日，中国互联网金融协会、中国银行业协会、中国支付清算协会联合发表《关于防范虚拟货币交易炒作风险的公告》，提醒比特币等虚拟货币的风险。

5月21日，国务院金融稳定发展委员会会议明确提出，打击比特币挖矿和交易行为。

5月25日，内蒙古发改委发布《关于坚决打击惩戒虚拟货币"挖矿"行为八项措施（征求意见稿）》，针对八类对象分别提出不同的打击惩戒策略。

中国严厉打击加密货币挖矿，导致算力从中国撤出。在此政策之前，中国在比特币挖矿算力所占的份额最高曾达到全世界的3/4。此政策之后，所占份额基本清零。据报道，美国在全球计算能力中的份额从4月的17%上升到8月的35%。与此同时，哈萨克斯坦的份额上升了10个百分点，达到18%。

由于算力暴跌，以比特币为首的加密资产价值出现暴跌，跌幅一度接近50%，直到8月下旬才开始回涨。

10. 2021年5月19日：5·19宕机事件

当比特币价格大幅跳水的时候，多个比特币交易机构突然集体宕机，导致很多账号被强制平仓。

11. 2021年6月9日：萨尔瓦多宣布比特币成为法定货币

萨尔瓦多立法机构正式通过《比特币法》（Bitcoin Law），比特币将和美元同时被用作萨尔瓦多的法定货币。这个国家的居民可以免费下载政府的数字钱包。这是第一个把比特币列为法定货币的国家。

12. 2021年7月22日：社交巨头脸书宣布进军元宇宙

脸书的创始人兼首席执行官扎克伯格表示，公司的长期愿景是建立"元宇宙"，并希望在未来5年左右的时间里，将脸书从一家社交媒体公司变成一家元宇宙公司，把科幻概念中的终极目标带入现实。

10月28日，脸书更名为"Meta"，新名字"Meta"取自"元宇宙"（metaverse）一词。

13. 2021年8月28日：史蒂芬·库里购买NFT头像

NBA（美国职业篮球联赛）球星史蒂芬·库里以55枚以太币（约18万美元，相当于114.5万元人民币）的价格购入了Bored Ape Yacht Club（BAYC）的NFT作品——一只猿猴，并将其设为自己的推特头像。

同年12月24日，库里发布了名为"2974 Collection"的NFT产品，以纪念他在12月15日打破NBA历史三分球命中数纪录的成就。

14. 2021年12月29日：稳定币市值一年内增长471%

主要稳定币泰达币（USDT）的流通市值为782亿美元、美元币（USDC）的流通市值为421亿美元、币安刀（BUSD）的流通市值为146亿美元、UST的流通市值为101亿美元、贷币（Dai）的流通市值为93亿美元、FRAX的流通市值为17亿美元、TUSD的流通市值为13亿美元、USDP的流通市值为9亿美元，共计1582亿美元，过去一年整体增长471%。

附录 3
比特币分叉背后的江湖纠葛

正文中，我们简要介绍了比特币的分叉。比特币分叉有两种，0区块分叉和高区块分叉。

0区块分叉比较"干净"，不涉及程序更新和兼容的问题，就是复制比特币的程序并进行修改，然后从头开始挖矿。因为是从头开始，就没有和比特币持有者的利益纠葛。只要参与的人够多，就算是成功了。设立这种币的成本很低，这种币数量也很多，但是比较成功的只有狗狗币和莱特币。

高区块分叉复杂一点，因为已经挖了一些币出来，这时候要修改规则，就有了一群利益相关者，这群人的理念和愿景也不尽相同。理念、愿景、利益，交织在一起，就更加复杂。根据修改规则的程度，又可以分为软分叉和硬分叉。软分叉是规则加强，老用户接受新节点没难度（因为新节点是老节点的子集）。硬分叉是规则改变，老用户如果不接受，就造成了永久性的分叉，所以叫硬分叉。

迄今为止比较成功的硬分叉，是2017年的比特币现金的分叉。目前，比特币现金的总市值排在加密货币的第28位。其他的硬分叉币，市值都比较小。

在这个附录里，我们介绍两次主要的比特币硬分叉，通过这两个例子，说明比特币分叉中的纠葛，包括理念、技术路线、利益的纠葛。然后，我们简单介绍一些疯狂的投机炒作现象。笔者认同加密货币，关注加密货币的影响，但对于其中疯狂投机的风险，我们还是要充分认识。

01 交易速度慢：比特币分叉的根源

比特币初始版本中，它的协议有许多硬性的限制，其中最为人诟病的是其处理交易的速度很慢，理论上，每秒钟最多7笔，实际上还要慢很多。要改善这一限制，似乎只需要改掉源代码的某些参数，这看起来很容易。但是，我们后面将会看到，这并不容易，会牵涉不同派系的利益纷争。

具体来说，在提升比特币系统的交易效率方面，主要有两大方案：大区块方案（increase block size limit）和闪电网络方案（lightning network）。

大区块方案主张扩大区块来解决拥堵问题。其支持者主要是矿工，以比特大陆为代表。顾名思义，大区块方案是通过扩大区块容量来提升交易效率，将区块从1MB逐步扩大，2MB不够用就扩大到4MB，接着扩大到8MB，可以一直这么扩大下去，这样在一个区块中就能写进更多的交易。因为每个区块确认的时间是固定的，每秒钟确认的交易数量就会上升。

闪电网络方案主张用闪电网络来解决拥堵问题。其基本原理是比特币主链不扩容，但主要运行大额交易，小额高频交易则在比特币区块链之外，被称为"闪电网络"的通道上进行。但是，闪电网络的运行需要在隔离见证[①]的基础上进行。

闪电网络方案的支持者以比特币核心钱包首席开发团队——Bitcoin Core 开发团队（以下简称 Core 开发团队）为代表，这是中本聪退休时"钦点"的比特币开发团队，负责设计并维护比特币网络。他们的技术也很好，在比特币社区中有不少粉丝。

这两类方案的支持者因为对比特币愿景的分歧，以及各自利益的不同，逐步分化成了两大派系。

大区块派以比特大陆等矿工集团为代表，他们认为比特币的终极愿景应该是货币。货币价值的最大化要求有更多人使用，用的人越多，货币的价值越大。因此，比特币要做到交易确认越快越好、手续费越低越好。也就是说，要把用户体验做到最好。

从利益上讲，矿工集团当然希望比特币更加普及，因为更多的人使用意味着矿工能赚取更多的交易费用，而闪电网络把大量小额交易都隔离开了，这样赚取的交易费用变少，不符合矿工的利益。

大区块派还认为，闪电网络做的隔离见证对原有比特币系统有较大改动，蕴含着巨大的风险。而且，闪电网络容易被中心化的机构控制，不符合比特币去中心化的初衷。

闪电网络派以 Core 开发团队为代表，他们认为比特币的终极愿景是成为一种"终极自由货币"，是为了保护个人的财产安全，应该绝对去中心化，要求个人必须运行全节点钱包。然而，区块变大后，

[①] 隔离见证（segregated witness，简写为 SegWit）是对比特币软件提出的一种更新，旨在解决比特币面临的一系列问题。其原理很简单，允许把没那么必要的"见证"部分"隔离"在区块外面，如交易的数字签名，这样区块里需要写的数据就少了，速度就可以提高。

交易越来越多，普通电脑根本无法运行数据量庞大的全节点钱包，只有负担得起巨额成本的专业矿工才可以运行，这会导致比特币的中心化，权力落到大矿工手中。因此，大区块方案是不可取的。而且，扩大区块容易造成硬分叉，会分裂比特币，造成混乱。

附表 3-1　大区块方案 vs 闪电网络方案

	大区块方案	闪电网络方案
愿景	比特币是货币，广泛使用更有价值	比特币是终极自由货币，保护财产
解决方案	扩大区块容量	区块不扩容。主链处理大额交易，闪电网络处理小额高频交易
支持者	矿工	比特币核心钱包首席开发人员
优点	区块变大后，能写入更多交易，使得交易速度更快、费用更低	交易速度快，费用低；可拓展性强（每秒至少 100 万笔）；跨链点对点交易；安全性和匿名性强[①]
缺点	硬分叉，可能造成分裂；区块变大后，只有矿工可维护全节点，而且维护成本更高，容易导致中心化	需要隔离见证，风险大；闪电网络容易被中心化的机构控制；通道复杂；存在安全漏洞

当然，闪电网络派也有自己的利益考量。研发闪电网络的 Blockstream 公司是 Core 开发团队的重要资金支持方，Core 开发团队中有好几名成员都在 Blockstream 工作。而且，Blockstream 也拥

---

① 绝大多数加密货币都不是安全匿名的，仍然可以跟踪从一个钱包到另一个钱包的交易。然而，在闪电网络中，大部分交易发生在主链之外，因此几乎不可能跟踪到通过闪电通道进行的小额支付。

有大量的相关专利，当然希望推广闪电网络。①

02　第一次硬分叉：比特币现金

大区块派和闪电网络派持续撕裂的直接结果是，比特币迎来了第一次真正意义上的硬分叉，原本的比特币分裂成比特币和比特币现金（Bitcoin Cash，简称为BCH）②，后来各自发展，分叉的具体细节如下。

比特币现金的扩容方案是一种比特币硬分叉方案。它修改了比特币的代码，支持大区块（将区块大小从1M扩大至8M），不包含隔离见证功能。

比特币现金的前世就是比特币，在分叉之前它存储的区块链中的数据以及运行的软件是和所有比特币节点兼容的，而到了分叉那一刻以后，它开始执行新的代码，打包大区块，形成新的链。

2017年8月1日20点20分，比特币现金开始挖矿。同时，每个比特币持有人的账户上出现与比特币数量等量的比特币现金。一个新的加密货币，就此诞生。

在比特币现金正式上线之前，其提前报价已经达到300美元，也就是超过比特币价格的10%（当时比特币价格在2800美元左右）。而比特币价格也随之骤跌约5%，下跌接近140美元，而后微有回升。

---

① 也有说法认为，之所以提出闪电网络方案，主要目的是搪塞、对抗大区块方案，并不是真想提高比特币系统的交易效率。后来闪电网络推出之后，效率并未取得很大提高，系统依然拥堵。

② Bitcoin Cash，中文常翻译为比特币现金，国外简称BCH，国内简称BCC，实际上指的都是Bitcoin Cash。

但是，这次硬分叉并未像人们所担心的那样，造成比特币价格的暴跌，而是更像股票的分红送股。不久以后，比特币价格就回升并很快创出新高。当年的 12 月 18 日，比特币价格达到历史新高，从年初的 1000 美元上涨至近 20 000 美元。

比特币现金作为比特币的"分红"，后来表现也还不错。截至 2022 年 1 月 31 日，比特币现金的总市值为 55.11 亿美元，在加密数字货币总值排名中排第 28 位，是市值最大的硬分叉币。

比特大陆作为这次分叉的主要推动者，是最大的受益者。作为专业矿机行业的领头羊，比特大陆的产品异常火爆。其旗下最新发布的蚂蚁矿机 S9，官网售价为 9700 元，一到发售时间，数千台的库存秒空。而在二手交易平台上，这款矿机单价被炒到 12 000 元，需要全款预定，还是 2~3 个月后才能拿到手的期货。

第一次分叉没有采用闪电网络方案，Core 开发团队难免失落，但是也不会就此放弃。2018 年，闪电网络实验室（Lightning Labs）成立，开始将闪电网络推向落地，该实验室主要由 Blockstream 公司主导。不过，闪电网络后续的发展并不顺利。截至 2022 年 4 月 1 日，比特币闪电网络的节点数、通道量、锁定的比特币数量都很小，并没有获得期望中的成功。

03 另一次分叉：比特金

比特币现金和比特大陆的成功，吸引了大批模仿者。

2017 年 10 月 24 日 9 点 20 分，比特币第 491 407 个区块被挖出，达到预定区块高度，又一个"硬分叉币"比特金（BitcoinGold，简称 BTG）诞生。比特金背后的推动者是 LighitingASIC，也是一家矿机制造商。

比特金的代码采用 Equihash 算法，而不是比特币原始的 SHA-256 算法。这种算法的特点是无法利用 ASIC 芯片进行计算，也就意味着只能使用 GPU（也就是显卡）来进行挖矿。这种设计的目的在于通过改变工作量证明的算法来使挖矿回归 CPU 和 GPU，从而解决日益突出的比特币挖矿中心化、聚集化的问题。这一算法和思路与莱特币相似。

除此之外，比特金在技术方面没有其他亮点。与比特币现金类似，由于继承了比特币的老链，这也是一个一出生就已经发行了和现存比特币相同数量的数字货币。

比特金发布的官方公告中，还有非常重要的一点：比特金代码库包含 8000 块（100 000 个比特金）的私有预挖区块。也就是说，刚刚分叉出来的比特金不开放给公众，开发者先留着自己挖，等挖满 8000 区块 10 万个币了，再开放给所有用户挖，预计要等一周时间。这种预留的区块显然涉及巨大的利益分配问题。

毫不奇怪，由于缺乏亮点和私有预挖区块的操作，比特金发行后，其价格一路下跌，已逐渐淡出人们的视野。

04 炒币造富神话

从上文的两个案例中，我们已经看到，比特币分叉不仅是理念、技术路线的问题，还是利益分配的问题。利益层面还有一个更直接的表现，就是随意生成货币、炒高价格、拉高出货、获取暴利。这样的操作，在 0 区块分叉和高区块分叉中都很常见。

简单说，造币致富的逻辑非常简单：如果能创造一种分叉币，推动价格上涨，创始人就会变得非常富有。因为在这个分叉币运行之初，他们就掌握了大量的币，通过炒高价格，在高位卖掉，就可以实现一夜暴富的梦想。为此，创业者们会活跃在货币社区，努力促成新的分叉。

这种一夜致富的可能性吸引了很多雄心勃勃的创业者，也毫不意外地吸引了很多骗子。事实上，我们很难区分这两者。生成分叉币其实很简单，只需要简单改动代码，技术难度很低，这使得行骗的门槛很低。

现实中，骗子会使用各种方法，夸大一种分叉币的潜在收益，比如炒作技术优点，伪造底层支持的假象，制造市场非常期待的虚假预期，等等。总之是制造一个热烈的氛围，在市场上推高分叉币的价格，然后趁机出货。非创始人也可以通过事先大量买入未出名的分叉币来实施同样的伎俩。

因此，分叉币市场的投机炒作非常厉害，充斥着"创业投机客"，这是一个集创业和投机于一身的物种，生性凶猛。劣币驱逐良币，真正的投资者和加密货币使用者反而要退避三舍。

最后，当骗局玩不下去时，币值就会出现断崖式下跌。在价格的大起大落中，少数人暴富，很多人血本无归。这种拉高出货的骗局在分叉币的发展早期很普遍，那时用户热情高涨，无法分辨哪种币真正具有创新性，哪种只是依靠噱头和推广但实际上毫无价值。

如果你看武侠剧，一定熟悉一句话：什么是江湖？人就是江湖，有人的地方就有江湖。加密货币的世界里面有很多利益，也是一个硕大的江湖。

一入江湖岁月催。江湖有风险，入市需谨慎。

附录 4

区块链原理：技术表述

比特币的技术基础是区块链。区块链是一种新技术，在比特币流行之前并不为人们所熟知。区块链是随着比特币的流行而流行，并且逐步发展成熟的。关于区块链技术，可以从两个不同的角度进行描述，需要区分开。

第一个角度是技术角度。区块链是一种集成创新，由哈希函数、共识机制和数字签名共同组成，三者共同建立分布式的记账系统。这一表述是技术性表述，描述了比特币的底层技术元素。这种描述会有一点抽象，但是更能够说清技术原理。

第二个角度是功能角度。区块链是去中心化、防篡改、可追溯、匿名、安全的记账系统。这是一种功能性表述，描述了区块链"可以"具有的功能。

注意，这里我加了两个字"可以"。也就是说，区块链可能具有这些功能，或者在很大程度上具备这些功能，但不一定完全具备这些功能，有时候会打折扣。另外，区块链也不是唯一具备这些功能的技术。因此，区块链的功能虽然神奇且强大，但也不应该被神话。关于这些，我们将在下文详细解释。

为了更好地理解比特币，我们先从技术角度阐述区块链的原理。在此基础上，再从功能角度来解释区块链。技术是基础，功能是目标；一个在底层，一个在表层。

本附录的内容技术性较强，不感兴趣的读者可以跳过，直接阅读下一个附录，即区块链的功能表述。

01　区块链技术要素

区块链技术要素分为三大部分：哈希函数、共识机制、数字签名。

- 哈希函数 -

哈希函数是一种从任意数据中创建固定长度的数字"指纹"的方法。用"指纹"这个词，是借用了"每个人的指纹都不同"这个说法。哈希函数有一个特征，简单说就是任意两个不同的输入、输出都是不同的，就像任何两个人的指纹都不一样。

哈希函数一般表示为 H（　），输入数据为 x，输出值为 H（x），H（x）称为"哈希值"，函数的一般表达为 x → H（x）。

哈希函数的输入可以是任意长度的数据，输入空间可以为无穷大。比如说，输入可以是四大名著合集、整个展览馆中的画、一张唱片、一份合同，也可以是你正在看的这篇附录。

哈希函数的输出是固定格式和位数的字符串，被称为"哈希值"，即哈希函数起到压缩数据的作用。哈希函数有很多，比特币用到的哈希函数为"SHA-256"，即输入为任意数据，输出为 256 位的以 0 或 1 组成的字符串。

1. 哈希函数的性质

哈希函数具有四大特性。

（1）计算速度快

已知原数据 x，计算哈希值 H（x）的运算速度非常快，几乎瞬时即可完成，这有利于保证加密运算和验证运算的速度。

（2）碰撞阻力（collusion–resistance）

碰撞阻力指的是无法找到两个不同的输入，经过哈希运算后产生相同的输出。具体就是，已知输入 x，无法找到另一个输入 $y \neq x$，使得 H（y）=H（x）。这个性质可以用来检验输入信息是否被篡改：如果输入信息被篡改，则篡改后的信息 $y \neq x$，那么 H（y）$\neq$ H（x）。这样，通过检查生成的哈希值与原哈希值是否一致，就可以检查原信息是否被篡改。

比如，输入数据是《三国演义》《水浒传》《西游记》《红楼梦》四大名著合集，若将其中任意一本书的任意一页的一个逗号改变为句号，则重新取得的哈希值将与原来的哈希值完全不一样。哈希函数的这一性质特别适用于防篡改。从这个意义上讲，哈希值就像人的指纹，任意两个人的指纹都是不一样的。

注意上文的用词，不是"没有"，而是"无法找到"。"无法找到"并不是指数学意义上不存在，而是指计算意义上在可行的计算时间里无法找到。具体说，已知 x，若要找到 $y \neq x$ 且 H（y）=H（x），唯一的途径是"蛮力计算"，即遍历输入空间，尝试不同的 y，求出 H（y），然后比对是否有 H（y）=H（x）。然而，即便使用现有人类的所有电脑算力，从宇宙起源时开始算一直算到现在，找到的概率依然为无穷小，这就是"无法找到"的意思。

（3）不可逆性（hiding）

不可逆性是指已知哈希函数的输出值 H（x），无法逆向求得输入值x。此处的"无法求得"与碰撞阻力中"无法找到"的意思相同，即想求得只有蛮力计算一种方法，而蛮力计算在现有的技术条件下是不可行的。在实际操作中，为保证输入空间足够大且分布均匀，常常在原信息后面加一个随机生成的字符串，即H（x‖nonce）。随机字符串的加入，使得哈希函数更加不可逆。

（4）谜题友好（puzzle-friendly）

已知x，无法不经过计算就得出H（x）。要想得到符合条件的哈希值，唯一的方法就是不断地尝试不同的输入值，即蛮力计算，没有捷径。

谜题友好的性质在比特币中表现为挖矿的工作量证明机制。换句话说，为比特币网络贡献的算力与获得记账权的概率（即挖到比特币的概率）成正比，算力越大，在短时间内找到符合条件的随机数的概率越大，获得记账权和相应奖励的概率也就越大。

2. 哈希函数的应用

哈希函数是区块链的基础，进而也是比特币的基础。在哈希函数的基础上，我们可以大致理解区块链的结构。

（1）哈希指针

哈希指针是特殊的索引工具，指向数据存储位置，并存有该位置的数据所生成的哈希值。哈希指针既可以告诉我们存储数据的位置，又可以用于验证数据有没有被篡改过。如果被篡改过，哪怕是最细小的篡改，哈希值也会改变，篡改就会被发现。

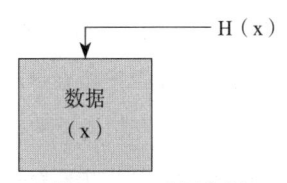

附图4-1 哈希指针

（2）区块链

利用哈希函数和哈希指针，我们可以构造一个链表，如附图 4–2。

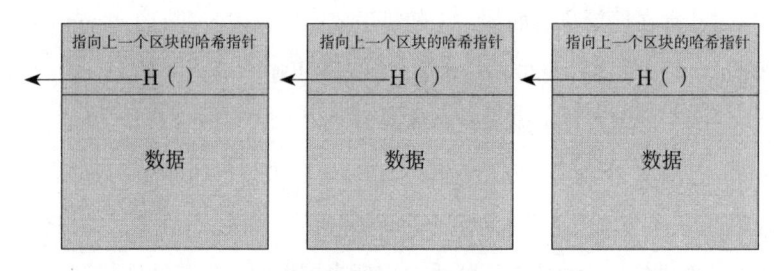

```
指向上一个区块的哈希指针    指向上一个区块的哈希指针    指向上一个区块的哈希指针
         H（）                    H（）                    H（）
         数据                     数据                     数据
```

附图 4–2　区块链

这个链表的每一个区块包含两部分，表头和表身：表头中包含哈希指针的哈希值，哈希指针指向上一个区块的所有数据；表身为本区块所要记录的所有数据。改变任一区块中的数据，则下一个区块中储存的哈希值将会改变，从而改变再下一个区块中的哈希值。层层传递，从而改变最后生成的哈希值。因此，任何一个节点只需要保存最新的区块，通过比对最后一个区块所生成的哈希值是否改变，就可以验证之前是否有数据被篡改过。

区块链因此还拥有了一个重要特征，叫作"仅增"（append only），这个链条可以无限加长，但是不能删改。也就是说，之前的记录都永远保留在那里。一旦删改，就会被整个社区的人发现。

（3）表身数据结构：梅克尔树（Merkel Tree）

链表中的每一个区块都包含表头和表身两部分。表身中的数据可以很多，通过一种被称为"梅克尔树"的数据结构组织起来，最终生成一个哈希值，储存在表头中。这个表头位于这个梅克尔树的根部，对应的哈希值也被称为"根哈希值"。若表身中任一数据被篡改，则最终表头中的根哈希值就会改变，导致之后的整个链都会改变。通过上一节的方法，可以检验是否有信息被篡改。

当需要验证某一笔特定的交易是否写在特定的区块上时，则对这笔交易取哈希值，然后向全节点请求匹配的另一个哈希值，然后进一步生成上一级的哈希值，再请求与之相匹配的哈希值。以此类推，最后可得到此一区块的根哈希值。比对求得的根哈希值与本地节点储存的根哈希值是否一致：若一致，则这笔交易（本地节点所要验证的交易）确实被写在了这一特定区块上。

（4）表头数据结构

每一个区块的表头中储存有区块的版本、上一个区块的表头所生成的哈希值、时间戳、目标参数、符合条件的随机字符串，以及梅克尔根哈希值。[①] 通过这些信息，区块链可以无限延长且不可被篡改，因为篡改后哈希值会改变，很容易被发现。

这里有几个新名词，稍微解释一下。

第一，时间戳，指的是区块的生成时间。比特币系统中，大约每10分钟生成一个区块，这个时间跨度很长，远超过时间戳的误差范围，因此可以根据时间戳的先后顺序确定区块的先后顺序。

第二，目标参数，是用来调整符合条件的哈希值的区间，区间

---

① 每个矿工的时间戳可能有所不同。每个矿工的梅克尔根哈希值可能有所不同，取决于其如何打包数据。

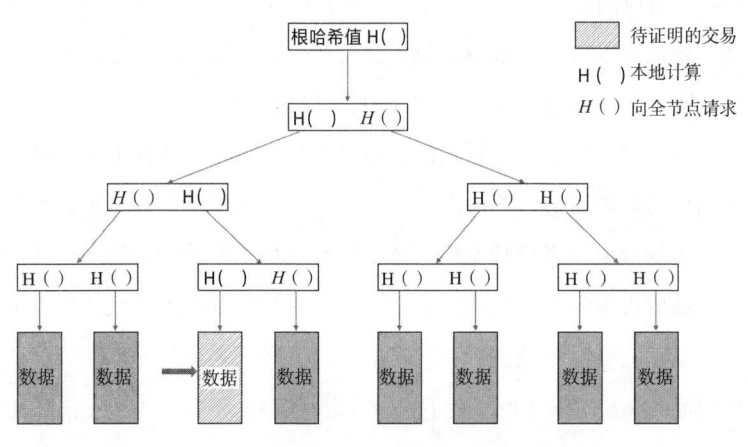

附图4-3 梅克尔树

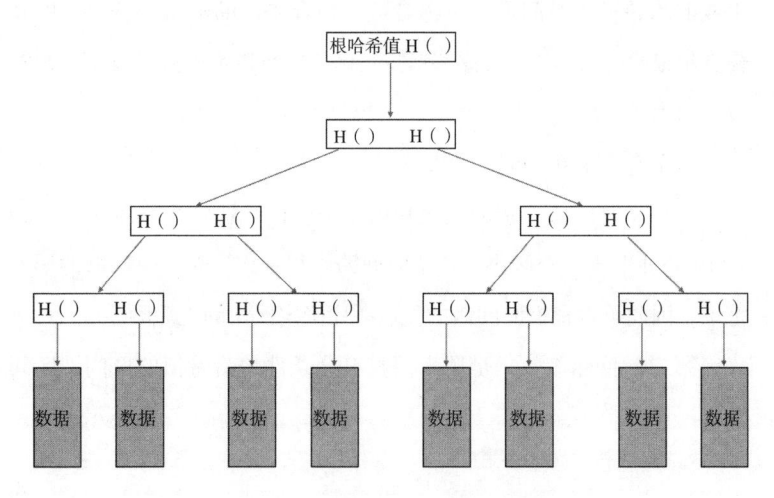

附图4-4 梅克尔树用于验证交易

越小，挖矿难度越大。① 设置这个参数，是为了根据算力变化来调整挖矿难度，使得每出一个块的时间保持在大约 10 分钟。

第三，随机字符串，就是挖矿过程中要寻找的随机数。这个随机字符串和表头的其他部分一起，生成整个表头的哈希值。当其小于目标值时，根据比特币的共识机制，矿工就可以获得这个新区块的记账权，也就是挖到了矿。

这里总结一下，比特币的区块链使用了双层哈希结构。第一层是梅克尔树的树状结构，把区块内部的数据组织在一起，形成一个区块的表身。第二层是仅增的串联结构，把包含有根哈希值的各个区块连成一串。② 两层哈希结构都使用了哈希函数防篡改的性质，用以保证整个区块链上的数据一旦被篡改，哪怕是最细微的篡改，也会被发现。

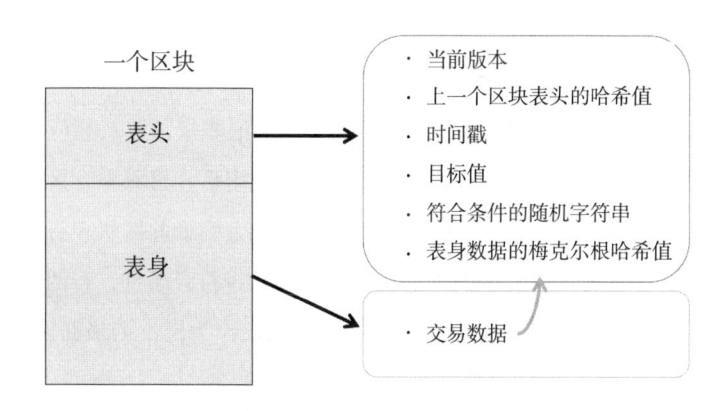

附图 4-5　区块数据结构

---

① 所谓符合条件，是使得整个表头所生成的哈希值小于或等于设定的目标值。形象地说，就是设定哈希值开头的 0 的个数，0 越多则满足条件的哈希值的范围越小，挖矿难度越大。

② 更准确地说是将各个表头连成一串。

02 共识机制：挖矿

哈希函数帮助构造了防篡改的"区块"，并且用哈希指针把"区块"链接起来，形成仅增的链表。这个"链接"的过程，就是比特币"记账"的过程。那么，由谁来记账呢？

答案是，比特币是分布式的记账系统，记账由无数矿工共同完成。因为是无数矿工共同完成，就需要一个机制来协调大家的行动，达成一个共识，只有这样才能共同完成记账。这个协调机制，或者说"共识机制"，是比特币的第二个关键技术要素。

比特币中的"共识机制"比较复杂，为了表述得更清楚，我们将其分解成如下6个基本步骤。（1）比特币白皮书规定，最长的链是合法的链，矿工们要在最长链的基础上挖矿，去延长这个链。（2）延长的办法是不断尝试，寻找符合条件的随机数，这个过程被称为"挖矿"。（3）最先挖到矿的矿工得到记账权，以及相应的记账收益。（4）矿工找到符合条件的随机字符串后，将其整个区块公布到比特币网络上。（5）网络中的其他节点会验证此区块表身中的交易是否合法，以及表头所生成的哈希值是否符合条件，若两者都是，则称此区块是合法的，并且接受此区块作为链上的最新区块。（6）挖矿过程将在此最新区块之后继续进行。

上述6步，构成了比特币挖矿的基本步骤。在此基础上，我们做5点补充说明。

（1）关于分叉。在极小的概率下，会有两个甚至多个合法的区块，差不多同时生成并被发布到网上，这时候就产生了"分叉"。此时，哪一个竞争区块最终被接受取决于下一个区块出现的时间早晚。越早诞生下一个区块的竞争区块，则越有可能被整个网络所接受。^①一般认为经过了 6 个区块的确认之后，其他竞争区块将无法抢夺最长合法链。

（2）关于难度调整。因为整个网络的算力变化需要通过调整表头中设定的目标值，来调整挖矿的难度，使比特币保持在大约 10 分钟挖出一个新的区块。这意味着随着算力的提升，需要不断缩小设定的目标值。

（3）关于奖励。挖矿成功意味着获得这一区块的记账权。获得记账权的矿工可获得两个奖励：区块奖励和交易费用。区块奖励是指每一区块的产生都会凭空增加 X 个比特币，^②获得记账权的矿工则可以通过在区块中写入"某某矿工（自己）得到 X 个币"的方式，获得这些比特币。交易费用是指交易双方为了使矿工有能力将其交易写在区块上，^③在进行交易时，买方所付出的比特币要略微多于卖方所得到的比特币，多出来的比特币可以被矿工获得。具体实现过程是：获得记账权的矿工将"某某矿工得到 Y 个币"（Y 为 4000 条信息里支出与获得的差值之和）这条信息写入区块中。

比特币的总量为 2100 万枚，全部由挖矿得到的区块奖励构成。截至 2022 年 2 月 24 日，共有约 1896.7 万枚比特币被挖出。区块奖励不到 4 年就会发生减半：第一次减半发生在 2012 年 11 月 28 日，

---

① 这建立在网络上大部分算力是"诚实的"情况下。"诚实的"，意思是按照规则承认最长合法链。

② 这也是此过程之所以被称作"挖矿"的原因，只不过"挖到的矿"是比特币。X 最开始是 50 个，大约每 4 年减半一次。

③ 因为每个区块最多只能写入 4000 笔交易，这意味着若同一时间需要写入比特币网络的交易多于 4000 个，就会有一部分交易需要排队等待下一个区块，而矿工对于写入哪些交易具有自主选择权。

每个区块从 50 个比特币减少到 25 个；第二次减半发生在 2016 年 7 月 10 日，从 25 个减少到 12.5 个；第三次减半发生在 2020 年 5 月 12 日，从 12.5 个减少到 6.25 个。

附表 4-1　挖矿奖励减半

	日期	奖励变化（个）
第一次减半	2012 年 11 月 28 日	50→25
第二次减半	2016 年 7 月 10 日	25→12.5
第三次减半	2020 年 5 月 12 日	12.5→6.25

（4）关于分叉攻击（forking attack）。以上讨论，基于的假定是比特币上的各个节点不仅算力分散，而且是诚实的，大家都在最长的链后面挖矿。若算力没有充分分散，某人掌握了 51% 以上的算力，或者几个节点共谋掌握了 51% 以上的算力，则"分叉攻击"可能成功。所谓"分叉攻击"是指不跟在现有最长链后面挖矿，而是跟在之前某个区块（记为 A 区块）后重新挖矿，这样就形成了两个链。这个垄断了算力的节点联盟，可以让原本 A 区块后面的所有区块作废。

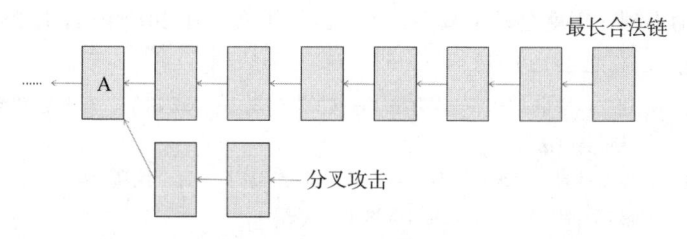

附图 4-6　分叉攻击

分叉攻击发生后，有效的交易会被覆盖，伪造的交易会被写入。实际上，如果发生了分叉攻击，发动攻击的恶意节点（联盟）可以任意制造虚假的交易，盗取别人的比特币。如果发生持续的分叉攻击，比特币系统就会陷入瘫痪。

分叉攻击尽管在技术上是可能的，但从博弈的角度说并没有收益。因为比特币的价值取决于人们对于比特币的信心，即使攻击者通过这种方式重新获得了比特币，但其破坏规则的行为会使得人们对比特币的信心崩塌，最终将使比特币一文不值。因此，分叉攻击很难从内部发生，或者说，很难由掌握了大量比特币的人发起，因为这样不符合自身的利益。

这个讨论的价值在于提醒我们两点。第一点，比特币的账目不是最终的，而是依赖于这个记账系统，这个系统能够记入账目，也能够改变账目。事实上，这是所有记账系统的问题。传统的中心化记账系统也可以改变账目，我们只能信任中心化机构不会这么做。第二点，对于比特币的攻击，是可以从外部发起的。比如说，如果有一个外部的力量，基于外生的原因要攻击比特币是有可能的，而且也有可能成功。

（5）关于比特币的稳定性：算力－安全－价值正循环。比特币的运行基础是一个庞大的比特币网络，这个网络里有开发人员、用户，还有很多矿工。这个网络是完全开放的，任何人都可以加入。挖矿的奖励机制也吸引了很多矿工，形成了很大的算力。矿工的激励是随着比特币价值的增加而增加的，比特币价值越大，挖矿获得奖励的实际价值越大。

在这里，我们可以看到一个由算力、安全、价值形成的正反馈循环。算力越大，被垄断的概率越低，发生分叉攻击的概率越低，比特币就越安全。比特币越安全，人们对比特币的信心越高，比特币的价值就越大。比特币的价值越大，挖矿奖励越大，就会吸引更多的矿工，从而算力会更大。

这个正反馈循环既是好消息，也是坏消息。好消息是，只要比特币的价值被认可，这个正反馈循环就会自动运行，吸引更多算力，提升比特币网络的安全性。坏消息是，如果因为某种原因使得这三个环节的一个受损，都会波及其余两个，并形成负向的加速循环，导致整个网络的崩溃。比如，如果算力大幅降低，则安全性降低，比特币的价值就会降低，算力就会进一步降低，并加速循环下去。除非这个链条在某处停止，否则这个逆向的正反馈循环会导致比特币的崩溃。

正如我们所熟知的，任何正反馈系统都是不稳定的。比特币的这个内在循环系统也是不稳定的。比特币要想持续下去，需要外在的力量，在发生负向循环的时候，打破这个循环。

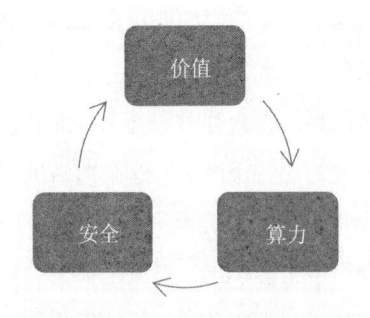

附图 4-7　正反馈系统：算力 – 安全 – 价值

03 数字签名

哈希函数和共识机制一起构建了区块链，相当于区块链的供给侧。

区块链要完备，还需要一个需求侧，这个需求侧就是用户。我们已经知道，区块链本质上是一个账本，用来记录无数的交易数据。这无数的交易数据为区块链提供了记录的对象，构成了区块链的需求侧。在交易过程中，为保障安全和隐私，需要使用数字签名技术。区块链的第三个技术要素，就是数字签名。

为了理解数字签名的重要性，我们考虑一个典型的比特币交易：张三要给李四转一些比特币。为了完成这个交易，张三把"张三付出 N 个币，李四收到 M 个币"这句话加上数字签名发到网上。这里 N 要比 M 大，多出的部分是给矿工的服务费。

为什么要进行数字签名呢？因为这句话放到网上以后，矿工们打包放到自己的区块里。打包之前，矿工们需要验证这个声明是否真的是张三发出来的，而不是别人伪造的。这个验证真伪的过程，保证了写入区块的交易都是真实的，这是比特币运行的重要环节。这就需要用到数字签名技术。

数字签名的原理和手写签名类似。当你在签名一个文件时，比如签发一张支票或者一封信，你的签名需要满足三个性质。（1）防伪造性：只有你自己可以制作自己的签名，别人无法制作；（2）可验证性：任何人都可以很容易验证这个签名确实是由你本人签署的，即签名有效；（3）不可复制性：签名只与特定文件相关联，不能用在另一份文件上，如果用手写签名来理解，相当于不能将签名从一份文件上剪下来贴到另一份文件上。

如何在数字世界里做到这三点呢?

首先是生成比特币账户。具体而言,如果你要创建一个比特币账户,那么可以在本地生成一个256位的由0或1组成的字符串,然后记录下来,这就是你的"私钥",然后由私钥通过一定的步骤生成"公钥"。你的比特币账户就是一组由私钥与公钥组成的密钥对,任何人都可以通过上述过程自己生成这个账户,不需要通过任何中心化的机构,这和在银行开户是有本质不同的。不过,我们还是可以把比特币账户和银行账户做简单比较,以方便理解。不太准确地说,私钥相当于我们银行账户的密码,公钥相当于我们的银行账户。

私钥是一个256位的由0和1组成的字符串,破解的难度非常大。因为比特币私钥的空间大小为 2^{256},用十进制表示大约是 10^{77},是个非常大的数。有多大呢? 在可见的宇宙中,原子数在 10^{78}~10^{82} 之间。所以私钥的空间是一个非常大的数,可以认为不存在两个相同的私钥,想要遍历所有的私钥,耗尽整个太阳的能量也是不可能的。从这个意义上讲,比特币私钥可以说是"密码安全"的,即破解的概率几乎为零。

在比特币交易中,私钥用于生成支付比特币所必需的签名。私钥必须保持机密,一旦被泄露,该私钥保护之下的比特币便也拱手相让了。私钥还必须进行备份,以防意外丢失,一旦丢失就难以复原,其保护的比特币也将永远丢失。

公钥和私钥对应,共同构成比特币账户。公钥和私钥不是独立的,公钥是由私钥生成的。私钥通过一种椭圆曲线加密算法,生成公钥。这个计算过程不可逆,可以由私钥计算公钥,但是不能反向由公钥计算私钥。

说到公钥,就不得不提比特币地址。比特币地址是一个由数字和字母组成的字符串,由公钥经过一系列单向的哈希计算得到,这同样是一个不可逆转的过程,可以从公钥计算地址,但是不可能反向地由地址得到公钥。在交易中,比特币地址通常以收款方出现,比特币地址可以与任何想给你比特币的人分享。

私钥 ←[椭圆加密算法(单向)]→ 公钥 ←[哈希函数(单向)]→ 地址
不可行　　　　　　　　　　　不可行

附图 4-8　从私钥到公钥,再到比特币地址

前文提到数字签名的意思是要向比特币网络证明,这个声明确实是由张三本人发出的。这时候,需要区分两种安全。

第一种安全叫信息安全。假设 A 要给 B 发送一条信息,A 用 B 的公钥对这段信息进行加密,加密过的信息被称作信息密文,只有通过 B 的私钥才能解开。这样即使信息落入别人手中,也无法破解,保证了这段信息只有 B 能看到。这时候,并不能保证这个信息是 A 发出来的,任何知道 B 的公钥的人,都可以发出这段信息。所以,要确定发送者的身份,还需要 A 的身份信息。

第二种安全叫身份安全。假设 A 要给 B 发送一条信息,同时要让 B 知道信息是自己发的,就需要采用数字签名技术。具体而言,信息发送者和接受者都需要进行 3 步操作,发送者 A 的操作如下:
(1) 和前文所述一样,用 B 的公钥对信息进行加密,形成只有 B 能解开的密文;(2)对这段信息进行哈希运算,得到哈希值1;(3)A用自己的私钥对哈希值1进行加密,得到数字签名,并将数字签名附在信息密文后面一同发给B。

B在收到信息密文后,也需要进行3步操作:(1)首先通过自己的私钥获得信息原文,然后对这段信息取哈希值,得到哈希值2;(2)用A的公钥对数字签名进行解密,得到哈希值1;(3)最后比对哈希值1与哈希值2是否相同,若相同则可证明此信息确实是由A发出的,并且A签名认证的信息与B接收到的信息是一字不差的同一条信息。

B的第二步操作很关键,B可以用A的公钥对A的数字签名进行解密,得到哈希值1。通过比对哈希值1和哈希值2,就可以验证信息确实是A发来的,这是数字签名的一个关键技术。总结一下,发送信息时是公钥加密、私钥解密;数字签名时是私钥加密、公钥解密。当然,这里的步骤分解是为了方便我们理解,真实的操作都内嵌在程序当中自动执行。

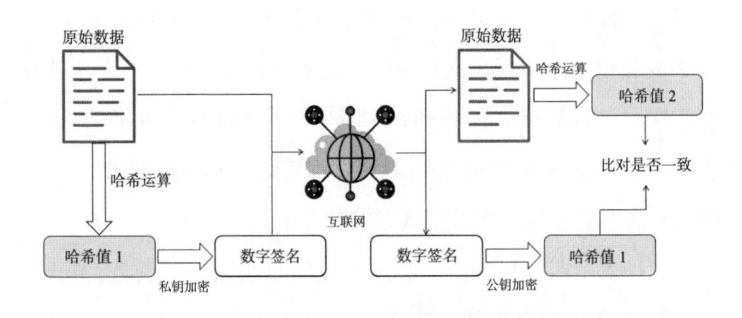

附图4-9 数字签名原理运行逻辑

阐述完数字签名的原理，我们回到上文的例子：张三要给李四转一些比特币。为了完成这个交易，张三把"张三付出 N 个币，李四收到 M 个币"这句话加上自己的数字签名发布到比特币网络上。之后会发生哪些事情呢？

发布的时候，张三用自己的私钥生成数字签名，和信息一起发布。然后这句话会以点对点（P2P）下载的模式，广播给所有的矿工。矿工们收到以后，用张三的公钥验证这句话确实是张三发出的。验证之后，矿工们再把整个区块链搜一遍，看 A 的账户里有没有足够的钱（大于等于 N），有的话这句话就成立了，并将之打包放到新区块里。区块链通过保留每一笔原始交易信息和数字签名，做到随时可查，随时可验证，无法造假，由此就解决了信任问题。至于搜索整条链的任务，交给越来越强大的计算机做，并不难实现。所以，数字签名在这里起到了保证交易真实的作用：如果没有数字签名技术，矿工们就无法识别交易信息的真假，网上就会充满虚假和无效的交易，这个系统就无法运行了。

04 比特币如何防止双重支付 (double spending)

在数字现金发展过程中，双重支付（又称双花）一直是最大的拦路虎，这里我们来看看比特币是如何解决双花问题的。

所谓双花，即一笔钱花了两次或两次以上。在数字货币系统中，由于数据可复制且复制成本为零，因此可能存在同一笔数字资产被重复使用的情况。人们在交易过程中，难以实时确认这笔数字现金是否已经被花出去了，也就很难确认这笔支付是否有效。事后确认的话，又存在着钱追不回来的风险。作为对比，传统的纸币、硬币，因为有物理载体，一张钞票就是一张钞票，不能同时给两个人，因此不存在双花的问题。

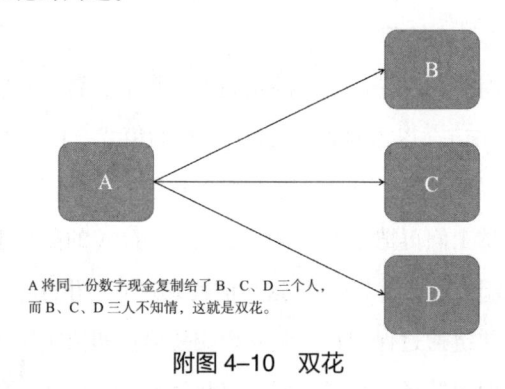

A 将同一份数字现金复制给了 B、C、D 三个人，而 B、C、D 三人不知情，这就是双花。

附图 4-10　双花

为了解决双花问题，传统的方法是增加一个中心化机构，作为交易双方共同信任的第三方，比如银行、支付宝等中介机构，由此形成包含"买方、第三方、卖方"的三方交易系统。这个系统的实质是通过第三方的信用，来保障交易的进行。交易过程中，第三方也会提供相关的服务，这是目前普遍的互联网中介的交易形态。

这个"中介方案"的弊端在于：整个系统严重依赖第三方，不仅需要一个中心化的第三方提供信任，也依赖第三方提供交易安全保障。一旦第三方系统出现故障，或者数据系统失灵等大问题，交易安全就会有很大问题。现实中，这个第三方中介往往很庞大，会在交易中占据主导地位，不仅主导交易的发生，还会影响互联网交易的生态，"店大欺客"的情形常常发生。因此，出于对第三方中介的不信任，人们开始探索去中心化系统。这一点，在比特币白皮书的开头就有清楚的体现。

比特币系统是去中心化的，这个去中心化的系统是如何防止双花的呢？答案是，通过如下四层防范措施。

（1）每笔交易都要先确认这些比特币之前的"余额"情况，要检查付款者是否有足够的"未花费的交易输出"（unspent transaction output，UTXO），如果没有，那么该交易会被系统拒绝。这相当于查实付款方账户是否有足够的余额。

（2）如果付款者用同一笔"未花费的交易输出"同时付给两个收款者，那么在同一个区块中不会同时记录这两笔交易，因为这不合法。最终，系统中只确认先接收到的那一笔。

（3）若两笔时间上很接近的交易被不同节点确认，区块链发生分叉，剩余节点将会选择在它们认为的最长链上构建新的区块，如上所述，当其中一支分叉被确认为系统最长链后，可以认为写在新的最长链上的这笔交易获得了最终确认，而另一笔交易则作废。

（4）若想要推翻之前的交易并进行双花，唯一可行的办法是进行分叉攻击，即51%攻击。但同时这也将使得比特币失去价值。如若发起者有庞大的算力，完全可以通过挖矿获得巨大收益，而不是发动毫无收益的分叉攻击。因此对于发起者而言，分叉攻击在经济上是不理性的。

通过这多层防范机制，比特币基本解决了双花问题。

以上，就是比特币的基本技术原理。最后，我们进行简单总结：①

（1）借助哈希加密函数、数字签名与分布式共识，比特币成为

---

① 总结参考了2008年发布的比特币白皮书的摘要。

一种点对点的电子现金系统,在线支付能够直接由一方发起支付给另外一方,中间不需要通过任何金融机构,同时又能防止双花问题。

(2)该网络对全部交易加上时间戳,将它们并入一个不断延伸的链条,成为仅增的记录交易数据的账本。

(3)这个链条基于哈希函数和工作量证明机制,除非重新完成全部的工作量证明,否则形成的交易记录将不可更改。只要大多数的 CPU 计算能力没有打算合作起来对全网进行攻击,那么诚实的节点将会生成最长的、超过攻击者的链条。

(4)这个系统本身需要的基础设施非常少。信息尽最大努力在全网传播即可,节点可以随时离开和重新加入网络,并将最长的工作量证明链条作为在该节点离线期间发生的交易的证明。

附录 5
区块链原理：功能表述

你可能经常听币圈的人说，区块链是去中心化、防篡改、可追溯、匿名、安全的记账系统，这些功能听起来非常强大、非常美好。那这些传说中的强大功能是真的吗？

我们需要深入理解的是两方面的问题。

第一，区块链到底有没有这些功能？当我们说区块链具有这些功能的时候，是什么意思？

第二，传统的中心化系统是否也具有这些功能？如果有，各自的优缺点是什么？区块链可以改进的地方在哪里？

在这个附录里，我们来详细回答这两个问题。在附录 4 里，我们介绍了区块链的重要技术要素，包括哈希函数、共识机制、数字签名三项。这些是区块链的技术基础，附录 4 是对区块链的技术性表述。技术性表述虽然有点枯燥，但是可以帮助我们了解技术原理，了解区块链真正的底层逻辑是不可回避的一步。

在这个附录里，我们从功能的角度描述区块链。功能性表述是在底层技术的基础上，描绘区块链能实现哪些功能、怎么实现的。这里的要点是功能经常是"号称"的，可能会有夸大的成分。即便没有夸大，我们也要弄清那些号称"神奇"的功能到底是什么意思，不能停留在宣传性质的概念上。最后，我们来讨论哪个功能是最核心的。

01　去中心化

比特币的区块链系统是由分布式账本和去中心网络组成的，去中心化是区块链的核心特征，体现在以下几个方面。

（1）账本的存储是去中心化的。账本不是储存在一个中心化的机构中，更不是一个中心化的服务器上，而是散布在许多个节点中。只要愿意，每一个比特币网络上的节点都可以储存完整的账本。节点的数量也是不受限制的，任何人都可以选择构成一个节点，甚至多个节点。比特币网络是真正的开放式、点对点网络。比特币网络上有一些"轻节点"，不存储所有的数据——不是不能存储，而是选择不存储。

（2）记账是去中心化的。众多矿工凭借其算力比拼，竞争记账的机会，记账权的分配是随机的。这里，记账权的分配是依赖算力竞争，而不是固定的、中心化的机构，因此我们说记账是去中心化的。当然，这是理论上的情况，实际上有一些变化。理论上矿工的算力是分散的、竞争的，但现实中算力有一定的集中，而且可能达成共谋，从而有能力发动51%攻击。不过如前所述，51%攻击也会让攻击者自己得不偿失。

（3）比特币的发行是去中心化的。因为记账是去中心化的，而谁能获得新区块的记账权谁就拥有了新增的比特币。通过这个方式，就可以完成比特币的发行。这个发行是基于一个分散化的网络，而不是传统的中心化机构。

（4）交易是去中心化的。使用比特币交易，只需要将转账信息公布到网络上，挖矿的矿工们就会将其记录到新区块中，比特币就从发起方直接在线支付给对方，不需要通过第三方金融机构。

（5）比特币社区是去中心化的。比特币社区是自治的，没有一个起着领导作用的个人或机构。比特币的创始人中本聪，只是一个匿名的符号，我们至今不知道他是一个人还是一个机构。中本聪在比特币的早期发展中发挥了重要作用，但是现在已经销声匿迹，离开了比特币社区。比特币社区的首席开发人员也是基于讨论和服务建立影响力，并没有类似传统中心机构赋予的特权。首席开发人员可以影响社区，但并没有领导权力。

基于上述这5点，我们可以认为理论上比特币是去中心化的。实际上，比特币的诞生就是基于对中心化的传统金融机构的不完全信任。这一点，在比特币白皮书的一开始就已经直白地说清楚了。

虽然理论上比特币是去中心化的，但现实中却不尽如此，让我们来看一下现实中的情形。

展开之前，我们来辨析一下"中心化"（centralization）与"去中心化"（decentralization）这一组概念。实际上，这两个概念并不是截然两分的，而是一个从量变到质变的连续光谱。中心化对应集中，去中心化对应分散，二者的界限划在哪里？中间的状态是"中心化"还是"去中心化"？下面我们从几个重要的方面，探讨比特币中这个"去中心化"的设计中的"中心化"倾向。

1. 持币集中度

比特币的持有是非常集中的。同时，大量的地址只持有很少的比特币。最新数据显示（见附表5-1），截至2022年11月5日，比特币地址总数约为2190万，但是约一半的地址持有不到0.001个比特币。以20 000美元的单价计算，这些地址持币价值不到20美元，价值非常小。

附表 5-1　比特币的地址分布

持币范围	地址数（个）	地址数占比	总持币数（个）	美元计价（亿美元）	持币数占比
(0~0.001)	21 885 904	50.46% (100%)	4437	0.9	0.02% (100%)
(0.001~0.01)	10 656 671	24.57% (49.54%)	40 382	8.6	0.21% (99.98%)
(0.01~0.1)	6 971 936	16.07% (24.97%)	229 513	48.7	1.2% (99.77%)
(0.1~1)	2 948 308	6.8% (8.9%)	914 076	194.0	4.76% (98.57%)
(1~10)	759 324	1.75% (2.1%)	1 906 784	404.7	9.93% (93.81%)
(10~100)	134 845	0.31% (0.35%)	4 327 666	918.5	22.54% (83.88%)
(100~1000)	13 712	0.03% (0.04%)	3 871 365	821.6	20.17% (61.33%)
(1000~10 000)	1999	0% (0%)	4 789 271	1016.4	24.95% (41.17%)
(10 000~100 000)	113	0% (0%)	2 430 467	515.8	12.66% (16.22%)
(100 000~1 000 000)	4	0% (0%)	682 712	144.9	3.56% (3.56%)

数据来源：bitinfocharts，截至 2022 年 11 月 5 日。

另一方面，有少数地址持有很多比特币。比如，持有 100 个或以上比特币的地址一共有 13 712 个。这不到 14 000 个地址，持有超过 61% 的比特币。进一步，持有超过 1000 个比特币的地址共有 1999 个，共计持有超过 40% 的比特币。考虑到不同地址可能是同一个人持有的，少数人可能控制着很多的地址，实际的集中度会更高。持币集中度很高意味着比特币的利益分布是很集中的，其宣称的去中心化打了折扣。

2. 算力集中度

比特币的运行是基于比特币网络。这个网络上有很多矿工，理论上算力的分布是很分散的，谁也不能垄断算力，这样就实现了去中心化。可这是理论上的情况，实际上并非如此。比特币诞生后不久，早在2010年，就出现了矿池。所谓矿池，可以理解为很多人组团挖矿，目的是分散很久挖不到矿的风险。矿池的出现意味着算力开始集中化，而不是分散化。

有文献对比特币共识力的集中化进行了深入研究。根据萨伊（Sai）等人（2020）[1]的报告，以太坊中排名前四的矿池占哈希能力的63.04%，而在比特币中，排名前四的矿池控制了50.36%的哈希能力。在比特币的历史上，甚至出现过一个矿池拥有超过51%的算力的情况。理论上，这个矿池是可以发动51%攻击的。

此外，矿池之外还出现了矿机，就是专业化的挖矿机器，除了挖矿之外没什么用处（不排除改装之后有其他用途，或者零部件拆解之后可以改作他用）。矿机不是我们用的普通电脑，普通电脑是通用机，可以实现很多功能。矿机的特点是算力很强，比普通电脑强大太多，价格也不菲，但是用途单一。这就意味着庞大的资本其实可以购买很多矿机，在一定程度上可以垄断挖矿。

---

[1] Sai, Ashish Rajendra, Jim Buckley, Brian Fitzgerald, and Andrew Le Gear. Taxonomy of Centralization in Public Blockchain Systems: A Systematic Literature Review[J]. Information Processing & Management. 2021, 58 (4): 25-28.

矿机的生产也有向着中心化发展的趋势。ASIC① 比特币矿机市场由比特大陆、嘉楠科技、亿邦国际和比特微几家巨头主导。在截至 2019 年 6 月 30 日的六个月内，按算力算，比特大陆的市场份额排第一，达到 65.2%，其次是嘉楠科技和亿邦国际，三者市场份额合计占全球的 95.0%。② 算力集中在几家手里，为合谋垄断提供了可能，即便使用的技术是去中心化的，背后的利益纠葛也让人很难完全放心。

另一个导致算力集中化的原因是，挖矿对于储存的门槛越来越高，这对比特币"中心化"造成的影响正越来越凸显。普斯蒂舍克（Pustišek）、乌梅克（Umek）和科斯（Kos）等人（2019）报告称，比特币完整节点需要 204GB 存储空间，存储增长速度约为每天 0.1~0.5GB。③ 这使得只有专业化的机构才能负担得起挖矿的存储成本，而专业化设备集中是导致"中心化"的原因。因此，也难怪以比特大陆为代表的矿机生产商那么积极地推动比特币区块扩容。

3. 协议改进的集中度

比特币的所有协议变更，都必须得到比特币核心客户端开发人

---

① ASIC 的全称是 application-apecific integrated circuit，翻译过来是"为专门应用设计的集成电路"。
② Registration Statement of Canaan Inc. 2019: 89. URL=https://data.eastmoney.com/notices/detail/CAN/AN201910291369926563.html。
③ Pustišek, Matevž, Anton Umek, and Andrej Kos. Approaching the Communication Constraints of Ethereum-Based Decentralized Applications[J]. Sensors. 2019, 19 (11): 2.

员的批准。① 根据阿祖维（Azouvi）等人(2018)② 的报告，在以太坊中，绝大多数协议改进贡献来自单一用户，即以太坊创始人维塔利克·布特林（Vitalik Buterin）。比特币也有类似的趋势，只有极少数人在改进协议，这使得这些人对于协议的改进有很大的影响力。比如，围绕区块大小的争论是这种类型的治理控制的一个主要例子。

4. 开发集中度

根据阿祖维等人（2018）的报告，一个开发者编写了比特币参考中大约30%的文件。这一比例在以太坊中要高得多，在以太坊中，单个开发者编写了55%的文件。他们还分析了比特币和以太坊参考客户在GitHub页面上的评论。其中，前8个人贡献了所有评论的一半，这几个评论者只占所有评论者的0.3%。在以太坊中也可以观察到这种集中，其中0.6%的评论者贡献了50%的评论。

5. 交易集中度

伯梅（Böhme）等人（2015）③ 建议将交易所这样的中介机构也纳入对"中心化"的考量中。他们认为，这些交易所实际上是比特币网络中的中央集权机构。根据萨伊等（2020）的报告，比特币交易的前7家交易所处理了超过97.24%的交易。而以太坊的这一比例

---

① Bitcoin (2019). Bitcoin improvement proposals-github repository. URL=https://github.com/bitcoin/bips.

② Azouvi, Sarah, Mary Maller, and Sarah Meiklejohn. Egalitarian Society Or Benevolent Dictatorship: The State of Cryptocurrency Governance[J]. In Financial Cryptography and Data Security. 2019, 10958: 136.

③ Böhme, Rainer, Nicolas Christin, Benjamin Edelman, and Tyler Moore. Bitcoin: Economics, Technology, and Governance[J]. The Journal of Economic Perspectives. 2015, 29 (2): 219-220.

要低得多，前 7 家交易所贡献了所有交易的 28.27%。

交易所不仅帮助用户交易，也帮助用户储存密钥，存储用户的信息和资产。交易所的集中化可能造成伤害，一个突出的例子就是 2014 年门头沟倒闭事件。2014 年，门头沟是当时领先的比特币交易所，其关闭导致了 4.5 亿美元总损失。历史上，很多交易所都倒闭了，包括很大、很著名的交易所。由于交易所存储着客户的私钥，当其倒闭时，客户的账户余额也被清空。因此，说交易所是区块链上的中央集权机构，是有道理的。

上述 5 个方面说明，所谓比特币去中心化只是理论上的，现实中并非如此，至少并非完全如此。

（1）理论上账本的储存是去中心化的，但因为储存成本越来越高而受到侵害。

（2）理论上比特币记账和发行是去中心化的，但因为矿池和矿机生产商的大规模运作而走向中心化。

（3）理论上交易是去中心化的，但是很快被交易所的集中化所侵害。

（4）理论上比特币社区是去中心化的，但是从一开始就没完全成立过。

总体上，随着商业机制的入侵，在去中心化的区块链上，中心化的色彩越来越明显。去中心化的特征是否会消失，是值得继续关注的问题。

其实，中心化和去中心化从来不是绝对的。在二者中间，还有两个不同的概念：多中心化和分布式。为了说清其中的区别，我们先来区分这些接近的概念。

（1）中心化：简单地说，就是中心结构决定节点，并决定节点的权限和运行，节点必须依赖中心，离开了中心就无法运行，甚至无法生存。例如传统银行和交易所。

（2）去中心化：相对于"中心化"概念，在去中心化的系统网络里，每一个参与者（节点）都是平等且自由的关系，没有哪一个节点拥有比其他节点更多或更少的权利与责任，每个节点可以自由选择加入或退出网络，也可以自由选择维护或不维护网络。任意节点停止工作都不会影响网络整体的运作。在完全的去中心化网络上，没有主节点，也没有辅助节点，所有节点的地位是平等的。目前，去中心化网络的最好例子就是比特币网络。

（3）多中心化：介于"中心化"与"去中心化"之间，由多个中心节点组成的平等网络，中心节点的参与和退出有一定的限制，比如要有一定的软硬件设施，符合一定的要求，系统中的每一个中心节点都需要有充分的能动性。区块链中有一类叫作联盟链，由给定数量的节点来记账，号称区块链 3.0 的 EOS 就采用这样的结构。

（4）分布式：分布式的节点是分散的，不是集中在一起的。分布式的网络节点之间互联互通，当任何一个节点出现故障时其他节点仍然能够继续工作。所以，分布式网络比单一节点更可靠。例如云计算服务商，将机房散布在世界各地，当某一地区的机房停止运作时，不会影响整个网络的运作。

以类比的方式来说，现在一个班里有大约 100 个同学。

"中心化"的情形是，班级中有一个班长，班里的规则是由班长一个人制定的，班长指定其他班干部，班干部听班长的指挥，凡事都要依靠班长才能进行，其他同学只能选择加入或者退出这个班级。

这时候，这个班级的事务完全依赖班长这个中心，是一种"极端集权化"的状态。

"去中心化"的情形是，这个班里人人平等，按照某种共识来处理班级里的事情，同学们可以自由选择加入或者退出班级，可以选择参与或是不参与班级事务。这是一种"极端自由化"的状态。

"多中心化"的情形是，班级里选出若干个班委（比如7个），这些班委的竞选和退出有一定的限制（比如说竞选班委的人必须有处理班级事务的能力，选上后不能说不干就不干），当选的班委按照某种规则来处理班级事务（比如一周7天，7个人每人当一天的值日班长）。班委的选举可以定期举行。这种状态是一种"寡头合作"的状态。

"分布式"与"集中式"相对。班里的同学都集中在一个教室，这就是集中式；班里的同学分布在天南海北，有的在北京，有的在上海，有的在云南，有的在国外，这就是分布式。

所以，分布式和前三者不是一个层面的概念，互相之间也不排斥。中心化同时可以是分布式的，例如12306火车票订购网站，它的机房分布在全国各地。去中心化和多中心化通常来说是分布式的，但并不必然是分布式的。

需要进一步思考的问题是：人类发展的趋势，是去中心化吗？区块链的去中心化的理想，最终能实现吗？最终的结果无从知道，但目前看起来是存疑的。事实上，互联网一开始也是去中心化的，但是发展到后来就变成了中心化。

简要梳理互联网发展的历史，可以帮助我们看到其中的趋势。互联网发展至今，有4次大流行，每次大流行都显示了中心化的魅力。

第一次大流行，以电子邮件的普及为标志。电子邮件刚出现时是非常分散化的，每个人都通过自己本地联网的计算机来发送和接收电子邮件，每个节点都是完全平等的，并不存在一个中心化的节点或服务商。可是后来，随着互联网的兴起，出现了著名的电子邮件服务商，比如 HotMail、雅虎、Gmail、Foxmail 等等，这就使得电子邮件也出现了集中化的趋势。

电子邮件的中心化其实很有启发意义。任何一个机构，哪怕是小机构，都可以设立电子邮件的服务器。所以，电子邮件是很容易分散化的。尽管如此，电子邮件还是出现了中心化的趋势，背后的原因值得深思。实际上，很多人除了工作邮件，还有一个非工作邮箱，非工作邮箱都要寻求大型的电子邮件服务商，于是就促成了电子邮件服务的中心化。邮件需要安全可靠，人们很难信任一个小型的、非著名的服务商。大型服务商的品牌效应变相成了一种安全保障。这也说明，互联网服务的聚集化、中心化背后有强大的基础力量。

互联网的第二次大流行，以雅虎（即 Yahoo！，由于 Yahoo 已经被注册了，所以雅虎只能注册成 Yahoo！）的成功为标志。雅虎是包罗万象的信息门户网站，是高度中心化的信息搜集和发布。在雅虎时代，用户不再像之前那样在网上四处浏览，跟着链接在网上四处闲逛，而是在像雅虎这样的大型信息门户网站上点击和阅读自己感兴趣的内容。雅虎占据了很多人的大量时间。于是，最初设想的去中心化、人人都可以在互联网上发布信息的模式，变成了中心化、由门户网站垄断信息搜集和发布的模式。

互联网的第三次大流行，以谷歌为标志，核心是强大的搜索引擎替代了之前的网页目录浏览模式。谷歌流行的大背景是随着互联网内容的爆炸性增加，人们已经无法手动寻找适合自己的内容，而必须借助搜索引擎。以前的雅虎就可以满足大部分的信息需求，可是随着信息的爆炸，有诸多雅虎这样的门户网站，还有很多小而美的专业化信息网站，人们已经不能依赖雅虎为主要的信息来源了。于是，搜索引擎应运而生，成为人们上网的关键工具。离开了搜索引擎，人们很难找到需要的信息。比如说在中国市场上，很多人不喜欢百度，觉得百度的广告太多，搜索效果也不好，可是一边批评一边还得继续用，这侧面说明了搜索引擎的重要性。在搜索引擎大流行的同时，互联网中心化的程度也进一步提高了，谷歌成了互联网时代的一个标志。

互联网的第四次大流行，以脸书、推特为标志。脸书是社交媒体软件，人们可以在上面上传自己的图片、小视频。推特也是社交媒体，发送的是更加短小的文字信息，每条信息限定140个字符。在中国，对应的社交媒体是微信、微博、抖音、快手。在这些社交媒体上，上传信息的是成千上万的普通人，其中涌现了大大小小的博主，但这些博主都只是局部的小中心，不是高度集中的大中心。粗看起来，社交媒体依然是去中心化的，互联网出现了去中心化的趋势。

可是，我们需要深挖一层。当我们说"去中心化"时，我们到底在说什么？在比特币网络，本质上是点对点网络，所有节点的地位平等。即便如此，有的节点因为掌握了庞大的算力，因此成为事实上的"算力聚集点"，如果垄断了51%的算力，就形成了事实上的"中心"。可是，对于脸书、推特来说，信息的分发、推送是完全中心化的，依赖于中心化的服务器和算法，我们看到什么、看不到什么，都是这些算法决定的。在这种情况下，怎么能说是去中心化的呢？

近年来，以脸书、谷歌为代表的平台企业强势崛起，成为资本市场上的新势力，甚至取代了传统的能源、金融，成为资本市场的领头羊。这不是因为互联网去中心化了，而是因为在表面的去中心化背后，中心化的力量其实被加强了。在美国市场上，近年来形成了"FAAMG"（脸书、苹果、亚马逊、微软、谷歌5家公司名称首字母缩写）五大科技巨头垄断互联网生态的现象，值得深思。无一例外，这些都是高度中心化的平台企业。可以说，到目前为止，互联网的发展趋势实际上是越来越中心化的，而非去中心化的。

事实上，但我们仔细思考"中心化""去中心化"这一组概念，会惊讶地发现，它们并不是如我们常识所假设的那样，是一对绝对对立的概念，而是矛盾地纠缠在一起的。从个体用户沟通、发布信息、获取信息的角度来说，互联网的确是去中心化的。只要知道对方的电子邮箱，就可以沟通交流；任何人都可以在社交媒体上发表文字、图片和视频，只要发布别人就有可能看到；随着搜索引擎的普及，获取信息也变得越来越容易。

但是从信息流量来看，互联网从一开始的"去中心化"到后来的"中心化"，目前已逐渐演变成"多中心化"。"去中心化"对应雅虎之前的时代，那时的互联网还没有形成一个流量的中心，总体上还是很分散的。"中心化"对应着雅虎和谷歌时代，以二者为代表的包罗万象的信息门户网站或者搜索引擎，是流量的绝对中心。而

"多中心化"对应着社交媒体时代，虽然每个用户都有同等的能力发声，但获得的流量关注却是天差地别的。大大小小的"博主"获得了很多的流量，形成了一个个的"小"中心，而普通人的流量则几乎为零，淹没在浩瀚的信息海洋里。

举几个例子。2020年的时候，美国歌手凯蒂·佩里的推特账号共有9500万粉丝，她获得的关注和具有的影响力显然不是一个普通推特用户所能比的。截至2022年4月，特斯拉总裁马斯克在推特上已发出了超过1.7万条推文，平均每天发布5.9条消息，与此同时，他还乐意回复网友提出的各种问题。凭借着这样高频的发文和互动，马斯克在推特上已拥有超过8000万的粉丝，成为一名具有广泛影响力的意见领袖。他推特上的一则信息就能影响比特币的价格，这样的影响力也显然不是普通用户能比的。

其实，这种流量的多中心化只不过是将线下世界的特点搬到了线上来。线下世界，比如市场份额、城市布局等，最后也都是多中心化的。个人影响力也是多中心的。

从软件基础设施来讲，互联网一开始是"去中心化"的，但逐渐走向了"中心化"。在互联网诞生之初，并没有许多软件，互联网通信依赖标准化的协议，是去中心化的。后来，逐渐出现了电子邮件、信息门户网站、搜索引擎、社交媒体软件、数量众多的移动端App，于是流量便逐渐集中到这些软件上。仅举一个例子，就能很好地说明这种集中化。2020年，即时通信软件中的第一名和第二名分别是脸书（后更名为Meta）旗下的Whatsapp和Message，分别拥有超过20亿、15亿用户，第三名是腾讯旗下的微信，拥有超过12亿用户，这显然是高度中心化的。

这种高度的中心化，也为这些互联网巨头带来了巨大的权力和财富，二者相互促进，形成正循环。比如，脸书可以封禁特朗普账号，也可以在俄乌冲突中封禁与俄罗斯相关的账号，这显然与互联网"去中心化"的愿景背道而驰。这种软件基础设施的中心化，是由用户体验、效率和网络外部性来驱动的。

再比如，以苹果、微软、谷歌、亚马逊、特斯拉为代表的互联网巨头，其市值占据了美国股市总市值的约24%（2021年底）。这样大的市值集中度，是财富快速增长、快速集中的结果。这种财富的快速集中对应的是互联网的中心化还是去中心化，是一目了然的。

附表5-2 2021年底美国前五大上市公司

公司	行业	市值（亿元）	市值占标普500的比重
苹果	计算机硬件、储存设备及计算机周边	185 742	6.88%
微软	系统软件	160 992	5.97%
谷歌	互联网服务与基础设施	122 538	4.54%
亚马逊	互联网与直销零售	107 813	4.00%
特斯拉	汽车制造商	67 664	2.51%
五大巨头合计	—	644 750	23.9%
标普500	—	2 698 004	100%

数据来源：Wind。

从硬件基础设施来讲，互联网的中心化从来没有变过。虽然互联网的先驱们都秉承自由、开放的理念，互联网也凭借TCP/IP协议等技术，在追求"去中心"的理念，然而，这些都是理念和表象。透过这些表象。信息的传播都是要基于一定的技术实体的，这些实体是高度中心化的。互联网上信息处理的中心，高度依赖服务器。当今的全球互联网共有 13 个域名根服务器，分别部署在美国、英国、瑞典和日本这 4 个国家，其中 1 个为主根服务器，放置在美国，其余 12 个均为辅根服务器，其中 9 个放置在美国，另外 3 个辅根服务器分别放在英国、瑞典和日本。所以，美国是全球互联网的绝对中心，不容置疑的中心。

比如，2003 年伊拉克战争时，美国政府行使了其对 ICANN（国际互联网名称和编号分配公司）的否决权，终止了对伊拉克顶级域名".iq"的解析，致使伊拉克的网络陷入瘫痪。2004 年 4 月，利比亚顶级域名".1y"瘫痪，利比亚在互联网上消失了 3 天。这种硬件基础设施的中心化，是靠着美国的绝对技术垄断实现的，也是技术实体中心化的表现。

区块链技术虽然是去中心化的高级形式，但也已经表现出中心化的迹象。比特币区块链上，大型矿池借助专业矿机已经占到算力的绝对比例，普通散户已经无法挖矿了。这种生态，至少可以说是"寡头竞争"的集中化格局，已经不是"完全竞争"的分散化格局了。在以太坊上，中心化的趋势更加明显。管理层对于以太坊有强大的影响力，讨论中的权益证明机制如果最后被引入，也会导致记账权的高度集中。所谓"去中心化"，不过是一种理念，在现实中很难落地。

02 防篡改

比特币的第二个神奇功能是防篡改。这一点特别重要，也特别能够打动我们。比如说，我们在银行的存款，其实就是在银行的一条数据记录。如果银行改了这个数据记录，我们其实没什么办法。你当然可以说监管对银行有各种措施，银行内部也有制约机制，外部声誉对银行也是制约，银行不会随便篡改数据。这些都对，但无可否认的是，万一银行要篡改，其实我们可以应对的办法不多。对于中心化的机构，我们只能采取信任的态度。大多数时候，这种信任都是可以依赖的，但是万一出了意外，就没办法了。

区块链是去中心化的，不存在上述信任问题。区块链上，你需要信任的不是一个机构，而是这个区块链的安全性。区块链是使用哈希函数和哈希指针串联起来的仅增系统，只要有人改动中间的数据，哪怕是很细微的改动，哈希指针也会变化，区块链上的任何人都会发现这个变化。在这个意义上，区块链是防篡改的。

那么，有没有办法篡改区块链呢？还是有的，就是通过强大的算力在区块链的规则内进行篡改。

根据比特币的规则，最长的链是合法链，矿工要在最长的链上挖矿，去延长这个最长的链。若之前某个区块中的数据被篡改过，篡改后区块的梅克尔根哈希值会改变，而篡改者要重新找到能使得 A 区块表头所生成的哈希值小于设定目标值的随机字符串，相当于从被篡改区块开始重新挖矿，一直挖到比现有的最长合法链长才可以，这需要篡改者所拥有的算力超过比特币整个网络上的算力，也被称为 51% 攻击。

实际上，一个人若拥有 51% 的算力，不仅可以篡改之前的区块，还可以挪动区块上的资产。如上所述，51% 需要极高的算力，也意味着极高的成本，但是若攻击成功，比特币的价值也将随着其安全性的消失而消失，这意味着攻击成功的收益很低，所以理论上来讲，51%攻击不会发生。更严格地说，利益和比特币绑定的人，理论上是没有激励发起攻击的。当然，如果有外部原因发起攻击，另当别论。

03　可追溯

区块链可追溯的性质，是和防篡改联系在一起的。比特币中的区块链是一条仅增的单链，后一个区块中存有前一个区块所生成的哈希值，这样就把整条链串了起来，每个链上都印有不可篡改的时间戳。

区块链的数据存储了创世区块后的所有历史数据。并且，整条链都是公开的，查询某一笔交易时，只需要根据这笔交易发生的时间去找对应的区块，并最终找到交易数据内容本身。同理，如果任何一处发生篡改，这个篡改也是可以追溯的。

04　匿名性

比特币区块链的匿名性，指的是用户可以自己创立账户，不需要实名认证，实质是在本地电子设备上生成一组私钥－公钥对（就是一组两个字符串）。创建账户完成后，这组密钥（私钥－公钥）储存在你本地电子设备中，你也可以用纸笔记下来，保存在保险柜中，然后删去电子设备中的数据。这样一来，除了你没有任何人知道你拥有这个比特币账户（即你控制这个私钥），甚至不知道这个账户的存在。此外，你可以拥有任意多个比特币账户，并且这些账户之间没有关联。在使用比特币转账时，虽然转账信息是公开的，但却无法通过转账信息（对于付款方是公钥以及数字签名，对于收款方是收款地址）直接关联到交易者本人。

这里要区分两个概念：一个是不使用真名，但是使用化名；另一个是不使用任何名字。在比特币中，我们要使用一个地址，这个地址其实就是一个"化名"。作为对比，使用现金的时候，我们是不需要任何化名的，现金和我们的身份完全没有关联。比特币因为需要一个地址，尽管是很难破解的地址，还是和我们的身份存在关联。所以，严格意义上，比特币不是"匿名"的，而是"化名"的。

在比特币交易中，"化名性"是可以保证的，但并不表示"匿名性"可以得到保证，因为可以通过其他方式，把"化名"关联到具体的交易者。比如说，A使用比特币购买一辆特斯拉，那么总要有人去取车，可以通过取车的人关联到A；或者，A将比特币换成现金，则总要有人去取现金，那就可以通过取现金的人关联到A。因此，只要交易者使用比特币转账时关联到物理世界，就有可能追溯到交易者本人。从这个意义上讲，尽管化名性得到了保证，但匿名性并没有得到保证。

而且，在比特币区块链上，所有账本是公开的，任何人都可以下载分析。因此，是可以通过某些蛛丝马迹，把比特币地址和具体的人关联上的，尽管这很难。比如，暗网"丝绸之路"的创始人"恐怖海盗"罗伯茨被捕，就是因为有蛛丝马迹被侦查到真实身份。被捕后，警察收缴了其账下174 000枚比特币。

有时候，交易双方本来就知道对方的身份信息，这种信息会形成一个信息网络，导致化名被破解，匿名不再成立。作为比较，现金交易的双方不需要知道对方的信息，现金只和交易的商品或服务对应。这里的本质区别是比特币还是有一个账户的，而现金没有账户，是独立于任何人的，因此也就无法和人关联。

在计算机科学里，匿名指的是无关联性的化名。这一概念可以帮助我们深入理解比特币的化名性。在比特币中，化名是可以和真实身份产生关联的，因此不是计算机科学意义上的匿名。

05 安全性

安全性是个有一点模糊的概念，这世界上没有绝对的安全性，需要明确界定安全的含义。在比特币的场景下，安全性可以分为账户安全和账户里的资金安全。

（1）账户的安全性。比特币账户由个人设立，不需要第三方认证，设立的方式是随机计算，破解的概率为0。设立之后，拥有私钥即掌握了账户，以及账户中的比特币。只要妥善保管私钥，账户就是安全的。因为没有中心化的管理机构，也不存在私钥被占有、篡改的问题。当然，这里也有缺点，就是如果私钥丢失，那么账户也就丢失了。

（2）去中心化网络的安全性。比特币网络是点对点、去中心化的，关闭一个或者多个节点并不能关闭整个网络，而关闭网络上的所有节点则不是人力能够完成的。因此，没有单个的人或机构能够关闭比特币网络。从这个意义上讲，比特币网络是安全的。

（3）账本的安全性。比特币网络上所有的节点都可以保存全部的账本（最长合法链），而且这个账本具有不可篡改的属性。理论上，这世界上有"无数"计算机，分布在不同角落，每个计算机上保存一份比特币账本。在比特币网络上，有的节点选择成为"轻节点"，只保存少量数据。这是这些节点的选择，而不是网络有什么限制。

（4）防止双重支付的安全性。比特币的机制设计，可以防止"双重支付"。

威胁比特币系统安全性的，有两个因素：一个是之前说过的51%攻击，另一个是量子计算带来的算力大幅提升。51%攻击已讨论过，不符合比特币参与者的理性利益，不太可能会发生。51%攻击要发生的话，应该是基于比特币利益之外的因素。量子计算机目前还处于实验室阶段，当下最强大的量子计算机只有127个量子比特（IBM超导量子计算机），而要在1小时内破解比特币加密算法需要拥有一台3.17亿量子比特的机器。也就是说，目前的技术还不足以破解比特币加密技术。在未来，等到量子计算机具有了更高的发展，加密技术也可能有新的突破可以对抗量子计算机的算力，届时比特币可能会被攻破，但很有可能出现继承比特币思想的新的加密货币。目前，这一切还只是构想和担心，还没有成为现实。

06　区块链的核心性质

最后，这几个性质中，哪一个最重要？这个问题的实质是：哪一个能带来更大的变化，更加本质？

通盘看起来，区块链最大的变化是去中心化。其他的性质，比如防篡改、可匿名、可追溯、安全性，传统的中心化系统也能实现，尽管实现的方式、程度、留下的权限不一样。"去中心化"这一条，则是中心化系统没有的，改变了权力的分配，也改变了资源的分配。未来，如果区块链能够普及，最大的变化将会来自这一性质，或者这一性质的某种衍生。

现实中，去中心化并不是完全的，这是交易效率的要求。在完全分散、完全去中心化的情况下，交易效率很低，而无法进行有规模的交易，也就失去了生命力。商业的逻辑是上了规模、有了效率，才能聚集资源，才有自发成长的生命力。观察加密货币的演化过程，其实是在去中心化和效率之间权衡。因此，完全的去中心化是不可能的，但是去中心化的模式是有意义的。

致　谢

本书成稿，历时3年有余。2019年夏动笔，2022年冬交稿。数字货币是新生事物，涉及面很广，虽然很早关注，但始终不得要领。反复推敲之后，终于形成一些初步判断，有了贯穿全书的观点，才最终下笔成文。

学人的每次研究，都是一次探险。这一次旅程，尤为艰辛。

艰辛，是因为很难形成观点，很难有一条线索组织材料。笔者受传统经济学的熏陶很重，经验主义的思维很重，浪漫主义的思维不足，很难一下子接受一个全新的、经验证据不足的事物。证据不足的部分，不得不依赖推测来填充，争议的空间很大。大多数主流经济学家，对比特币都持批判态度。

翻阅人类的金融史、货币史，不同的叙事、解读很多，需要反复斟酌。因此，形成思路、观点并不容易。比特币的发展历程中，有很多理想主义的色彩，甚至乌托邦的色彩，增加了去伪存真的难度。

在这个研究的过程中，很多同学提供了卓有成效的帮助，特别要感谢的是郭航、王玉琳、刘舸帆、邓焜、仵稼鸣、张嫚玲。他们出色的助研工作，使得这些分析可以顺利进行。加密货币是新生事物，大量素材是从网络上搜集整理。几位助研花费了大量精力搜集整理这些材料。没有他们的帮助，这项研究会更加缓慢。

在研究过程中，曾在北京大学开设"数字货币原理"课程，也曾在"徐远观察"公众号上开设"数字货币的经济逻辑"直播课程。授课过程中，收到很多反馈，帮助我进一步打磨思路。教学相长不是一句空话，而是切切实实的体验。这两次授课，让我获益匪浅，在此向北京大学和线上课的同学表示感谢！

这个项目的初期研究，得到北京大学数字金融研究中心的资助，在此一并致谢！

数字货币的故事刚刚开始，远远没有结束。在本书完成之时，央行数字货币的研发还在进行中。主要大国中，80%的央行都在研究、试点央行数字货币，有的已经正式推出央行数字货币。某种形式的央行数字货币，很可能是人类货币的未来形态。战后的美元体系，正在经历深刻改变。国际货币体系暗流涌动，新技术加速到来，这个意义深远的变化，正在重塑人类货币的未来。

这本书，是我观察货币体系演化的开始。